Praxishandbuch Ressourcenorientiertes Lerncoaching im Gruppenformat

Volker Biesel

Praxishandbuch Ressourcenorientiertes Lerncoaching im Gruppenformat

Professionelle Moderation von Klassencoachings, kollaborative Formate für Schulklassen und Jahrgangsstufen

Springer

Volker Biesel
CONTEXT Vertrauen und Entwicklung
GmbH
Kiel, Deutschland

ISBN 978-3-662-71008-1 ISBN 978-3-662-71009-8 (eBook)
https://doi.org/10.1007/978-3-662-71009-8

Die Deutsche Nationalbibliothek verzeichnet diese Publikation in der Deutschen Nationalbibliografie; detaillierte bibliografische Daten sind im Internet über https://portal.dnb.de abrufbar.

Springer ist ein Imprint der eingetragenen Gesellschaft Springer-Verlag GmbH, DE und ist ein Teil von Springer Nature.
Die Anschrift der Gesellschaft ist: Heidelberger Platz 3, 14197 Berlin, Germany

Gewidmet
allen Lehrpersonen, die SchülerInnen mehr Vertrauen und Zutrauen schenken möchten,
den Schülerinnen und Schülern selbst und ihren Fähigkeiten,
sich selbst zu begeistern.

Danksagung

Ich möchte den Lehrerinnen und Lehrern meiner Lerncoaching-Ausbildungen danken, die das Klassencoaching mit so viel Engagement und Enthusiasmus und vor allem mit so viel Wertschätzung für die Schülerinnen und Schüler umgesetzt haben. Euer positives Feedback zu den von mir entwickelten Methoden hat zu diesem Buch geführt.
Danke!

Volker Biesel

Interessenkonflikt Der/die Autor*in hat keine relevanten Interessenskonflikte im Zusammenhang mit dieser Publikation.

Über das Buch

Nach dem Erfolg meines ‚Praxishandbuch Ressourcenorientiertes Lerncoaching' und dem darin beschriebenen 3D-LernCoaching®-Ansatz für die Arbeit im Einzelcoaching freue ich mich nunmehr, mit diesem Buch den zahlreichen Lerncoaches auch entsprechendes Handwerkszeug für die Arbeit mit Gruppen, z. B. im Klassenverband oder in Jahrgangsstufen, an die Hand geben zu können.

Dieses Buch widmet sich dem Lerncoaching mit Gruppen, es kann dabei auch als eine Fortsetzung des oben genannten Buches gelesen werden (zu diesem Zweck finden sich in diesem Werk entsprechende Verweise). Es ist das konsequente Weiterdenken der individuellen Prozessbegleitung aus dem Einzelcoaching in Gruppenformate mit einigen oder auch vielen TeilnehmerInnen. Die Moderation eines Gruppencoachings gründet dabei auf den gleichen Haltungsparadigmen wie die Tätigkeit eines Lerncoaches im Einzelcoaching (vgl. Biesel, 2025).

Sowohl auf der Haltungsebene wie auch auf der methodischen Ebene braucht der Lerncoach für die Arbeit mit Gruppen jedoch weiteres Handwerkszeug, welches in diesem Werk zu finden ist.

Effizienz im schulischen Setting

Mit Gruppen- bzw. Klassencoaching werden viele SchülerInnen gleichzeitig erreicht. Das Coaching einer gesamten Klasse ist somit für viele LehrerInnen eine Möglichkeit, in ihrer Rolle als Lerncoach allen SchülerInnen eine nicht-direktive Lernberatung zukommen zu lassen.

In diesem Blick auf die Effizienz personeller Ressourcen steckt jedoch das Risiko, dass Klassencoaching als Ersatz für Einzelcoaching gesehen wird. Ein Gruppenformat ist eine sinnvolle Ergänzung. Individuelle pädagogische Gespräche oder Lerncoaching-Gespräche im Einzelsetting können und sollen dadurch jedoch nicht ersetzt werden. Effizient bezieht sich somit auf das Erreichen aller SchülerInnen, nicht auf eine Rationalisierung von Einzelcoachings.

Es geht bei der Einführung von Einzel- und Gruppenangeboten in Schulen somit nicht um ein Entweder-oder, sondern vielmehr um ein Sowohl-als-auch. Die in diesem Werk beschriebenen Formen des Gruppencoachings (kontextbezogen auch Klassencoaching genannt) ermöglichen den Lehrpersonen und damit auch den Schulen eine (idealerweise zusätzliche) Integration von Lerncoaching-Elementen in die jeweiligen Unterrichtsstrukturen.

Klassencoaching erweitert das Handlungsfeld

Klassencoaching ermöglicht als Klassengruppencoaching (vgl. ► Kap. 8) SchülerInnen gleichzeitig durch einen eigenen, individuellen Coachingprozess zu führen. Dieser Prozess ähnelt dem Prozess in der Einzelberatung. Klassencoaching bietet darüber hinaus jedoch ein sehr viel weitreichenderes Interventionsangebot.

Es öffnet die Möglichkeit im Kontext von (Lern)Coaching, den Fokus ebenso auf die gesamte Gruppe zu lenken und damit soziale Strukturen, Beziehungen und Dynamiken in der Klasse zu berücksichtigen – sogenanntes Klassenteamcoaching (vgl. ► Kap. 7). Hiermit kann das Klassenklima nachhaltig positiv verändert werden. Dies wirkt sich auf die Gruppe als Ganzes wie auch auf einzelne SchülerInnen individuell aus.

Weit mehr als Einzelcoaching kann Klassencoaching dazu beitragen, den Abgleich mit anderen Perspektiven, Meinungen und Sichtweisen zu ermöglichen. Es kann darüber hinaus die Entwicklung gemeinsamer Lösungen für den gesamten Klassenverband oder die Gruppe ermöglichen. Klassencoaching bietet ebenso die Chance einer kollektiven Veränderung im Rahmen von Formaten der Klassenkollaboration (vgl. ► Kap. 10).

Zu guter Letzt kann Klassencoaching durch Klassenpeercoachings (vgl. ► Kap. 9) SchülerInnen selbst Coaching-Kompetenzen vermitteln. Dieses stärkt in besonderer Weise die Kommunikationskompetenzen, Selbstreflexion und Eigenverantwortung der Schülerinnen und Schüler sowie insbesondere deren Lern- und Entwicklungskompetenz weit über schulische Lerninhalte hinaus.

Hinweis

Die Begriffe Gruppencoaching, Klassencoaching, Klassengruppencoaching, Klassenteamcoaching, Klassenpeercoaching, Klassenkollaboration könnten an dieser Stelle noch verwirren, werden aber in der Auseinandersetzung mit dem Thema zunehmend klarer.

Hier soll im Sinne eines Ausblicks die Systematik vorab sehr verkürzt aufgezeigt werden, um mehr Orientierung zu geben:

Klassencoaching und Gruppencoaching Dieses sind die Sammelbegriffe für die in diesem Buch verwendeten Methoden, sie werden meist synonym und kontextbezogen oft auch als Begriffspaar verwendet. Klassencoaching meint dabei explizit die Arbeit mit einer Klasse, wobei es bei Gruppencoaching eben auch die Arbeit mit anderen Gruppen, z. B. Gruppen aus der Begabungsförderung oder Jahrgänge betreffen kann.

Klassenteamcoaching, Klassengruppencoaching, Klassenpeercoaching und Klassenkollaboration sind unterschiedliche Klassifikationen, sie dienen der Strukturierung der Formate nach den jeweiligen Prozesszielen.

Klassenteamcoaching ist eine Art Teamentwicklung für die Klasse.

Klassengruppencoaching ist ein Training für das parallele Coaching aller SchülerInnen.

Klassenpeercoaching dient der Vermittlung von Coaching-Kompetenzen zum gegenseitigen Coaching.

Klassenkollaboration ist ein komplexer, kollektiver Potenzialentfaltungsprozess in der Klasse als Gesamtsystem.

Die weitere Lektüre wird die unterschiedlichen Kategorien und die Sinnhaftigkeit ihrer Unterscheidung veranschaulichen.

Mehr Gruppenarbeit ist gefragt

Aufgrund einer in Schule leider immer noch vorherrschenden märchenhaften Vorstellung vermeintlicher Objektivität bei der Bewertung von Einzelleistungen werden im schulischen Kontext eben diese Einzelleistungen überbewertet und SchülerInnen traditionell eher getrennt als zusammengeführt.

Wenngleich viele Lehrpersonen dieses zu Recht für sich bestreiten, so entpuppen sich Gruppensettings bei genauerem Hinsehen doch immer wieder eher als die Ausnahme denn als die Regel. Schon ein Blick in die allermeisten Klassenzimmer und deren Sitzordnung kann hier als ‚Beweis' angeführt werden.

Die Welt außerhalb von Schule sieht anders aus: In nahezu allen anderen Kontexten stehen zu Recht Team- und Gruppenleistungen im Fokus. Dies gilt für die allermeisten Sportarten (nicht nur im Teamsport), in vielen Hobbys und Ehrenämtern und in nahezu allen Berufen. Es gilt in guten Schulen auch für den Lehrerberuf und ebenso für unsere Gesellschaft als Ganzes.

In unserer Welt sind Teamarbeit, interdisziplinäres Denken und kooperative Problemlösung wichtiger denn je. Kollaborative Formate fördern die dafür notwendigen Kompetenzen wie Kommunikationsfähigkeit, Konfliktkompetenz, positiv-kritisches Denken und Teamgeist. Es gilt entsprechend, Kooperation und Kollaboration auch in Schule zu leben, vorzuleben und zu vermitteln. Schülerinnen und Schüler lernen so, Ideen und Meinungen anderer zuzuhören, emphatisch zu verstehen und förderlich in gesamtheitliche Lösungen zu integrieren.

Gruppenarbeit sollte generell der Standard in Schule sein. Daher sollte auch das Gruppen- bzw. Klassencoaching als zusätzliches Angebot Teil jedes Lerncoaching-Konzepts sein.

Verantwortung und Zusammenarbeit

In Gruppensettings übernehmen Schüler und Schülerinnen deutlich mehr Verantwortung als in Einzelsettings, sie üben sich in bestimmten Rollen und übernehmen Aufgaben für die gesamte Gruppe. Das fördert ihre Selbstständigkeit und Selbstwirksamkeit und macht sie zu aktiven GestalterInnen des eigenen Lernens, des eigenen Lebens und ihrer Umwelt. Last but not least fördert die Zusammenarbeit die Neugier, die Kreativität und das Interesse sowie die Freude am Lernen.

SchülerInnen lernen mit der Erfahrung der Gruppencoachings hochwirksame Interventionen für Veränderungsprozesse kennen, sie erleben sich dabei als Einzelperson wie auch als Gruppe in hohem Maße als wirksam. Dabei erlernen sie durch eine effiziente und effektive Arbeit in Gruppen gleichzeitig einen professionellen Umgang mit Komplexität. So gelingt es ihnen, Einzelmeinungen oder Minderheiten zu integrieren. Sie lernen gemeinsam, Potenziale zu erkennen und nutzbar zu machen. Sie entwickeln soziale Verantwortung und eine hohe Problemlösekompetenz.

Dies ermöglicht ihnen in dem aktuellen Moment des Klassencoachings wie auch in der Zukunft, Lösungen in schwierigen Kontexten und für scheinbar unlösbare Probleme zu finden. Kreativität, Eingebundenheit, Integrationsfähigkeit und Toleranz können auf diesen Erfahrungen gedeihen. Die nicht-direktive, ressourcenorientierte Coaching-Haltung, die im Klassencoaching erfahren und erlernt wird, ist ein weiter, entscheidender Faktor der Persönlichkeitsentwicklung.

Veränderung beginnt jetzt und hier

Um im 21. Jahrhundert den Herausforderungen der Zeit gewachsen zu sein, sind kollaborative Fähigkeiten notwendiger denn je. Lehrpersonen beginnen zunehmend, in den eigenen Reihen anzufangen und das für Schulen leider oft noch typische Einzelkämpfertum zu überwinden. So können sie den SchülerInnen ein Vorbild sein und ihnen authentisch kollaborative Formate nahebringen. Das Buch ist eine Anleitung für eben diese Umsetzung mit SchülerInnen.

Schule ist eine Institution, die wie keine andere die Chance in sich trägt, jungen Menschen Kompetenzen im Sinne einer Coaching-Haltung und für die Arbeit in Gruppen zu vermitteln. Das Buch versucht, einen bescheidenen Teil dazu beizutragen, schulische Bildung in diesem Sinne zu modernisieren.

Ich wünsche Ihnen viel Spaß beim Ausprobieren der in diesem Buch beschriebenen Formate. Ich wünsche Ihnen Mut zum Einlassen auf unterschiedlichste Prozesse und ich wünsche Ihnen Lust am Lernen mit, von und für die SchülerInnen. Dieses Werk bietet die Möglichkeit zur positiven Veränderung der Welt – beginnend in Ihrer Klasse.

Inhaltsverzeichnis

V Epilog

Über den Autor

Volker Biesel
ist Gründer der CONTEXT Akademie, dem führenden Ausbildungsinstitut für Lerncoaching. Er ist seit knapp zwei Jahrzehnten lehrender Coach, insbesondere Ausbilder für Lerncoaching und Entwickler des 3D-LernCoaching®-Prozessmodells. Er hat Tausende Lehrpersonen an Schulen aller Schulformen sowie an anderen pädagogischen Einrichtungen in Deutschland, Belgien, der Schweiz und Österreich zu Lerncoaches aus- und weitergebildet.

Als erfahrener Großgruppenmoderator begleitet er Veränderungsprozesse in Schulen und anderen Organisationen. Dieses Know-how verknüpft er mit seinem eigenen Lerncoaching-Ansatz und überträgt es in unterschiedlichen Formaten des Klassencoachings auf die Arbeit mit Schülerinnen und Schülern. Der vorliegende Ansatz seines Gruppencoachings ist Teil seiner Ausbildungskonzeption zum Klassencoach wie auch der Masterqualifikation zum zertifizierten 3D-LernCoach®.

Den Sinn seiner Arbeit sieht er darin, einen Beitrag zur Modernisierung des Bildungswesens zu leisten. Ziel seiner Ausbildungen ist es, bessere Lernräume für Schülerinnen und Schüler zu gestalten, in denen Lernerfahrungen mit Freude, Neugier und Fehlerfreundlichkeit begegnet wird.

Einführung

Inhaltsverzeichnis

Einleitung

Inhaltsverzeichnis

V. Biesel, *Praxishandbuch Ressourcenorientiertes Lerncoaching im Gruppenformat*,
https://doi.org/10.1007/978-3-662-71009-8_1

Sie sind Lerncoach? Sie lieben Lerncoaching? Sie möchten möglichst viele SchülerInnen damit erreichen?

Lerncoaching mit Gruppen ist eine effiziente Möglichkeit. Lerncoaching kann als Klassencoaching oder z. B. für eine ganze Jahrgangsstufe erfolgen und so alle SchülerInnen erreichen und ihnen eine Hilfe sein.

Freuen Sie sich auf Schülerstimmen, die sagen:

- *„Endlich, weiß ich, wie ich am besten lerne.“*,
- *„Nun bin ich motiviert.“*,
- *„Ich habe meinen Schweinehund überwunden.“*,
- *„Die Ideen der Klassenkameraden haben mir sehr geholfen.“* oder
- *„Mir fällt das Lernen jetzt leichter, es geht auch schneller, und ich habe mehr Zeit für meine Hobbys.“*

Dieses Buch ermöglicht einen leichten Einstieg in die unterschiedlichen Formate des Gruppencoachings (synonym und kontextbezogen auch als ‚Klassencoaching‘ bezeichnet). Die Beschreibungen der einzelnen Formate dienen als Anleitung und ermöglichen eine direkte Umsetzung.

Gleichzeitig soll an dieser Stelle auch darauf hingewiesen sein, dass Lerncoaching in Gruppen (erst) durch eine umfangreiche Lerncoaching-Expertise und souveräne Moderationskompetenzen professionalisiert wird. Dieses Buch kann dafür Beginn oder auch eine Fortsetzung sein.

Dieses Buch legt den Fokus auf Gruppenformate und die notwendigen Bedingungen für deren Umsetzung. Dabei setzt es für deren Anwendung das Grundwissen im Lerncoaching voraus. Die in dem Teil ‚Einführung‘ befindlichen Kapitel ermöglichen ein Verständnis von Lerncoaching und insbesondere ein Verständnis der Bezüge zu dem auch diesem Werk zugrunde liegenden Ansatz des 3D-LernCoaching®.

Eine umfangreichere Auseinandersetzung mit dem ‚Praxishandbuch Ressourcenorientiertes Lerncoaching‘ (Biesel, 2025) wird empfohlen, denn die Ausführungen und Bezüge in diesem Buch sind nur theoretisch und modellhaft und bewusst sehr kurzgehalten, denn dieses Buch fokussiert auf die praktische Umsetzung von Gruppenformaten.

Dabei ist es gleichzeitig eine Einladung, die Haltung und den Spirit von Lerncoaching sowie das Feuer gut moderierter, kollaborativer Formate vielen SchülerInnen zugänglich zu machen, jedem Einzelnen damit eine Hilfe zur Selbsthilfe zu sein und den SchülerInnen und sich selbst Freude und Zuversicht zu schenken.

In diesem Sinne und im doppelten Sinne: Machen Sie sich ‚ans Werk‘!

1.1 Lerncoaching (in Gruppen)

Die Interpretationen des Begriffs ‚Lerncoaching‘ sind sehr unterschiedlich. Sie reichen von der Begriffsverwendung als Synonym für Nachhilfe über Trainings zu Lerntechniken bis zu Formen der Begabungsförderung oder pädagogischer Diagnostik. Auch der Begriff Klassencoaching bezeichnet unterschiedliche Formate und Angebote für SchülerInnen.

Der Begriff Gruppencoaching ist ebenfalls unscharf und wird außerhalb von Schulen oft synonym zu dem Begriff Teamcoaching verwendet. In diesem Werk ist der Begriff Gruppencoaching weiter gefasst und steht für alle Formen des Coachings einer Gruppe.

Differenziert werden dabei mit dem Fokus auf Klassen: Klassenteamcoaching, Klassengruppencoaching, Klassenpeercoaching und kollaborative Formate, wobei sich viele Formate dieser Formen auch für andere Gruppen, z. B. für ganze Jahrgangsstufen, eignen.

Dieses Buch beruht auf einem Lerncoaching-Verständnis, welches Lerncoaching als Coaching im Kontext von Lernanlässen versteht. Lerncoaching ist demnach eine Form von Prozessberatung zu unterschiedlichsten Lernsituationen. In dieser Sichtweise ist Lerncoaching primär Coaching und somit weit weniger von klassischem, schulischem Denken geprägt. Lerncoaching schaut kaum auf Lerninhalte, sondern vielmehr auf den motivationalen Prozess des Lernens und die zur Potenzialentfaltung notwendigen Ressourcen sowie insbesondere die diesbezügliche individuelle Hilfestellung.

Lerncoaching versteht sich dabei als Hilfe zur Selbsthilfe. So ist Lerncoaching in Einzel- wie auch in Gruppenformaten ein wesentlicher Beitrag zur Entwicklung einer ausgeprägten Selbstkompetenz von Schülerinnen und Schülern und kann zur Persönlichkeitsentwicklung von Kindern, Jugendlichen und jungen Erwachsenen dienen.

Im weiteren Sinne ist Lerncoaching eine professionelle Begleitung von SchülerInnen bei deren individueller Veränderung und Entwicklung. Im engeren Sinn schaut Lerncoaching auf die Interventionsmöglichkeiten des Coachings zur hilfreichen Begleitung der individuellen Lernprozesse des Coachees.

Lerncoaching ist eine Begegnung auf Augenhöhe in einem bewertungs- und beurteilungsfreien Raum und dient dem Klärungsprozess der Schülerin/des Schülers. Dieses sollte insbesondere in Gruppenformaten deutlich und wiederholend kommuniziert werden, da Gruppenformate mehr als Einzelgespräche dem ‚normalen', also dem gewohnten, schulischen Setting mit dem damit leider einhergehenden gewohnten Aspekt des Beurteilt- und Bewertet-Werdens ähneln.

Lerncoaching ist geprägt durch eine Art der Gesprächsgestaltung, welche die Wahrscheinlichkeit der Selbsterkenntnis erhöht. Dabei fördert Lerncoaching die Aktivierung der eigenen Ressourcen des Coachees zum Zwecke der Verbesserung ihres/seines Selbst- und Lernmanagements und dient somit der Weiterentwicklung ihrer/seiner persönlichen Lernkompetenzen.

Der Lerncoach versteht sich als Prozessberater und hilft mittels einer spezifischen, professionellen pädagogischen Gesprächsführung bzw. Moderation den Coachees bzw. Teilnehmenden bei der Bearbeitung ihrer individuellen Anliegen. Der Coach selbst hält sich dabei mit Lösungsvorschlägen oder -ideen zurück, gleichzeitig fokussiert er jedoch auf deren Entwicklung durch die SchülerInnen selbst. Diese ressourcen- und lösungsorientierte Haltung des Coaches bei gleichzeitiger Lösungslosigkeit (im Sinne eines Unterlassens vermeintlich kluger Ratschläge) ist wesentlicher Faktor für die Selbstwirksamkeitserfahrung der Schülerinnen und Schüler.

Lerncoaching ist nicht nur eine Sammlung von Modellen, Methoden und Interventionen, Lerncoaching ist vielmehr eine Haltung und eine damit verbundene grundlegende andere Betrachtung von Kindern, Jugendlichen und jungen Erwachsenen – nicht in ihrer Rolle des Schülers oder der Schülerin, sondern in ihrer Ganzheit als Mensch. Lerncoaches betrachten schulisches Lernen in einem größeren Kontext. Gleichzeitig ist für Lerncoaches ‚Lernen' ein sehr viel größerer Begriff im Feld der Selbstentwicklung.

Selbstverständlich liegt eine solche erweiterte Sichtweise nicht nur im Lerncoaching begründet, sondern ist vielmehr die Grundlage jedes guten Pädagogen/jeder guten Pädagogin. So ist es auch nicht verwunderlich, dass sich gute PädagogInnen häufig im Lerncoaching zu Hause fühlen.

Das Lerncoaching in einem solchen Verständnis erfreut sich immer höher Beliebtheit nicht nur, aber insbesondere, in schulischen Kontexten – sowohl bei Lehrpersonen als auch bei Schülerinnen und Schülern.

Den in Schulen und ähnlichen Institutionen wirkenden Lerncoaches mangelt es dabei oft an Zeit, um Lerncoaching in Form von Einzelgesprächen einer breiten Masse an SchülerInnen zugänglich zu machen. Eine Form von Gruppen- bzw. Klassencoaching scheint hier die Lösung. In der Arbeit in Gruppen lassen sich viele Coaching-Aspekte und Anliegen bearbeiten. Das individuelle Gespräch mit einzelnen SchülerInnen kann und soll ein Gruppenformat jedoch mit Nichten ersetzen. Dieses Buch sieht das Gruppencoaching vielmehr als eine sinnvolle Ergänzung zu Angeboten des Einzelcoachings.

Gruppencoaching kann sich dabei insbesondere auf Anliegen der Klassengemeinschaft oder auf ähnliche Anlasssituationen der jeweiligen Gruppe, wie z. B. die Prüfungsvorbereitung, beziehen. Darüber hinaus kann es dazu dienen, Coaching-Kompetenzen für die Durchführung überschaubarer Coaching-Interventionen bei den Schülerinnen und Schülern zu fördern, sogenanntes Klassenpeercoaching (vgl. ► Kap. 9). Gruppencoaching-Formate können auch dazu genutzt werden, die Entwicklung geeigneter, individueller Lernstrategien (vgl. ► Kap. 20) zu fördern oder psychoedukativ die Kompetenzen des Selbstmanagements zu stärken (vgl. ► Kap. 22, 23).

Die professionelle Durchführung von Klassencoaching erfordert dabei sehr hohe Coaching- und Moderationskompetenz sowie ein eingehendes Auseinandersetzen mit den jeweiligen Formaten (vgl. ► Kap. 14 bis ► Kap. 27), Auftragssituationen (vgl. ► Kap. 6) und Wirkfaktoren (vgl. ► Kap. 28) sowie eine detaillierte Vorbereitung. Die professionelle Arbeit als Gruppen- oder Klassencoach ist die Königsdisziplin des Lerncoachings.

Lerncoaching – in Einzel- wie auch in Gruppensettings – kann entsprechend auch als Teil eines pädagogischen Konzepts und somit als Teil der Schulentwicklung verstanden und genutzt werden. Wird eine relevante Menge an Lehrpersonen zu Lerncoaches ausgebildet und hat dieser Prozess die Rückendeckung der Schulleitung, so können andere Themen wie z. B. Selbstorganisiertes Lernen, Lernarrangements, Neue Autorität u. v. m. sich wechselseitig positiv beeinflussen.

Lerncoaching ist weit mehr als eine Methode. Lerncoaching verändert die Lernkultur im Beratungsfeld wie auch oft in ganzen Schulsystemen (vgl. auch Müller, 2013, S. 7) und hoffentlich bald in unserer gesamten Bildungslandschaft.

1.2 Integrativer Lerncoaching-Ansatz

Das vorliegende Buch gründet auf dem integrativen Lerncoaching-Ansatz 3D-LernCaoching® des Autors (Biesel, 2025). Es handelt sich dabei um eine systemisch-konstruktivistische, personenzentrierte, ressourcenfokussierte und lösungsorientierte Lerncoaching-Konzeption.

Diese hat Einflüsse unterschiedlicher therapeutischer Schulen und anderer (psychologischer) Fachbereiche. Der Umfang dieser Einflussgrößen reicht von einem als Metatheorie verstehbaren systemisch-konstruktivistischen Ansatz bis hin zu einem Überbegriff für Moderationsformate und -verfahren, wie sie insbesondere für das Klassencoaching notwendig sind.

Die umfangreiche Grundlegung des 3D-LernCoaching®-Modells ist im ‚Praxishandbuch Ressourcenorientiertes Lerncoaching' (Biesel, 2025) mit zahlreichen Methoden und Beispielen beschrieben. An dieser Stelle sollen daher die wesentlichen zentralen Faktoren kurz benannt werden:

Die ◘ Abb. 1.1 zeigt die wesentlichen Einflussfaktoren. Im inneren Dreieck der Abbildung finden sich die Aspekte, welche für die drei Prozessdimensionen des 3D-LernCoaching® ausschlaggebend sind. Dieses sind die Ansätze der Personenzentrierung nach Rogers (Rogers, 2020), die Lösungsorientierung nach Berg und de

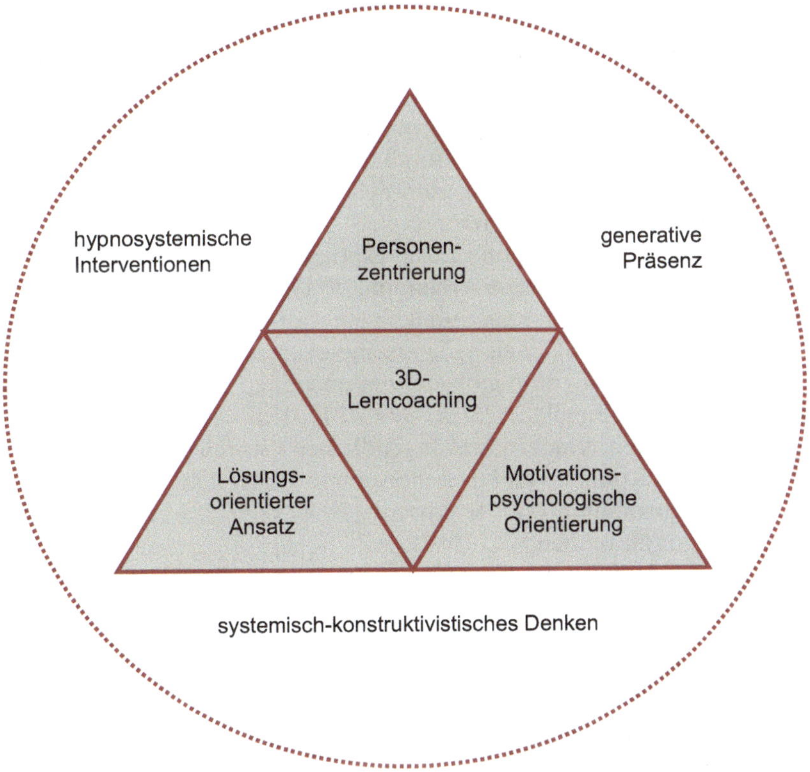

◘ **Abb. 1.1** 3D-LernCoaching® im transformativen Bezugsrahmen. (© Volker Biesel 2026. All Rights Reserved)

Shazer (de Shazer & Dolan, 2013) sowie die motivationale Perspektive des Zürcher Ressourcen Modells nach Krause und Storch (Storch et al., 2022).

Der Personenzentrierte Ansatz nach Carl Rogers (1902–1987) ist ein Klassiker der humanistischen Psychologie. Es handelt sich dabei um eine spezielle Variante der Gesprächspsychotherapie (Rogers, 2016). Aus Rogers tiefer Überzeugung, dass jeder Mensch ein ihm innewohnendes Potenzial zur Persönlichkeitsentwicklung hat, wuchs eine non-direktive und nicht-interpretative Gesprächsführung. Der Personenorientierte Ansatz (je nach Schaffensphase auch non-direktiver oder klientenzentrierter Ansatz genannt) ist die Grundlage vieler pädagogischer Konzepte. Der Personenzentrierte Ansatz spiegelt sich besonders in den Haltungsaspekten der Empathie, Akzeptanz, Kongruenz sowie der Präsenz wider (Rogers, 2020, 2022; vgl. auch ► Abschn. 2.4.1 und ► Abschn. 2.4.4).

Der Lösungsorientierte Ansatz (vgl. de Shazer & Dolan, 2013) nimmt in konsequenter Umsetzung Abkehr von der Idee, dass man Ursachen in der Vergangenheit suchen muss. Für das lösungsfokussierte Denken ist die Trennung von Problem und Lösung maßgeblich. So richtet sich die Aufmerksamkeit nicht auf das Problem, sondern ausschließlich auf Lösungen. Dadurch werden unverzüglich Entwicklungsmöglichkeiten sowie Handlungsoptionen in Augenschein genommen. Dieses Sich-Lösen vom Problem, um das Problem zu lösen, führt von einer Defizitorientierung zu einer konsequenten Ressourcenorientierung. Die konsequente Umsetzung des Lösungsorientierten Ansatzes im 3D-LernCoaching® hat zwei Wirkrichtungen. Dem (Klassen-)Coach ist er ein Leitbild für eine entsprechende Haltung, für die Schülerinnen und Schüler ergibt sich durch die konsequente Fokussierung auf Ressourcen und Lösungsoptionen eine schnelle Hilfe. Das Repertoire lösungsorientierter Interventionen und deren Anwendung haben großen Einfluss auf zahlreiche in diesem Buch beschriebene Klassencoaching-Formate (vgl. ► Kap. 16, 17, 18, 19, 20).

Das Zürcher Ressourcen Modell (Storch et al., 2022) ist ein theoretisches Modell und bietet eine praktische Anleitung zum Selbstmanagement. Es ist in seinem Ursprung als Gruppenverfahren konzipiert (vgl. Storch et al., 2022). Es fokussiert ebenfalls konsequent auf Ressourcen und Lösungspotenziale des Individuums und liefert eine große Methodenvielfalt für die Arbeit im Lerncoaching. Die Arbeit mit den zwei Systemen, dem kognitiven Verstand und dem emotionalen Erfahrungsgedächtnis, ist ein Leitbild für das 3D-LernCoaching® (vgl. Biesel, 2025, S. 128–132). Es ermöglicht insbesondere eine Klärung von Ambivalenzen und einen Umgang mit stark emotionalen Kontexten (vgl. Biesel, 2025, S. 399–422). Das ZRM® lässt sich mit Erwachsenen wie auch mit Kindern und Jugendlichen (Storch & Riedener, 2006) sehr gut durchführen. Im Kontext von Klassencoaching lassen sich so einzelne Methoden aus dem ZRM®-Curriculum (vgl. ► Abschn. 20.4) oder das gesamte ZRM® (vgl. ► Kap. 23) sehr gut anwenden.

Darüber hinaus zeigt die ◘ Abb. 1.1 die Einbindung des 3D-LernCoaching® in Bezug zu anderen Schulen und Theorien. Die rahmenden und umgebenden Ansätze schaffen ein Feld, in dem die Wahrscheinlichkeit für transformative Prozesse erhöht wird. Der Entwicklungsraum des 3D-LernCoaching® gründet auf einer konstruktivistischen Weltanschauung und auf einem systemischen Verständnis.

Das aus dem Konstruktivismus (z. B. Glasersfeld von, 2022; Simon, 2009) resultierte Paradigma des Nicht-Wissens ist für das Lerncoaching elementar (vgl. Biesel,

2025, S. 55–57). Der Lerncoach kann daher auch nicht wissen, was für den Schüler/die Schülerin richtig oder falsch ist. Die Hilfe zur Selbsthilfe (Biesel, 2025, S. 4–5 und S. 34–40) ist daher unbedingte Erfordernis. So ist die Haltung des Lerncoaches geprägt von Respekt und Toleranz für das subjektive Erleben. Diese Basis ist notwendig, um sich als Gruppencoach auf die Moderation eines Prozesses zu beschränken und in die Selbstwirksamkeit der einzelnen TeilnehmerInnen wie auch der ganzen Gruppe als System zu vertrauen.

Die Systemik lässt sich als Metatheorie begreifen, welche generell die Beziehungen und (Wechsel)Wirkungen zwischen den Elementen eines Systems zu anderen Elementen des gleichen Systems oder zur Systemgesamtheit zu beschreiben versucht. Auch das Gesamtsystem steht wiederum seinerseits in systemischen Kontexten. Mit dieser Betrachtungsweise können Gesetzmäßigkeiten erkannt und Wirkungsweisen genutzt werden. Dieses hat enorme Implikation auf den beraterischen Kontext (Schlippe von & Schweitzer, 2007, 2014) und kann gleichfalls in unterrichtlichen Situationen angewendet werden (vgl. Schwehm, 2017). Die Elemente eines Systems können z. B. Aspekte eines Themas, innere Anteile oder die Personen in einer Klasse sein.

Darüber hinaus bieten der Hypnosystemische Ansatz nach Schmidt (2024a, b) und dasModell der Generativen Arbeit nach Gilligan (2014) eine weitere Differenzierung und Ergänzung. Sie erweitern das Spektrum durch hilfreiche Methoden der Aufmerksamkeitsfokussierung (Schmidt, 2023; Weckenmann, 2011). Die intensive, generative Auseinandersetzung mit der eigenen Person ist darüber hinaus eine Chance für intensives, persönliches Wachstum. Die Erfahrung der Selbstentwicklung des Coachees stärkt diesen in seiner Klarheit und Präsenz.

Speziell in der Sicht auf Klassencoachings sind Moderationsformate aus der Großgruppenmoderation Quellen, Bezugspunkte und wertvoller Erfahrungshorizont für die einzelnen Formate wie auch für das Verständnis ihrer Wirkmechanismen und deren praktischer Durchführung.

Diese genannten Aspekte sind insbesondere für die Haltung und Rolle als Klassencoach wichtig und haben damit maßgebliche Auswirkungen auf den Gruppencoachingprozess.

Die haltungsleitende Integration des Lösungsorientierten Ansatzes und die umfangreiche Integration der motivationalen Perspektive durch den Rubikon-Prozess (vgl. ► Abschn. 1.3.3 und Biesel, 2025, S. 112–126) und Methoden des Zürcher Ressourcen Modells zeichnen den 3D-LernCoaching®-Ansatz aus, der sich nach dem ihm zugrunde liegenden Prozessmodell benennt.

Hinweis

Eine tiefer gehende Auseinandersetzung mit den in diesem Kapitel beschriebenen Ansätzen ist für professionell tätige Coaches empfohlen. Die oben genannten Referenzensind daher hiermit explizite Leseempfehlungen. Darüber hinaus sollen im Folgenden weitere Literaturempfehlungen zu dem Feld der Großgruppenmoderation gegeben werden. Der Begriff ‚Großgruppe' sollte dabei nicht irreführen. Die Großgruppenmoderation eignet sich auch schon für kleine Klassen.

1

Literaturempfehlungen

Seliger, R. (2011). *Einführung in Großgruppen-Methoden* (2. Aufl.). Carl-Auer.
Action Learning als Energiequelle von Großgruppenkonferenzen kann auch auf den Klassenraum übertragen werden. Weniger vermitteln, mehr gemeinsam entwickeln, weniger Theorie, mehr Praxisbezug und dabei die Lernprozesse reflektieren – das alles sind auch die Werkzeuge guter Lernarrangements und Klassencoachings.

Dittrich-Brauner, K., Dittmann, E., List, V. & Windisch, C. (2008). *Großgruppenverfahren. Lebendig lernen – Veränderung gestalten*. Springer.
Ein Überblick über die wichtigsten handlungsleitenden Prinzipien und die gängigsten Formate der Großgruppenmoderation sowie dem Kontext, deren Anwendung und der erforderlichen Rahmenbedingungen.

Owen, H. (2011). *Open Space Technology. Ein Leitfaden für die Praxis* (2., aktual. und erw. Aufl.). Schäffer-Poeschel.
Haltung, Haltung, Haltung! – Wie keine andere Methode und wie kein anderer Autor vermittelt Owen in diesem Buch die Haltung des Aus-dem-Weg-Gehens für kreative Entfaltungsprozesse. Diese Haltung ist lernförderlich. Dieses Buch und die Erfahrung einer gut moderierten Open Space Veranstaltung wären eine gute Kombination für jede Lehrkraft.

Scholz, H. & Vesper, R. (2022). *Facilitation. Dialog- und handlungsorientierte Organisationsentwicklung*. Vahlen.
Ein junges Werk, welches wohl zum Standardwerk für Großgruppenmoderatoren, Facilitators und Hosts avanciert. Das Werk hätte es verdient. Mit Abstand das beste Werk zu diesem Thema auf dem Büchermarkt. Voller Erfahrung und Kompetenz.

1.3 Das 3D-LernCoaching®-Prozessmodell

Das 3D-LernCoaching®-Prozessmodell bietet eine Mehrperspektivität durch eine dreifache Orientierungsmöglichkeit für den Lerncoach. Diese Orientierung ist in Einzelcoachings wesentlich. Im Kontext des Gruppencoachings hilft es, die den Formaten zugrunde liegenden Mechanismen zu erkennen und entsprechend in der Rolle als Gruppen- bzw. Klassencoach freier agieren zu können oder eigene Formate zu entwickeln.

Die drei Orientierungen des Lerncoaches werden im 3D-LernCoaching®-Prozessmodell als unterschiedliche Dimensionen verstanden und dargestellt (vgl. ◘ Abb. 1.2):

- die Ablauf(prozess)orientierung (erste Dimension)
- die Lösungs(prozess)orientierung (zweite Dimension) und
- die Motivations(prozess)orientierung (dritte Dimension).

Ein einfacher Ablauf (erste Dimension) stellt die Agenda für ein Lerncoaching-Gespräch dar. Die Integration des Lösungsorientierten Ansatzes (zweite Dimension)

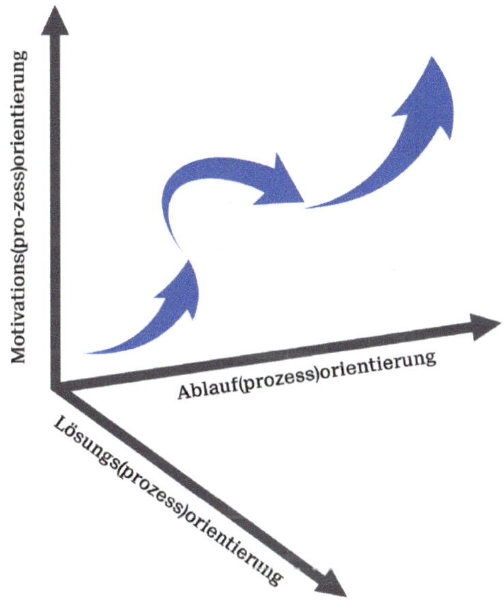

Abb. 1.2 Das 3D-LernCoaching®-Prozessmodell – Entwicklungsraum der drei Dimensionen als Orientierungen im Coaching. (© Volker Biesel 2026. All Rights Reserved)

ermöglicht eine schnelle ressourcenorientierte Entwicklung von Lösungen durch und für den Coachee. Die starke Fokussierung auf den motivationspsychologischen Prozess (dritte Dimension) des Coachees macht passgenaue Intervention möglich.

Die Dimensionen des 3D-LernCoaching®-Prozessmodells sind als Richtungen der dienlichen Aufmerksamkeitsfokussierung des Coaches zu verstehen und geben diesem eine dreifache Orientierungsmöglichkeit.

Das Modell in Abb. 1.2 zeigt die drei beschriebenen Orientierungen, auf die der 3D-LernCoach® zurückgreifen kann. Sie dienen als Leitplanken seiner Arbeit und sind auf der Prozessebene richtungsweisend. Sie gestalten den Raum für den Prozess des Schülers oder der Schülerin. Die dynamischen Pfeile in der Abbildung stellen dabei einen beispielhaften Verlauf dar. Die wechselseitige Orientierung an den Dimensionen hilft tendenziell, den Prozess in den offenen Entwicklungsraum zu lenken.

Jede der drei Prozessorientierungen (Ablaufprozess-, Lösungsprozess- und Motivationsprozessorientierung) stellt je eine Dimension des 3D-LernCoaching®-Ansatzes dar. Alle drei Dimensionen werden im Folgenden einzeln näher erläutert.

1.3.1 Ablauf (prozess)orientierung (1. Dimension)

Der Ablauf eines Lerncoachings lässt sich in verschiedene Phasen unterteilen. Grob gesprochen gibt es: Einleitung, Hauptteil und einen Schluss. Der Hauptteil lässt sich wiederum in drei Phasen unterteilen: Thema, Ziel und Ressourcen.

Im Folgenden werden die Phasen im besonderen Bezug zum Gruppencoaching kurz erläutert.

- **Vorphase (‚Einleitung')**

Insbesondere sollte auch bei Gruppencoachings eine Einleitung erfolgen. Folgende Aspekte sollten dabei explizit oder implizit benannt werden:

- Bewertungsfreier Raum
- Verschwiegenheit
- Selbstverantwortung

Der Aspekt der Bewertungsfreiheit ist oft eine Art Türöffner für den Prozess und sollte besonders betont werden:

- *„Coaching, und auch das Klassencoaching, ist ein bewertungsfreier Raum. Es gibt keine Noten, es gibt nichts, was Ihr erreichen müsst, und auch nichts, was beurteilt wird."*

Die Freiheit des Formats kann auch weiter betont werden:

- *„Ihr könnt hier heute die Zeit so für Euch nutzen, wie es Euch hilft. Ganz nach Euren Wünschen. Es ist Eure Zeit. Es ist Euer Coaching."*

Gleichzeitig kann an die Selbstverantwortung appelliert werden:

- *„Wenn Ihr die Zeit nicht für Euer Lernen/Selbstmanagement/Euren persönlichen Anlass nutzen wollt, dann ist das voll okay. Es muss für Euch nur dann auch okay sein, gegebenenfalls eine Chance zur Optimierung Eures Lernens verpasst zu haben. – Viele von Euch wünschen sich vielleicht, weniger lernen zu müssen und mehr Fußball spielen oder chillen zu können. – Wenn man sein eigenes Lernen optimiert, braucht man dafür weniger Zeit, hat mehr Erfolg und mehr Freizeit. Das ist Eure Chance, Eure Entscheidung."*

Diese Aspekte sollten mehrfach, redundant beschrieben werden, damit die Botschaft auch beim Jedem/r klar und unmissverständlich ankommt.

Der Aspekt der Verschwiegenheit unterscheidet sich in ihrer Bedeutung je nach Klassencoaching-Format und sollte in dem jeweiligen Kontext mit einem Beispiel erfolgen. So kann im Kontext des Peercoachings die Verschwiegenheit in den jeweiligen Peergroups gelten. Im Kontext anderer Verfahren, wie z. B. dem Lernideen-Café (vgl. ► Kap. 14), kann auch auf die Verschwiegenheit verzichtet werden. Bei der Anwendung des Zürcher Ressourcen Modell® sollte die Verschwiegenheit abweichend als feste Regel vereinbart werden.

Darüber hinaus ist es in der einleitenden Vorphase hilfreich, weitere Rahmenbedingungen, wie z. B. den Zeitrahmen und Ablauf, zu klären.

- **Zentrale Coaching-Phasen (‚Hauptteil')**

Die zentralen Phasen dienen als Agenda für das Coaching-Gespräch und können oft auch in abgewandelter Form in den Klassencoachings wiedergefunden werden.

Die zentralen Coaching-Phasen

Die Phasen lauten:

- **Thema** erfassen
- **Ziel** formulieren
- **Ressourcen** aktivieren

Zentrale Fragen des Coaching-Gesprächs

Hinter den Phasen stecken folgende, zu klärenden Fragen:
Thema – Was ist Dein/Euer[1] Thema?
Ziel – Was ist Dein/Euer[1] Ziel?
Ressourcen – Was kannst Du/könnt Ihr[1] tun? Was hilft Dir/Euch[1] dabei?

Im Klassencoaching, spielt die erste Phase des Thema-Erfassens oft eine weniger bedeutende Rolle als im Einzelcoaching, da hier die gesamte Klasse oft schon ein Thema vorgegeben hat, z. B. die nächste Klassenarbeit oder die Lernatmosphäre in der Klasse oder das Thema, welches im Rahmen der ‚Auftragsklärung' (vgl. ► Kap. 6) herausgefunden und benannt wurde. Die Auftragsklärung ist in diesem Sinne schon die erste Coaching-Phase. In diesen Fällen lässt sich auch mit dem Ziel starten oder eine Abfolge anhand der zweiten Dimension (Lösungsorientierung; vgl. ► Abschn. 1.3.2 und Biesel, 2025, S. 93–108) wählen. So kann auch die imaginäre Gestaltung einer erwünschten Zukunft (vgl. z. B. ► Kap. 13, 18, 20) ein Einstieg in das Klassencoaching sein, um so das Thema zu explorieren und sich der Lösung zuzuwenden.

- **Abschlussphase (‚Schluss')**

Die Abschlussphase bezieht sich auf den gesamten Gruppencoaching-Prozess oder nur auf den Teil, z. B. auf den jeweiligen Tag oder die Doppelstunde, bei mehrtägigen Selbstmanagement-Workshops.

In der Abschlussphase wird den Teilnehmenden noch einmal Zeit zur Reflexion geben:

- *„Was war förderlich?"*
- *„Was war weniger hilfreich?"*
- *„Wie war die Art und Weise des Vorgehens für Euch?"*

Am Ende können noch Hinweise für den Folgetermin gegeben oder ein anderes, weiteres Vorgehen erläutert werden.

---

1 Die Unterscheidung im Singular bzw. im Plural richtet sich danach, ob sich das Klassencoaching an die TeilnehmerInnen als Einzelpersonen (Klassengruppencoaching Klassenpeercoaching) oder an die Klasse als Gesamtheit (Klassenteamcoaching, Klassenkollaboration) richtet.

1.3.2 Lösungs(prozess)orientierung (2. Dimension)

Die Lösungs(prozess)orientierung oder Lösungsorientierung des 3D-LernCoaching® versteht sich im Sinne des Lösungsorientierten Ansatzes. – Was ist damit gemeint? – Oft wird unter Lösungsorientierung verstanden, dass man zu einem Problem gleich eine Lösung nennt oder sogar weiß – dies hat mit Lösungsorientierung im oben genannten Sinne nichts gemein. Im Lösungsorientierten Ansatz nach de Shazer und Berg (oft auch lösungsfokussierter Ansatz genannt, Dolan in de Shazer & Dolan, 2013, S. 17) ist das Aushalten der Lösungslosigkeit durch den Coach selbstverständlich. Die Lösung wird auch in dieser Arbeit durch den Coachee und nicht durch den Coach entwickelt. Der lösungsorientiert arbeitende Coach fokussiert dabei jedoch immer auf die Entwicklung von Lösungen (durch den Coachee bzw. die Teilnehmenden).

Lösungsorientierung meint eine radikale Abkehr vom Problem. Anstelle eines solchen Defizitfokus wird ständig zur Entwicklung von Möglichkeiten, Handlungsoptionen oder neuen Denkmustern, die eine Lösung sein könnten oder zu einer solchen führen könnten, eingeladen. So können Lösungen durch den Coachee entwickelt werden.

Lösungsorientiert zu arbeiten, heißt nicht, ängstlich oder ausweichend gegenüber Problemen zu sein. Es bedeutet nicht, dem Coachee keinen Raum zu geben, um über sein Problem reden zu können. Das Anvertrauen, das Darüber-Reden-Können führt zu einer Erleichterung. Dies ist die Basis, sich von dem Problem lösen zu können. Letztlich ist auch das lösungsorientiert.

Die Methoden der Lösungsorientierung sind wirkungsvoll und gut. Sie gehören zu den besten und wirkungsvollsten Kurzzeitinterventionen und finden auch im Klassencoaching Anwendung (vgl. ► Kap. 14, 15, 16, 17, 18, 20, 24). Lösungsorientierung ist jedoch weit mehr, es ist eine über diese Methoden und die Grundsätze der Lösungsorientierung vermittelte Haltung. Diese Haltung des Coaches ist wesentlicher Wirkfaktor im Einzel- wie im Gruppencoaching.

Häufig schauen die Menschen mit einem akuten Anlass in die Vergangenheit. Dieses äußert sich in Worten wie beispielsweise:

- *„Das konnte ich noch nie.“*,
- *„Da war ich schon immer schlecht.“*,
- *„Das ist dauernd der Fall.“* oder
- *„Ich kenne das nicht anders.“*

Dieser Blick ist vergangenheitsbezogen, er richtet sich auf einzelne oder mehrere Erlebnisse in der Lebensbiografie.

Mit diesem Blick schauen SchülerInnen beispielsweise auf Dinge, die ihnen widerfahren sind, wie eine Fünf in der letzten Klausur in dem spezifischen Fach. Sie schauen auf die Punkte, wo etwas nicht gelungen ist, wo sie gescheitert sind oder wo sie etwas nicht konnten. Auch Prüfungsängste gehen regelmäßig mit solchen Erfahrungen der Vergangenheit einher.

Aus diesem Problemerleben heraus wendet sich der Blick häufig auf Mangelsituationen, Mankos, Schwachstellen oder Schwächen – auf Ungenügen oder Unzulänglichkeiten. Daraus folgen ein starker Problemfokus und eine Defizitorientierung.

Dieser Blick engt den Möglichkeitsraum für Lösungen sehr stark ein. Die Erkenntnis, dass Lösungen unabhängig von dem Problem entwickelt werden können, ist daher für Lernende des Ansatzes zunächst häufig unverständlich – in jedem Fall meistens ungewohnt.

Es gilt daher, auf einer Zeitachse die Anerkennung der Vergangenheit und die Gestaltungsmöglichkeit der Zukunft in einem ‚romantischen Bild' zusammenzuführen:

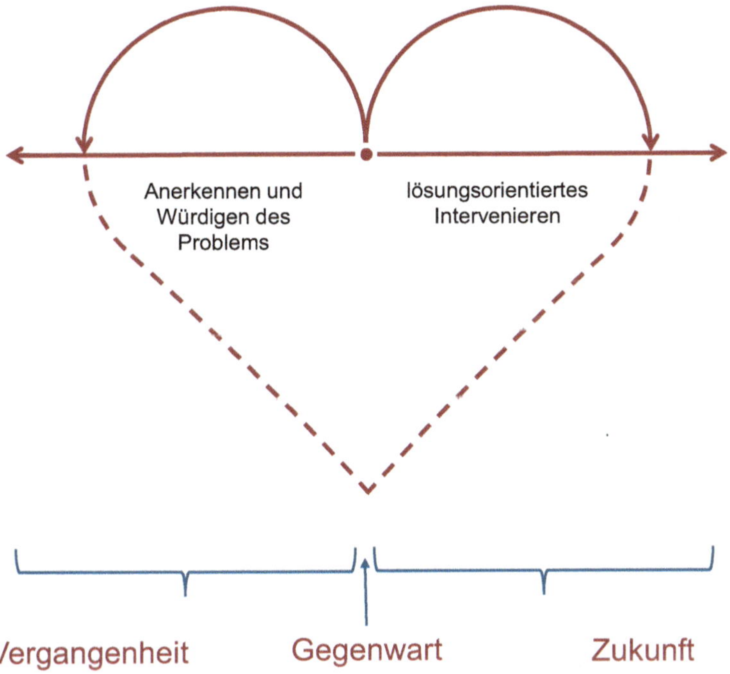

■ Abb. Problem- und Lösungsraum in zeitlicher Betrachtung – Herzkammern. (© Volker Biesel 2026. All Rights Reserved)

Ein lösungsorientiert arbeitender Lerncoach macht es sich zur Aufgabe, möglichst schnell den Schüler/die Schülerin in den Raum von Lösungsmöglichkeiten einzuladen, er hilft ihm/ihr, die Handlungsoptionen zu erkennen und Lösungsideen zu entwickeln. Er hilft ihm/ihr, die dafür notwendigen Ressourcen in der eigenen Person zu entdecken. So leitet er Schülerinnen und Schüler von dem Erleben von *„Das konnte ich noch nie."* zu einer eigenverantwortlich gestalteten, anderen und besseren Zukunft.

Anmerkung

An dieser Stelle wird auf eine Beschreibung der Grundsätze der Lösungsorientierung verzichtet und auf das Buch ‚Mehr als ein Wunder' (de Shazer & Dolan, 2013) verwiesen. Dieses vermittelt wie kein anderes Buch den Lösungsorientierten Ansatz und ist eine absolute Empfehlung.

Die Grundsätze sind ebenfalls auch im Hauptwerk ‚Praxishandbuch Ressourcenorientiertes Lerncoaching' (Biesel, 2025) mit Lerncoaching-Beispielen beschrieben (ebenfalls empfehlenswert 😉).

1

1.3.3 Motivations(prozess)orientierung (3. Dimension)

Der Rubikon-Prozess (vgl. ◘ Abb. 1.3) ist die Grundlage des Zürcher Ressourcen Modells (Storch et al., 2022, S. 96 ff.) und stellt in der dritten Dimension des 3D-LernCoaching® die zentrale Perspektive auf den motivationspsychologischen Prozess des Coachees dar und kann dem Lerncoach eine weitere Orientierung für hilfreiche Interventionen bieten. So kann der Klassencoach den Schüler/die Schülerin in seinem/ihrem Reifeprozess der Motivation begleiten. Der Schüler/die Schülerin wird bei der eigenen Willensbildung unterstützt und gelangt zu einer Haltung der Entschiedenheit oder Entschlossenheit. Durch den Aufbau eines individuellen Ressourcenpools wird er/sie sodann in seinem/ihrem eigenen Lösungsweg bestärkt.

Der Rubikon-Prozess (vgl. ◘ Abb. 1.3) beschreibt den gesamten motivationspsychologischen Prozess bis zur tatsächlichen Handlung. Dieser Prozess beginnt in dem Feld Bedürfnis.

Hinweis

Der hier im Kontext des Rubikon-Prozesses (vgl. ◘ Abb. 1.3) verwendete Bedürfnisbegriff ist, abweichend zu dem allgemeinsprachlichen Verständnis, etwas nicht Bewusstes.

Ein großer Teil der psychischen Prozesse verläuft unterhalb der Bewusstseinsschwelle. Uns allen sind Bedürfnisse dennoch wohlbekannt. Äußerungen wie

- *„Mein Bauchgefühl sagt mir …"* oder
- *„Ich fühle, dass das (nicht) richtig ist …"* oder
- *„Irgendetwas in mir sagt mir …"*

beschreiben solche Bedürfnislagen. Den unbewussten Bedürfnissen ist daher im Coaching besondere Aufmerksamkeit zu widmen, dies gilt für Klärungsprozesse,

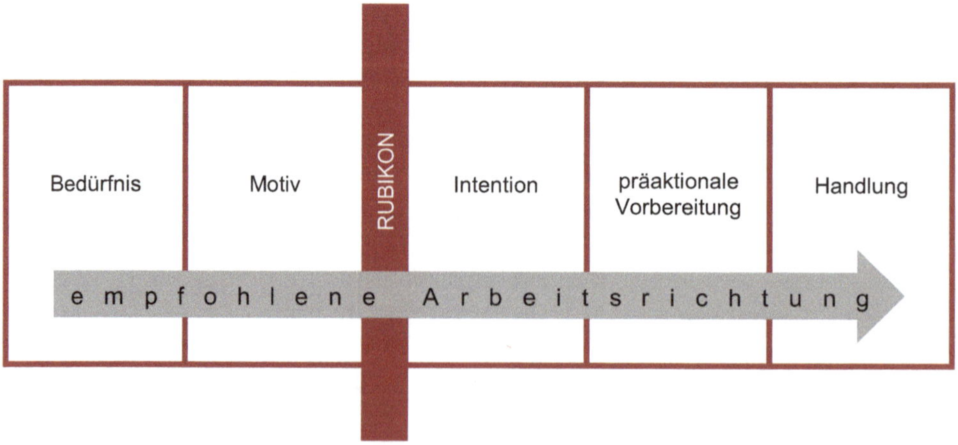

◘ **Abb. 1.3** Rubikon-Prozess nach Storch et al. (2022, S. 97). (© Storch et al. 2026. All Rights Reserved)

Entscheidungsfindung, mangelnde Motivation und auch für alle anderen (Lern) Coaching-Anlässe. Aus dem Empfinden des Bedürfnisses erwächst ein bewusstes Motiv. Ein Motiv ist bewusst, kann benannt und kommuniziert werden.

Entscheidend für die Schnelligkeit des weiteren Durchlaufens des Rubikon-Prozesses bis zur Handlung ist, ob die Bedürfnisse umfangreich erkannt und damit zu Motiven geworden sind und ob die vorhandenen Motive sich in einem Zielkonflikt befinden oder alle in eine Richtung zeigen.

Im letzteren Fall ist die Herausbildung einer Intention schnell, bei sich widersprechenden oder entgegengesetzten Motiven braucht es eine oft längere, teils sehr lange Abwägung. Dieser Abwägeprozess kann durch Lerncoaching sinnvoll unterstützt werden. Lerncoaching wirkt wie ein Katalysator und kann diesen Prozess deutlich beschleunigen.

Vor dem Rubikon (vgl. ◘ Abb. 1.3) arbeitet ein Lerncoach immer sowohl mit den bewussten Anteilen des Coachees/der Coachee als auch mit seinen/ihren unbewussten. Dies meint jedoch keine Manipulation, sondern ein Angebot zur Reflexion. So werden unbewusste Dinge bewusst. Das entspricht dem Klärungsprozess im Lerncoaching.

Die Überschreitung des Rubikons ist motivationspsychologisch ein großer Moment und oft auch ein großer und merkbarer Schritt der Entscheidungsfindung oder Entschiedenheit. Es ist der wesentliche Schritt zur Willensbildung. Überquert jemand den Rubikon, so macht ihn/sie dies ein Stück weit zu jemand anderem/r, denn sodann ist das Handlungsziel in greifbarer Nähe. Die Motivation ist hoch. Der Wille ist groß. Es ist eine grundsätzlich andere Verfasstheit, verbunden mit einem positiven, starken Gefühl. Das Feld der Intention ist entsprechend verbunden mit Klarheit, Entschiedenheit, Entschlossenheit und einem wirklichen Wollen.

Um Schülerinnen und Schülern dabei zu helfen, ihren Rubikon zu überqueren, sind der Schlüssel die Bedürfnis- und Motivklärung sowie die gute Beobachtung von verbal oder körpersprachlich ausgedrückten Empfindungen. Häufig kommen SchülerInnen, die eine Intention gebildet haben, sehr schnell in die gewünschte Handlung.

Manchmal jedoch stockt dieser Prozess. Trotz der erfolgreichen Intentionsbildung gelingt die selbstständige Handlungssteuerung nicht. Dies liegt in der Regel daran, dass das im Sinne des Ziels neue Verhaltensmuster noch nicht geübt ist, es liegen diesbezüglich noch keine neuronal gebahnten Automatismen vor. Der Schüler oder die Schülerin bleibt in diesem Fall sozusagen in der präaktionalen Handlungsvorbereitung stecken. Dinge, die dem eigentlich gewollten Ziel, z. B. dem Lernen, im Wege stehen, aber häufig so gut trainiert sind, sind hingegen Automatismen, die die neu gewünschten Handlungen konterkarieren. (Jede/r , der/die versucht hat, sich eine Angewohnheit abzugewöhnen, weiß, wie schwer es ist und kennt diese unerwünschten Automatismen.)

SchülerInnen sind häufig mit in diesem Sinne erlernten Verhaltensweisen konfrontiert, die einem Lernziel entgegenstehen. Ablenkungen, wie eine Einladung zum Gaming, eine WhatsApp-Nachricht, ein Anruf der besten Freundin/des besten Freundes, eine neue Staffel der Lieblingsserie und vieles andere mehr können die Schülerin/den Schüler schnell im Sinne ihres/seines Lernziels ‚falsch' abbiegen lassen.

Der Coach kann mit einem Coachee, der sich in der Phase der präaktionalen Handlungsvorbereitung befindet, helfen, Maßnahmen zu entwickeln, welche die Wahrscheinlichkeit zielrealisierenden Handelns erhöhen. Hierzu gehören die spezifische und konkrete Handlungsplanung, der Aufbau weiterer Ressourcen sowie insbesondere der Umgang mit unerwünschten Automatismen.

Der Aufbau von Erinnerungshilfen (Biesel, 2025, S. 372–379) in Form von Zielauslösern (Biesel, 2025, S. 373 f.) und Primes (Biesel, 2025, S. 374 f.) sowie die Entwicklung von Wenn-Dann-Plänen (Biesel, 2025, S. 380–384) und Embodiments (Biesel, 2025, S. 367–384) sind geeignete Maßnahmen. Das ZRM® bietet für alle Phasen des Rubikon-Prozesses (vgl. ◘ Abb. 1.3) ein entsprechendes Methoden-Curriculum. Es lässt sich im Einzelcoaching (Meier et al., 2021), auch im Kontext Lerncoaching (Biesel, 2025), und im Gruppenverfahren (Storch et al., 2022), insbesondere auch mit Jugendlichen, (Storch & Riedener Nussbaum, 2018) anwenden.

Last but not least erfolgt die Handlung. Auch in diesem Feld gibt es jedoch Gründe, in denen das nicht gelingt, z. B. in hochkomplexen Situationen, bei entgegenstehenden Zielen oder im Zuge hoher Belastungssituationen oder in überraschenden Situationen.

Daher können die Kenntnis dieses Prozesses sowie eine Ankündigung der Wahrscheinlichkeit des Scheiterns in besonders schwierigen Situationen entlastend sein. Es gilt hier, dem Scheitern mit Fehlerfreundlichkeit zu begegnen, und eben dadurch neue Verhaltensweisen zu erlernen, zu üben und zu trainieren. Es gilt, den Ressourcenaufbau weiter zu forcieren und insbesondere auch ressourcenorientiert auf die kleineren Erfolge zu schauen sowie den Herausforderungsgrad für weitere Handlungsschritte anzupassen, um positive Lernerfahrungen zu machen.

So kann schlussendlich eine dauerhafte, dem Ziel entsprechende, nachhaltige Handlungsumsetzung erfolgen.

Im Lerncoaching nach dem 3D-LernCoaching®-Prozessmodell ist der Rubikon-Prozess (vgl. ◘ Abb. 1.3) das zentrale Modell der dritten Dimension. Es ist die ‚Folie' im Hinterkopf des 3D-LernCoach® für den motivationalen Prozess des Coachees. Der Rubikon-Prozess ermöglicht es dem Coach, seine Begleitung so auszurichten, dass der Schüler/die Schülerin selbst die jeweiligen Schritte im Prozess bewältigen kann.

Im Kontext von Klassengruppencoachings mit dem Zürcher Ressourcen Modell® (vgl. ▶ Kap. 23) geht es in den Verfahren darum, die SchülerInnen synchron durch diesen Prozess zu leiten.

Die drei Prozessorientierungen dienen dem sinnvollen Einsatz von Methoden in spezifischen Momenten des Coachings. Eine umfangreiche Ausführung dazu findet sich bei Biesel (2025).

Die den Dimensionen zugeordneten Ansätze sowie deren Methoden prägen die Haltung des 3D-LernCoach®.

Haltung

Inhaltsverzeichnis

V. Biesel, *Praxishandbuch Ressourcenorientiertes Lerncoaching im Gruppenformat*,
https://doi.org/10.1007/978-3-662-71009-8_2

Keine Theorie, kein Modell, keine Technik, keine Methode ist so entscheidend wie die Haltung des Coaches. Je nach Haltung kann ein und dieselbe Intervention brillant und hilfreich oder ein Affront sein.

Die innere Haltung steht dabei in einer Wechselbeziehung zu dem eigenen Menschenbild. Insbesondere für die Arbeit als Lerncoach mit Gruppen ist die Haltung von hoher Bedeutung, dabei ist die Lerncoaching-Haltung die Basis. Sie wird durch Haltungsaspekte der Moderation (vgl. ▶ Kap. 2, 4 und ▶ Abschn. 28.5) ergänzt. Beiden Feldern ist die Klarheit über die Rolle als Prozessberater zu eigen.

Eine umfangreiche Betrachtung der förderlichen Haltung im Lerncoaching sowie zahlreiche Übungen und Selbstreflexion bietet das ‚Praxishandbuch Ressourcenorientiertes Lerncoaching' (Biesel, 2025). Im Folgenden werden einzelne, für die Arbeit mit Gruppen besonders relevante, Aspekte der Lerncoaching-Haltung herausgestellt. Darüber hinaus wird auf weiterführende besondere Betrachtungsweisen in der Arbeit mit Gruppen eingegangen.

2.1 Systemisch-konstruktivistische Haltung

Die Haltung von Lösungslosigkeit, professionellem Nicht-Wissen bis hin zu einer angemessenen Demut ist grundlegend. Als Lerncoaches sollten wir uns bewusst sein, dass die eigene Sicht der Welt, die eigenen Erlebnisse und Erfahrungen ein komplett eigenständiges, einmaliges Konstrukt der Wirklichkeit schaffen. Wir sollten uns entsprechend bewusst sein, dass es nicht eine Wirklichkeit, sondern viele unterschiedliche Wirklichkeiten gibt. So können wir im Einzelsetting wie auch in Gruppen die eigene Welt des Gegenübers bzw. der Teilnehmenden vollständig akzeptieren.

Es gilt das systemische Paradigma „Wahrheit ist die Erfindung eines Lügners" (Foerster von & Pörksen, 2022, Titel) – oder wie es Gunther Schmidt mit seiner Wortschöpfung ausdrückt: Es gibt keine Wahrnehmung, sondern nur „Wahrgebung" (frei zitiert aus dem Seminar). In diesem Sinne geben wir den Dingen Bedeutung und sind ihnen und ihrer Bedeutung nicht ausgeliefert.

Im Coaching gilt es, den Coachee zu verstehen, also die Bedeutungsgebungen des Coachees zu ergründen. Ein vermeintliches Wissen um die Bedeutung stünde dem forschenden, neugierigen Interesse im Wege. Im Gruppencoaching kann es dem Lerncoach leichter fallen, diese Bedeutungsgebung der TeilnehmerInnen zuzulassen und dort zu lassen, da der Abstand zu den einzelnen subjektiven Konstrukten aufgrund der Gruppensituation größer ist. Gleichzeitig ist es in diesen Situationen umso notwendiger, da anderenfalls der Coach überfordert wäre, alle TeilnehmerInnen verstehen zu wollen, oder zu manipulativ wäre, um ein gewisses, vorgegebenes Ergebnis erreichen zu wollen. Es ist daher in diesem Kontext eine hilfreiche Notwendigkeit, mehr loszulassen.

Als professioneller Coach ist das eigene Nicht-Wissen eben darum eine der wichtigsten Kompetenzen. Sie hilft dem Coach, die Selbstverantwortung im Coachee zu sehen und diese auch zu wecken. Eigeninitiative wird gefördert. Der Lerncoach ermöglicht den Coachees als Einzelpersonen (vgl. Klassengruppencoaching, ▶ Kap. 8, und Klassenpeercoaching, ▶ Kap. 9) oder der gecoachten Gruppe als System (vgl. Klassenteamcoaching, ▶ Kap. 7, und Klassenkollaboration, ▶ Kap. 10) eine Reise zu kreativen Lösungsideen.

Es gilt zum einen, Unterschiede im Beschriebenen wahrzunehmen, und zum anderen, Unterschiede zu dem Beschriebenen anzubieten. Die Entkoppelung von Bewertungs- oder Begründungsmustern von der beschriebenen Beobachtung lassen andere Handlungsoptionen erkennen. Nichts ist nur richtig. Nichts ist nur falsch. Manches ist richtig und falsch. Manches nicht richtig und auch nicht falsch. Und alles kann auch noch etwas ganz anderes sein. Die angesprochenen Unterschiede werden meist einen relevanten Unterschied machen.

Das Vertrauen auf die Selbstheilungskräfte von Systemen führt zu eben diesen Selbstheilungskräften. Je mehr wir SchülerInnen zutrauen, dass sie selbst Lösungen und Möglichkeiten finden, ihre Situation zu verbessern, desto eher wird eben dieses geschehen.

Systemisch-konstruktivistisches Denken ist für Lerncoaching nach dem zugrunde liegenden Ansatz allgegenwärtig. Es ist für Lehrpersonen und Lerncoaches eine wichtige Grundlage und kann als eine Art Meta-Meta-Ebene für Coaching wie auch für Kommunikation im Allgemeinen verstanden werden.

Literaturempfehlung

Es wird daher angeraten, sich damit gerne auch intensiver auseinanderzusetzen. Folgende Literaturempfehlungen für Systemisches Denken im Kontext Schule können Sie dabei unterstützen:

Hubrig, C. & Herrmann, P. (2010). ***Lösungen in der Schule – Systemisches Denken in Unterricht, Beratung und Schulentwicklung.*** Carl-Auer.

Schwehm, J. (2017). ***Systemisch unterrichten – Fachunterricht prozessorientiert gestalten.*** Carl-Auer.

2.2 Einlassen, Kreativität und Beziehung

Coaching ist ein Ort für Kreativität und ein Ort voller Kreativität. Um Kreativität zu ermöglichen, braucht es Bereitschaft vonseiten des Gruppencoaches und vonseiten der TeilnehmerInnen, sich auf Prozesse einzulassen, deren Ausgang sie nicht kennen. Dieses fällt den meisten SchülerInnen in der Gruppe leichter als im Einzelcoaching, denn Kreativität ist ein systemisches Phänomen und findet im Individuum und doch gleichzeitig auch in dem Kontakt mit dem Außen statt. Dazu braucht es Impulse oder Perturbationen von außen.

Für den Lerncoach, der mit Gruppen arbeitet, geht es insbesondere darum, einen Raum dafür zu gestalten, dass Kreativität bei den TeilnehmerInnen und in ihren dialogischen Prozessen entstehen kann. Es gilt, einen Raum für ein solches kreatives Feld zu gestalten.

Dabei ist für den Lerncoach wesentlich, sich von Zielen der Verhaltensänderung bei den einzelnen SchülerInnen oder der gesamten Klasse zu trennen. Lerncoaches arbeiten nicht, um ein bestimmtes Ergebnis zu provozieren. Dies wäre nicht förderlich für die Beziehung und steht der Haltung im Coaching, der Idee von Hilfe zur Selbsthilfe, entgegen.

Umgekehrt kann eine gute Beziehung Sicherheit geben, diese Sicherheit ist die Grundlage für den Umgang mit Unsicherheit und das Einlassen der Teilnehmenden auf das Klassencoaching als solches sowie insbesondere auf unvorhersehbare Prozesse – also das Einlassen auf Kreativität. Damit entsteht ein generativer Raum der Möglichkeiten (vgl. Biesel, 2025, S. 25 und S. 368–370).

Es gilt für den Lerncoach, die Beziehung aktiv zu gestalten – zu einzelnen Personen und in besonderem Maße zur Gruppe als Gesamtheit. Eine ergebnisoffene, wertungsfreie Haltung des Coaches ist die Basis für eine helfende Beziehung. Beziehung ist der wichtigste Wirkfaktor – für gelingende Lernprozesse ebenso wie für gelingendes Lerncoaching.

2.3 Verantwortung

Die Verantwortung im Coaching ist zweigeteilt. Einen Teil der Verantwortung trägt der (Gruppen)Coach, einen Teil trägt der Coachee/Teilnehmer bzw. die Klasse als Gesamtheit. Entscheidend ist dabei die Art der Verantwortungsübernahme bzw. Nicht-Übernahme.

Der Coach trägt die Verantwortung für die Steuerung des Coachingprozesses (Prozessverantwortung). Dazu gehören im Gruppencoaching insbesondere

- eine solide Auftragsklärung
- eine gute Architektur der Gesamtveranstaltung (Wahl oder Entwicklung des Formats)
- ein gutes Design für Settings, Inputs, …
- ein professionelles Zeitmanagement
- eine passende Wahl des Klassencoaching-Formates
- eine Wahl der passenden Räumlichkeit und deren angemessene Gestaltung
- die Schaffung eines Rahmens (Verschwiegenheit, Kreativität, …)
- eine professionelle Moderation des Prozesses
- klare Anleitungen für Arbeitsaufträge
- ansprechende Handouts/Arbeitsblätter/Präsentation/…
- gegebenenfalls Verpflegung und Pausen

Die inhaltliche Verantwortung zu den Themen, Zielen und Ressourcen sollte der Coach im Sinne einer Hilfe zur Selbsthilfe in den Händen der einzelnen TeilnehmerInnen bzw. der Gruppe als Ganzes belassen.

Eine Nicht-Übernahme der Prozessverantwortung durch den Gruppencoach wäre fahrlässig und würde ins Chaos führen, eine Übernahme der inhaltlichen Verantwortung wäre übergriffig.

Der Lerncoach ist Prozessbegleiter. Er trägt die Verantwortung für den Prozess. Prozessbegleiter sind Ermöglicher. Sie gestalten einen Prozess, der es dem Gegenüber ermöglicht, selbst zu Erkenntnissen zu kommen, eigene Ziele zu finden und das eigene Potenzial zu nutzen und die eigene Persönlichkeit zu entfalten.

Ein professioneller Lerncoach, insbesondere ein Gruppenlerncoach, bringt dabei viel Vertrauen und Zuversicht mit. Er sollte fest davon überzeugt sein, dass es der Gruppe und den TeilnehmerInnen gelingt, ihre Probleme zu lösen, und dass sie alle dafür notwendigen Ressourcen besitzen.

Darüber hinaus sollte er Vertrauen auf den positiven Verlauf des Prozesses für alle einzelnen TeilnehmerInnen haben. Dieses Vertrauen wird oft non-verbal durch ein Lächeln begleitet oder dadurch sogar bewusst kommuniziert.

Der Coach hat die volle Prozessverantwortung und gibt bzw. lässt gleichzeitig die inhaltliche Verantwortung im Sinne einer Hilfe zur Selbsthilfe an bzw. bei dem Schüler/der Schülerin.

Hinweis

Lehrpersonen, die sich intensiv mit selbstreguliertem Lernen beschäftigt haben und hier positive Erfahrungen gesammelt haben, fällt es leichter, die Rolle des Prozessbegleiters zu erfüllen, denn auch hier ist ein entsprechendes Menschenbild und eine entsprechende Haltung notwendig, *„nämlich [die]*

- *zu akzeptieren, dass das Lernen den natürlichen Prinzipien der Selbstorganisation folgt, die Grundbedürfnisse des Schülers berücksichtigt werden müssen und dein Lehren im herkömmlichen Sinne der Wissensvermittlung nicht möglich ist, und*
- *zu wissen, dass Lehren das Gestalten von Lernanlässen und Lernumgebungen bedeutet, und darin kein Verlust zu sehen, sondern ein Gewinn an Qualität im Lernen der Schüler und im Beruf als Lehrer“* (Herold & Herold, 2011, S. 98).

2.4 Vier Eckpfeiler der Lerncoaching-Haltung

Die zentralen Aspekte der Haltung für einen professionellen Lerncoach nach Biesel (2025) sind:

- Akzeptanz und Empathie
- Nicht-Wissen und Fehlerfreundlichkeit
- Ressourcen- und Lösungsorientierung
- Kongruenz und Präsenz

Diese werden als Eckpfeiler der Lerncoaching-Haltung beschrieben (Biesel, 2025, S. 52–61). Im Kontext des Lerncoachings in Gruppen könnte man sie gleichfalls auch als das Fundament beschreiben, auf dem die Gruppenarbeit ruht.

2.4.1 Akzeptanz und Empathie

Akzeptanz ist die grundlegende Basis für ein Klima der Begegnung, welches Veränderung fördert. Es geht um ein vorbehaltloses Annehmen der Schülerin/des Schülers mit all ihren/seinen Besonderheiten und Schwierigkeiten. Es geht darum, den Schüler/die Schülerin so anzunehmen, so zu akzeptieren, wie er/sie ist, und vor allem auch, wie er/sie sich selbst sieht. Es geht um die Akzeptanz des Schülers/der Schülerin als Person.

Der Coach wird durch bedingungslose, positive Zuwendung und Wertschätzung mit dieser Haltung zu einem wohlwollenden Beobachter dessen, was ist, und zu einem Begleiter von dem, was wird. Eine solche Haltung im Gegenüber spürend, kann der einzelne Schüler/die Schülerin oder auch die gesamte Gruppe seine/ihre Möglichkeiten zur Entfaltung konstruktiv nutzen.

Empathie ist die Fähigkeit, Bedeutungen und Gefühle des Schülers/der Schülerin zu verstehen. Es ist ein Einfühlungsvermögen in das innere Erleben des Coachees/der Coachee verbunden mit einer wohlwollenden, authentischen Neugierde. Das entscheidende, methodische Werkzeug ist Zuhören (vgl. Biesel, 2025, S. 151–161 und S. 183–187) und das Aus-dem-Weg-Gehen.

2.4.2 Nicht-Wissen und Fehlerfreundlichkeit

Nicht-Wissen und Fehlerfreundlichkeit des Coaches sind in ihrer gegenseitigen Wechselbeziehung die zweite wichtige Säule im Prozess des Coachings. Sie schützen den Coachee vor hinderlichen Bewertungen, unangemessenen Ratschlägen, vor Übergriffigkeit und vor einem wenig nachhaltigen Fremdgesteuert-Sein.

Nicht-Wissen vonseiten des Coaches ist ein wichtiger und wesentlicher Teil der Professionalität. Der Schüler/die Schülerin ist auch als Lernende/r der/die beste Expert/in für sich selbst. Es gibt niemanden auf der Welt, der den Coachee so gut kennt wie der Coachee sich selbst. Es wäre eine Anmaßung, wenn ein Coach meinte, besser wissen zu wollen, was gut für ihn/sie wäre. Selbstverständlich kann der Gruppencoach in den Formaten dafür Sorge tragen, dass Ideen eingebracht werden. Dieses sollte er dabei immer mit dem notwendigen Respekt vor dem subjektiven Erleben des einzelnen Teilnehmers/der einzelnen Teilnehmerin und mit der uneingeschränkten Überzeugung des Nicht-Wissens tun.

Hinweis

Nicht-Wissen bedeutet auch Lösungslosigkeit. Oft haben wir im Lehrer-Schüler- oder im Erwachsenen-Kind-Verhältnis die Idee, wir müssten Antworten, Vorschläge und Lösungen liefern. Es geht aber im Coaching um einen non-direktiven Weg.

> ‚Die Lösung liegt im Coachee‘

ist der Leitsatz, an den wir uns halten sollten. Für Klassencoachings, in denen die Gesamtheit der Klassen den Coachee darstellt (Klassenteamcoaching und Klassenkollaboration), gilt entsprechend:

> ‚Die Lösung liegt in der Gruppe‘.

Diese Weisheiten sind zwar einfach, aber nicht leicht. Lehrpersonen kommen häufig aus einem anderen Verständnis heraus, Träger der Lösung zu sein, und haben es entsprechend nicht immer leicht, die Coaching-Haltung für sich umzusetzen.

Dem Lerncoach sei daher angeraten, sich selbst als Lernenden zu betrachten, das Nicht-Wissen, die Neugierde und das Interesse zu pflegen.

Diese Neugierde sollte mit Fehlerfreundlichkeit einhergehen. –Richtig oder falsch? Das ist die Frage, vor die SchülerInnen oft gestellt werden. Es die Frage, die Lerncoaches außer Acht lassen sollten. Hilfreich oder nicht? – Darum geht es im Coaching.

Was ist ein Fehler? – Ein Fehler ist ein Abweichen, ein Abweichen von der Norm oder von dem Normalen. Was ist normal? – Normal ist es, individuell zu sein. – Ist dies nun ein Fehler?

Als Coaches sollten wir die (vermeintlichen) Fehler unseres Coachees als Helfer erkennen und diese Sichtweise auch unserem Coachee anbieten. Fehlerfreundlichkeit heißt, dem Fehler freundlich zu begegnen – mit der Haltung: Es gab einen guten Grund für den Fehler. Er hat einen Sinn. Ich soll etwas daraus lernen. Diese Fehlerfreundlichkeit sollten wir auf uns selbst und auch auf unseren Coachee anwenden. Beides macht uns zu glücklicheren Menschen.

Last but not least sollten wir uns insbesondere im pädagogischen Kontext vor Augen führen, dass Lernen ohne Fehler nicht möglich wäre. Wir hätten nicht einmal das Laufen gelernt, wenn wir nicht beim Stehen umgefallen wären. Nur durch das Abfangen eben dieses Fallens haben wir den ersten Schritt getan.

Jeder Erfolg beginnt mit dem Ausprobieren. Dabei ist es egal, ob der Versuch den gewünschten Erfolg bringt oder nicht; es ist in jedem Fall erfolgreich, es auszuprobieren.

2.4.3 Lösungs- und Ressourcenorientierung

Die ressourcen- und lösungsorientierte Haltung prägt das gesamte 3D-LernCoaching®. Der Ansatz und die Methoden werden in der zweiten Dimension beschrieben (Biesel, 2025, S. 93–108 und S. 277–280). Die positive und auf eine Lösung gerichtete Einstellung des Lerncoaches schafft eine Grundstimmung, welche die Veränderungsbereitschaft des Coachees erhöht. Respektvoll und optimistisch geht der Lerncoach von einer positiven Entwicklung, von Wachstum und Gestaltungsmöglichkeiten sowie von dem Vorhandensein aller dafür notwendigen Ressourcen aus. Auf der Grundlage dieser Haltung können eben diese Ressourcen entdeckt, aktiviert und für die Lösungsfindung und -umsetzung nutzbar gemacht werden.

Der lösungsorientierte Gruppenlerncoach begegnet dem Schüler/der Schülerin und der Gruppe als Ganzes mit Zuversicht und Zutrauen, es ist der feste Glaube an die Stärke, Weisheit und Kompetenz der Einzelperson und der Gruppe.

Die ganze Klasse als System oder der einzelne Teilnehmer/die einzelne Teilnehmerin ist dabei der beste Experte/die beste Expertin für die eigene Wahrnehmung und somit auch der entscheidende Partner/die entscheidende Partnerin für die Lösungsentwicklung und Ermöglicher/in der Veränderung.

2.4.4 Kongruenz und Präsenz

Kongruenz lässt sich durch den Coach schon in den ersten Minuten einer Moderation befördern, indem der Coach die Rahmenbedingungen und seine Rolle klärt. Er sollte der Gruppe und sich selbst gegenüber ehrlich und aufrichtig sein und bleiben. Der Lerncoach sollte in seinem Handeln stets authentisch und transparent agieren. Eine Offenheit und Echtheit, ohne Fassade, schaffen eine vertrauensvolle, von wechselseitiger empathischer Aufmerksamkeit getragene Beziehung. Kongruenz kann als Bedingung wie als auch als Folge der Präsenz bezeichnet werden.

Präsenz ist gerade in der Moderation von Gruppen der entscheidende Erfolgsfaktor. Präsenz ist weit mehr als die körperliche Anwesenheit. Es ist vielmehr eine physisch-psychisch-mentale Anwesenheit und bezieht sich somit auch auf ein geistiges Da-Sein als Zustand und als Prozess der Aufmerksamkeitsfokussierung. Ein Fokus auf die Rolle des Gruppencoaches sowie eine interessierte und neugierige, ganzheitliche Anwesenheit bezüglich der TeilnehmerInnen sind wesentlich. Sie drücken sich in der Körperhaltung, Gestik und Mimik des Lerncoaches unwillkürlich aus und vermitteln sich gegenüber den Teilnehmenden, selbst wenn diese die Körpersignale nicht bewusst wahrnehmen.

Die Präsenz des Moderators/der Moderatorin ist ein Signal an jeden Teilnehmenden und an die ganze Gruppe. Es vermittelt unausgesprochen: „*Ich bin da.*" Mit der helfenden Haltung sagt diese Präsenz auch: „*Ich bin da für Dich bzw. Euch.*" In herausfordernden Situationen vermittelt sie darüber hinaus ein: „*Ich bin da und bleibe da, auch wenn es schwierig wird.*" Diese Präsenz gilt es, im Coaching weitmöglichst aufrechtzuerhalten.

Gleichzeitig ist die Präsenz die Kraft und die Energie, welche der eigenen Haltung des Coaches Ausdruck verleiht.

Der Gruppencoach kann seine eigene Präsenz im Wesentlichen durch zwei Aspekte stärken: Zum einen gelingt dies durch die Professionalisierung der eigenen Handlungsfähigkeit, d. h. durch einen souveränen Umgang mit herausfordernden Situationen als Prozessbegleiter in der Moderation und im Coaching. Zum anderen ist für eine Präsenz die mentale Fokussierung auf die Rolle des Coaches und auf den Raum des Coachings notwendig. Es geht darum, dass es dem Coach gelingt, voll bei sich und im Moment sein – Gewahrsein und Achtsamkeit sind die Schlüsselfaktoren. Letzteres wird oft unterschätzt und im schulischen Alltag und in der Hektik nicht beachtet.

Kurz gesagt: Es geht darum, sehr gut vorbereitet und ganz bei sich zu sein. Nur so gelingt es, aus eben dieser Kraft heraus, mit situativ angemessener Leichtigkeit und Klarheit für andere da zu sein.

Präsenz ist wohl die wichtigste Rahmenbedingung für die Entwicklung der Coaching-Beziehung und der Selbstorganisation in Gruppen. Präsenz ist ein Zustand, den es so oft wie möglich zu erreichen und so lange wie möglich zu halten gilt.

2.5 Haltung entwickeln und erlernen

Haltung ist durch Erfahrung erlernbar und kann durch weitere Erfahrungen entwickelt werden. Eine neue Haltung ist in ihrem Entstehen eine besondere Form der Bewusstseinserweiterung. Die Haltung ist der Rahmen für Deutungen und prägt folgend Aussagen, Zielsetzungen und Handlungen. Die Haltung steuert somit die Art und Weise, wie ein Individuum in unterschiedlichen Kontexten agiert und reagiert, sie prägt die Gefühlswelt, die Emotionen und das Verhalten.

Eine innere Haltung lässt sich nicht kognitiv erlernen. Das Wissen darüber, wie eine Haltung sein sollte, führt nicht unweigerlich dazu, dass man die Haltung auch annimmt. Haltung wird durch Erfahrung und deren Reflexion entwickelt. Wissen allein reicht nicht, es braucht Übung, Reflexion, Übung, Reflexion und noch mal Übung und Reflexion.

Die Haltung ist dabei kein Ziel, sie ist vielmehr die Auswirkung des Sich-mit-sich-Beschäftigens und der damit einhergehenden Erfahrung.

Literaturempfehlung

Für eine tiefer gehende Auseinandersetzung mit dem Thema Haltung finden Sie hier Literaturempfehlungen:

Permantier (2019). *Haltung entscheidet. Führung & Unternehmenskultur zukunftsfähig gestalten*. Vahlen.

Permantier (2023). *Haltung erweitern. ICH, WIR, ALLE gestalten Transformation*. Vahlen.

Gilligan (2015). *Liebe dich selbst wie deinen Nächsten. Die Psychotherapie der Selbstbeziehungen*. Carl-Auer.

Kabat-Zinn (2018). *Zur Besinnung kommen. Die Weisheit der Sinne und der Sinn der Achtsamkeit in einer aus den Fugen geratenen Welt*. Arbor.

Csikszentmihalyi (2015). *Flow und Kreativität. Wie Sie Ihre Grenzen überwinden und das Unmögliche schaffen*. Klett-Cotta.

Biesel (2025). *Praxishandbuch Ressourcenorientiertes Lerncoaching. Grundlagen, Haltung, Methoden und Beispiele in einem integrativen Rahmenmodell*. Springer.

Hinweis

Haltung ist noch in einem zweiten Kontext sehr wichtig im Lerncoaching. Dabei geht es um die Entwicklung einer förderlichen Haltung bei der Schülerin oder dem Schüler im Rahmen des Coachings (vgl. hierzu Biesel, 2025, Handlungswirksame Zielformulierung S. 231–236, und Handlungswirksame Zielformulierung, S. 231–236; Biesel, 2023, ‚*Haltung coachen*'.).

Praxisbezogene Theorie

Inhaltsverzeichnis

Entwicklung einer dialogischen Kultur

V. Biesel, *Praxishandbuch Ressourcenorientiertes Lerncoaching im Gruppenformat*,
https://doi.org/10.1007/978-3-662-71009-8_3

Neben der allgemeinen (Lern)Coaching-Haltung benötigt der Klassencoach – insbesondere, aber nicht nur in der Rubrik der Klassenkollaboration (► Kap. 10) – darüber hinausgehende Facilitator-Kompetenzen. Facilitation meint eine besondere Moderationskompetenz zur Entwicklung einer dialogischen Kultur. Der Facilitator erschafft den Raum für Kollaboration, in dem gute Ergebnisse erzielt werden und in dem die Entfaltung der Gruppe als ganzheitliches System gelingt.

Permantier (2023) bezeichnet im Kontext Lernen diese, auf die Coaching-Haltung aufbauende, höchste Stufe der Haltung als „Systemisch-Autonom" (S. 279).

Abb. Was wir unter Lernen verstehen – mit freundlicher Genehmigung von Martin Permantier. (Vgl. 2023, S. 278–279) (© Martin Permantier, 2023. All Rights Reserved)

Lehrpersonen und Lerncoaches, die von dieser Haltung geprägt sind, sind gute Zuhörer (vgl. Biesel, 2025, S. 151–161), sie verstehen sich als Lernprozessbegleiter, agieren mit Zurückhaltung.

Reflexion

Diese Reflexionsübung ist eine Einladung, Ihre eigene Haltung situativ zu überprüfen. Die Abb. „Was wir unter Lernen verstehen" von Martin Permantier (2023, S. 278–279) beschreibt unterschiedliche Haltungen lehrender Personen. Stellen Sie sich *selbstkritisch* und *fehlerfreundlich* und *wohlwollend* zu den Inhalten dieser Abbildung folgende Fragen:

Wann nehme ich welche Haltung ein?

____

____

Wie gelingt es mir, in meiner Haltung (häufiger/nachhaltiger) eine Erfahrung einer höheren Stufe zu machen?

Was könnte ich dazu konkret ausprobieren?

Wer kann mir ein Vorbild sein?/Von wem kann ich lernen?/Wen kann ich fragen?

Diese sechste Stufe (vgl. Abb. „Was wir unter Lernen verstehen“) kann wie oben beschrieben auch als Stufe des Facilitators (Scholz & Vesper, 2022) beschrieben werden, der Entwicklungs- und Entfaltungsräume schafft, und so zum Ermöglicher der Potenzialentfaltung wird. Dieses gelingt dem Lerncoaching insbesondere durch körperliche und mentale Präsenz (vgl. Biesel, 2025, S. 58–61). Er schafft es, durch das ganzheitliche Da-Sein eben diese Entwicklungsräume aufzumachen und zu halten. Es geht dabei nicht um Instruktionen, sondern vielmehr um ein intentional aktives und inhaltlich passives Verhalten. Seine Aufgabe ist somit gleichzeitig ein ‚aus dem Weg zu gehen‘ und ‚den Raum zu halten‘. Nur so ist kollektive und individuelle Potenzialentfaltung möglich. Sie geschieht einfach, und der Moderator ist wohlwollend-unterstützender Beobachter. So können im Klassencoaching Gelegenheiten zur Selbstreflexion und zu kollaborativem Lernen gegeben werden. Dies ist die Haltung eines Klassencoaches.

Bei dieser Haltung handelt sich um eine besondere nicht-autoritäre Führungskompetenz. Sie ist geprägt von Klarheit und einer positiven Erwartung in den Prozess wie auch in die SchülerInnen.

Verantwortung für den Prozess, Vertrauen in die Gruppe und in deren kollektive Intelligenz sowie deren selbstregulatorische Fähigkeiten, lässt den Klassencoach als inhaltlich neutralen Moderator Zeuge des Geschehens werden. Er übt sich in Demut für das, was dort geschieht und lernt aus dem, was er erlebt – oder wie es mein Lehrer Matthias zur Bonsen formuliert: *„Facilitator zu sein ist, wenn wir es ernst nehmen, auf eine lebenslange Reise des Wachsens und Lernens zu gehen. Wir können immer noch besser darin werden, beispielsweise anderen ausnehmend gut zuzuhören und niemanden (auch nicht innerlich) zu beurteilen“* (Bonsen zur, zitiert nach Scholz & Vesper 2022, S. XVIII).

Im Klassencoaching gilt der Grundsatz: Haltung statt inhaltlichem Engagement. Es geht darum, Raum zu geben und mit Präsenz und Spontanität mit komplexen Situationen und Gruppendynamiken spielerisch und professionell umzugehen. So ist ein generativer Dialog möglich, der dem privaten (Individuum) und dem öffentlichen Raum (Gruppe) in den einzelnen Sequenzen Rechnung trägt.

Klassencoaching, wie es hier verstanden wird, fußt auf der höchsten Stufe der persönlichen Haltung und ist daher mitnichten eine Einstiegsform für Lerncoaches, sondern vielmehr eine hohe Kunst des Lerncoachings.

Raum geben und Raum halten

Ergänzende Information Die elektronische Version dieses Kapitels enthält Zusatzmaterial, auf das über folgenden Link zugegriffen werden kann [https://doi.org/10.1007/978-3-662-71009-8_4].

V. Biesel, *Praxishandbuch Ressourcenorientiertes Lerncoaching im Gruppenformat*,
https://doi.org/10.1007/978-3-662-71009-8_4

Ein zentraler Aspekt im Klassencoaching ist, nicht nur die Entwicklungsräume zu gestalten, sondern sie mit der eigenen Präsenz ‚halten' zu können. Für den Einsteiger/die Einsteigerin mag das manchmal noch ein ‚Aus-Halten' sein oder sich so anfühlen.

Lehrpersonen sind, wie auch andere Berufsgruppen (Vertriebler, Juristen, Ärzte, Trainer), kulturell mehr darauf konditioniert, im Sender-Modus zu sein als im Empfänger-Modus. Im Sender-Modus nimmt der Sender den Raum ein.

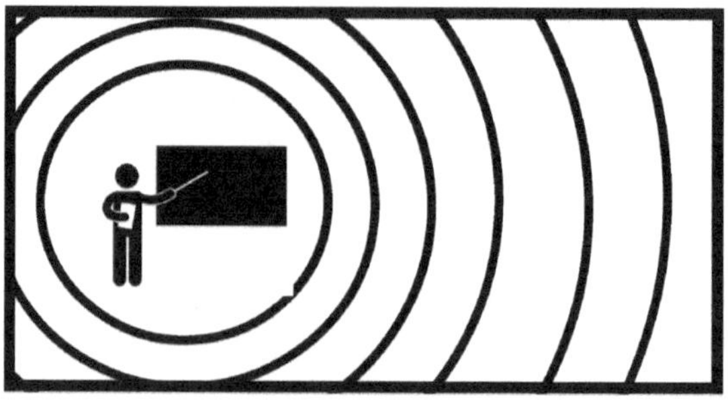

■ Abb. Sender-Modus. (© Volker Biesel 2026. All Rights Reserved)

Im Empfänger-Modus ist der Empfänger sensibel für die verbalen und non-verbalen Botschaften der Einzelpersonen. Er ist neugierig für das Erleben der anderen, ihre Empfindungen und ihre Bedürfnisse. In diesem Modus ist der Empfänger selbst ebenfalls Lernender. Im Empfängermodus steht der Raum den anderen zur Verfügung.

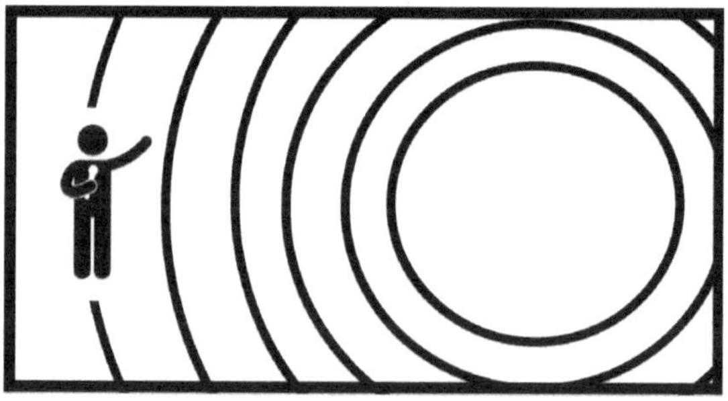

■ Abb. Empfänger-Modell. (© Volker Biesel 2026. All Rights Reserved)

Um einen Raum zu gestalten, der noch mehr Entwicklung zulässt, ist die Präsenz des Klassencoaches wesentlich. Diese Präsenz lässt den Empfänger noch sensibler wahrnehmen, gruppendynamische Phänomene erkennen und das Klima der gesamten Klasse als Kollektiv spüren. Aufgrund seiner Resonanz mit diesen Botschaften und der Wahrnehmung seiner Führungsrolle ist seine Präsenz Motor für den Prozess, ohne dass es einer häufigen nach außen sichtbaren, aktiven Rolle bedarf.

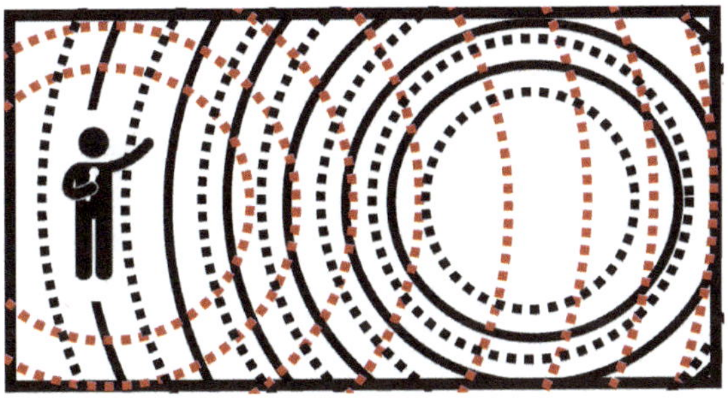

Abb. Präsenz-Modus. (© Volker Biesel 2026. All Rights Reserved)

Niemand kann immer in diesem Präsenz-Modus sein. Das Ziel der Selbstentwicklung von Lerncoaches wie auch von Lehrpersonen im Allgemeinen sollte sein, diesen Modus möglichst häufig zu erreichen.

Fallen wir in den Sender-Modus zurück, ist das Entscheidende, dass wir es merken. Mit einem ressourcenorientierten Blick auf uns selbst sollten wir uns ein Kompliment machen und uns dazu beglückwünschen, dass wir es erkannt haben.

Übung

Beobachten Sie drei Tage Ihre Rolle im Arbeitsalltag. Eine Reflexion von ca. 15 min pro Tag ist ausreichend.

Stellen Sie sich dabei folgende Fragen:

- *„Wann bin ich im Sender-Modus gewesen?"*
- *„Welche Reaktion gab es?"*

- *„Wann bin ich im Empfänger-Modus gewesen?"*
- *„Welche Reaktion gab es?"*
- *„Welche Nachrichten habe ich empfangen?"*

- *„Wann bin ich im Präsenz-Modus gewesen?"*
- *„Welche Reaktion gab es?"*
- *„Welche Nachrichten habe ich empfangen?"*
- *„Was habe ich noch bemerkt?"*

- *„Wie war das Klassenklima in den jeweiligen Situationen?"*

- *„Möchte ich mir eine Entwicklungsaufgabe geben? – Wenn ja, welche?"*

Diese Fragen finden Sie ebenfalls im Downloadbereich als Arbeitsblatt (➔ Selbstreflexion Raum-geben-Raum-halten) zum Ausfüllen.

Klassifikation von Klassencoaching

V. Biesel, *Praxishandbuch Ressourcenorientiertes Lerncoaching im Gruppenformat*,
https://doi.org/10.1007/978-3-662-71009-8_5

Klassencoaching ist wie Lerncoaching ein unscharfer Begriff. Er wird genutzt für alle Formen des Coachings, bei denen eine Schulklasse gecoacht wird. Ich nehme daher folgende Differenzierung vor:

- Coaching der Klasse als systemische Gemeinschaft: Klassenteamcoaching
- Training für das parallele Coaching aller SchülerInnen: Klassengruppencoaching
- Anleitung zum gegenseitigen Coaching der SchülerInnen: Klassenpeercoaching
- Kollektiver Potenzialentfaltungsprozess durch gelingende Beziehung: Klassenkollaboration

Im ersten Fall wird die Klasse als Ganzheit, als ein spezifisches System, gecoacht. Wenngleich es sich bei der Klasse nicht um ein Team im eigentlichen Sinne handelt, verwende ich dafür den Begriff Kassenteamcoaching, da es deutliche Analogien zum Teamcoaching aufweist. Es geht um die Entwicklung des Teams bzw. der Klasse.

Der zweite Fall beschreibt ein Format, in dem die SchülerInnen als Einzelpersonen in einem Gruppenformat gecoacht werden. Dieses kann als Klassengruppencoaching bezeichnet werden. Es ist ein Training, welches durch den Klassencoach angeleitet wird.

Im dritten Fall werden durch den Klassencoach Coaching-Methoden erklärt und angeleitet. Die SchülerInnen können diese Methoden anschließend in Peer-Gruppen anwenden. Die SchülerInnen erhalten ein (Peer-)Coaching und erlangen Coaching-Methodenkompetenz.

Im vierten Fall geht es um die Moderation eines Entwicklungs- und Potenzialentfaltungsworkshops, der die Unterschiedlichkeit und Vielfalt in der Klasse in einem kreativen, generativen Arbeitsprozess zur beteiligungsorientierten Veränderung nutzt.

Die Beschreibungen der genannten Varianten des Klassencoachings richten sich jeweils auf den Gesamtprozess. Das methodische Vorgehen kann dabei jeweils auch Elemente der anderen Varianten enthalten. Diese einzelnen Varianten werden in ► Kap. 7 bis ► Kap. 11 genauer beschrieben.

Für den Klassencoach ist es wichtig, zu wissen, in welchem Format er sich befindet, um eine entsprechende Rollenklarheit zu gewinnen. Der Klassencoach nimmt situativ unterschiedliche Rollen wahr, mal ist er Teamcoach, mal ist er Coach im Sinne eines Trainers, und in allen Fällen ist er – mal mehr und mal weniger – Moderator für den Prozess. Zur Unterstützung einzelner SchülerInnen nimmt er manchmal kurzfristig auch die Rolle eines Coaches im Einzelcoaching ein; aus allen Rollen heraus geht es um die Kreation von Entwicklungsräumen – Lerncoach ist er immer.

Bei einigen Anlässen, Vorgehensweisen und Methoden mag es aus anderer Perspektive irritierend sein, dass all diese als Lerncoaching bezeichnet werden. Bei Vielem handelt es sich gleichfalls auch um Handwerkszeug, wie es ebenfalls in anderen pädagogisch-didaktischen Ansätzen zu finden ist. Egal, aus welcher Richtung man kommt und wie man es nennen möchte, entscheidend ist, dass es funktioniert. Es funktioniert, indem es Räume öffnet und Entwicklung fördert. Coaching-Kompetenzen sind zur Umsetzung dieser Ansätze ausgesprochen hilfreich. Eine professionelle Moderation dieser Methoden bedingt grundlegend die gleiche förderliche Haltung (vgl. ► Kap. 2 und Biesel, 2025).

Auftrags- und Rollenklärung

V. Biesel, *Praxishandbuch Ressourcenorientiertes Lerncoaching im Gruppenformat*,
https://doi.org/10.1007/978-3-662-71009-8_6

Bevor Sie ein Klassencoaching durchführen, sollten Sie sich genau überlegen, was Sie damit erreichen wollen.

Folgende Fragen können Ihnen dabei für die Auftragsklärung behilflich sein:

- *„Was braucht die Klasse?"*
- *„Was sind Herausforderungen oder Probleme, die auftreten?"*
- *„Mit welchen Themen möchte sich die Klasse auseinandersetzen (z. B. Motivation, Prokrastination, Lerntechniken, Lernorganisation, Selbstmanagement usw.)?"*
- *„Wie möchte sich die Klasse damit auseinandersetzen?"*
- *„Was soll am Ende des Klassencoaching anders sein?"*
- *„Was wäre anders, wenn das Klassencoaching perfekt verliefe?"*
- *„Was würde der kritischste Schüler / die kritischste Schülerin dazu sagen?"*
- *„Was wäre aus Sicht der SchülerInnen wichtig?"*

Diese Fragen können auch im Vorfeld an die Klasse gerichtet werden. Im Sinne einer ‚Auftragsklärung' macht es Sinn, eben das System, um das es geht, selbst zu befragen (vgl. Goldene Regel bei Biesel, 2025, S. 551–553). So wird gewährleistet, dass das Klassencoaching passgenau auf die Bedürfnisse der Klasse zugeschnitten ist. Dies erhöht die intrinsische Motivation der SchülerInnen und die Transfereffizienz.

Hinweis

Die im Kontext Schule ungewöhnliche Verwendung der Begriffe ‚Auftrag' und ‚Auftragsklärung' in diesem Kapitel soll die Rolle des Klassencoaches als Prozessbegleiter unterstreichen. Ein Coaching ohne Auftrag kann nicht erfolgreich sein. Dieser Auftrag muss nicht explizit ausgesprochen sein. Je klarer der Auftrag jedoch ist, desto passgenauer kann die Intervention sein. Aufgrund der Gruppendynamik in Klassen ist hier eine Auftragsklärung von besonderer Bedeutung. Eine gute Auftragsklärung ist eine solide Basis für den Erfolg des Klassencoachings.

In der Regel können SchülerInnen, die noch keine Erfahrungen im Klassencoaching haben, ihre Bedürfnisse noch nicht explizit benennen. Es empfiehlt sich daher, der Klasse Angebote zu machen. Sie können sich z. B. drei Klassencoaching-Formate aussuchen, von denen Sie glauben, dass diese für die Klasse hilfreich wären. Dann stellen Sie diese kurz vor und lassen die Klasse kurz darüber in den Austausch gehen. Im Anschluss soll die Klasse entscheiden, welche Variante gewählt wird. Sie haben sodann einen ‚Auftrag' von der Klasse und können z. B. zwei Wochen später das gewünschte Klassencoachingformat durchführen.

Alternativ können Sie z. B. mit der Wunderfrage (Biesel, 2025, S. 299–307) eine Wunschsituation der Klasse erfragen und dadurch einen Auftrag generieren. In jedem Fall ist es hilfreich, sich als Klassencoach den Auftrag der Klasse explizit abzuholen, im Sinne: *„Wenn wir das jetzt so machen, dann wäre das das, was Euch helfen würde?"* Diese Vorgehensweise fordert die Selbstverantwortung der Klasse, stellt die Bedarfsorientierung sicher, und last but not least beginnt das Coaching schon mit der Abfrage des Auftrages, denn die Klasse hat schon jetzt mehr Klarheit bezogen auf ihr eigenes Anliegen bekommen und wird dieses Anliegen in besonderem Fokus behalten.

Die Rolle des Klassencoaches sollte der eines Beraters für das System Klasse gleichen. Nach der ‚Auftragsklärung' bedarf es unterschiedlicher Schwerpunktsetzungen und einer Ausdifferenzierung der Rolle passend zu dem Auftrag. Hier einige Beispiele zur Verdeutlichung:

Anliegen (Auftrag) der Klasse	Rolle des Klassencoaches
Die Klasse möchte sich als Klassengemeinschaft entwickeln/Probleme lösen	Teamcoach/ModeratorIn/im Falle von Formaten der Klassenkollaboration auch Facilitator
Die SchülerInnen wollen sich gegenseitig im Lernen unterstützen/coachen	ModeratorIn/AnleiterIn/Lernprozessbegleiter In/Lerncoach
Die SchülerInnen wollen ihre eigene Lernkompetenz steigern und ihr Selbstmanagement optimieren	TrainerIn/ModeratorIn
Die SchülerInnen wollen an einem Wettbewerb „Die innovativste Klasse" teilnehmen und möchten dafür Ideen generieren und umsetzen	ModeratorIn/Facilitator

Die Rollen richten sich nicht nur nach dem Auftrag, sondern auch nach dem dafür gewählten Format. Sie sind nicht immer trennscharf zu unterscheiden, und es ist oft so, dass ein Klassencoach die Rollen im Prozess situativ wechseln muss. Die Klarheit darüber, in welcher Rolle er sich jeweils momentan befindet, auch wenn diese nicht explizit bezeichnet werden kann, trägt zu seiner eigenen Klarheit wie auch zur Klarheit für die Klasse bei. Diese Klarheit erhöht die Präsenz und ist für den Klassencoach unverzichtbar.

Coaching der Klasse als spezifisches System (Klassenteamcoaching)

V. Biesel, *Praxishandbuch Ressourcenorientiertes Lerncoaching im Gruppenformat*,
https://doi.org/10.1007/978-3-662-71009-8_7

Eine Klasse ist eine Gruppe, eine Organisationseinheit. Es ist ein System, das sich von anderen unterscheidet. Es hat Grenzen und ist dadurch definiert. Solche Systeme können mit ihren Elementen als Ganzes betrachtet werden. Eine Klasse kann daher als Ganzes gecoacht werden. Es ist eine Art Teamcoaching des Klassenteams als Organisationseinheit (vgl. ◘ Abb. 7.1).

Anmerkung

Der Begriff ‚Team' ist, wie oben bereits angedeutet, aufgrund der Größe des Klassenverbandes hier ungewöhnlich. Das Klassen*team*coaching kommt gleichzeitig dem Charakter von Formaten der *Team*entwicklung sehr nahe und trägt daher diesen Titel zu Recht.

Im Klassenteamcoaching ist es wichtig, dass das Ziel des Coachings für die Klasse als ganze Einheit relevant ist. Wünsche der Klasse könnten z. B. sein:

- Stärkung des Wir-Gefühls
- Entwicklung von Klassenregeln
- Ausbauen der Lern- und Unterstützungskultur
- Lösung von Konflikten
- Vereinbarung von Kommunikationsregeln
- u. v. m.

Ein Klassen(team)coach will seine Klasse als Ganzes zu einem gemeinsamen Erfolg bringen (vgl. ◘ Abb. 7.1). In seiner Arbeit übernimmt er die Moderation eines Prozesses, der die Klasse zu einer Selbsterkenntnis und einer gemeinsamen Lösung führt.

Es braucht eine klare Struktur für den Ablauf. Diese ist das Gerüst und die Orientierung für die SchülerInnen. In verschiedenen Formaten können Inhalte besprochen, Diskussionen geführt oder gemeinsame Entscheidungen getroffen werden.

◘ **Abb. 7.1** Modell des Klassenteamcoachings. (© Volker Biesel 2026. All Rights Reserved)

Der Klassenrat (vgl. Wolf, 2016) ist ein bekanntes Beispiel für ein solches Format. Der Lehrer oder die Lehrerin hat am Anfang noch eine stark führende Rolle, um den Ablauf und die Regeln zu vermitteln. Dann gilt „das Prinzip ‚Learning by doing'" (ebd., S. 35). Mit zunehmender Übung der Klasse kann diese mehr und mehr Verantwortung übernehmen. Die Führung der Lehrperson ist dann weniger durch Interaktion sichtbar, aber dennoch spürbar im Raum. Ohne sie würde der Prozess schnell entgleiten.

Sieht man im Sinne des Coaching-Auftrages die Klasse als ein spezifisches System, so ist sie als Ganzes Objekt des Coachings. Es handelt sich in diesem Sinne um ein organisationsfokussiertes Coaching.

Training für das parallele Coaching aller SchülerInnen (Klassengruppencoaching)

V. Biesel, *Praxishandbuch Ressourcenorientiertes Lerncoaching im Gruppenformat*,
https://doi.org/10.1007/978-3-662-71009-8_8

Gruppenformate für einen parallelen Coaching-Prozess der TeilnehmerInnen könnten als Klassengruppencoaching beschrieben werden. Hier ist die Lehrkraft Anleiter oder Trainer, der eine Übung anleitet, innerhalb derer die Schüler einen Coachingprozess durchlaufen. Dabei findet ein ‚Paralleles-Gecoacht-Werden' eines jedes einzelnen Schülers statt (s. ◘ Abb. 8.1).

Es ist eine Art Prozedur zur Selbsterfahrung oder eine spezielle Form der Prozessbegleitung von SchülerInnen, welche z. B. zur Selbstreflexion, als Zielfindungsarbeit zur intrinsischen Motivation oder im Rahmen eines psychoedukativen Prozesses als Anleitung zum Selbstmanagement durchgeführt werden kann. In diesem Prozess ist der Coach eher in der Rolle eines Seminarleiters, Trainers.

Ein Beispiel für ein solches Verfahren ist z. B. die Durchführung eines Kurses zum Zürcher Ressourcen Modell (vgl. ► Kap. 23) oder die Varianten davon (vgl. ► Abschn. 20.4).

Die SchülerInnen werden durch die Anregungen, Aufgaben oder Fragestellungen, die der Klassencoach vorgibt, gecoacht. Wenngleich es bei den Varianten auch Elemente der Gruppenarbeit, z. B. zur Ideengenerierung (vgl. Storch et al., 2022, und ► Abschn. 23.6, Ideenkorb) gibt, sind die ÜbungspartnerInnen nicht in der Rolle eines Coaches.

8

Im Gegensatz zum organisationsfokussierten Klassenteamcoaching ist das Klassengruppencoaching inhaltsfokussiert.

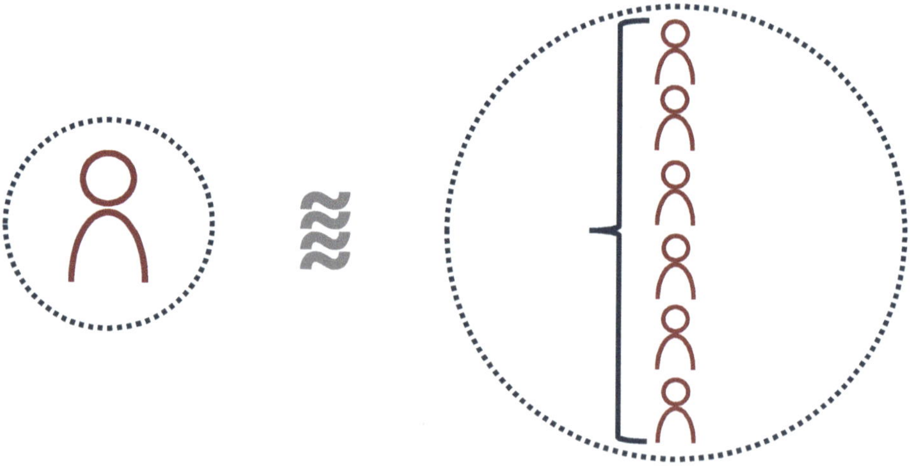

◘ **Abb. 8.1** Modell des Klassengruppencoachings. (© Volker Biesel 2026. All Rights Reserved)

Anleitung zum gegenseitigen Coaching der SchülerInnen (Klassenpeercoaching)

V. Biesel, *Praxishandbuch Ressourcenorientiertes Lerncoaching im Gruppenformat*,
https://doi.org/10.1007/978-3-662-71009-8_9

Formate, in denen SchülerInnen sich gegenseitig coachen oder spezifische Coaching-Methoden aneinander praktizieren, sind als Klassenpeercoaching bezeichnet. Die Rolle des Klassencoaches ist die eines Ausbilders für Schülercoaches. Er erklärt die Methoden, demonstriert diese gegebenenfalls als Möglichkeit des Lernens am Modell und gibt den SchülerInnen anschließend die Möglichkeit zum Erfahrungslernen durch das Anwenden und Ausprobieren (s. ◼ Abb. 9.1).

Die Methode der Skalierung (vgl. Biesel, 2025, S. 290–299) ist z. B. in vielen unterschiedlichen Variationen (vgl. ▶ Kap. 20) für ein Klassenpeercoaching hervorragend geeignet. Sie ist gut vermittelbar und verständlich, einfach in der Anwendung und ohne Vorwissen umsetzbar.

Das Klassenpeercoaching ermöglicht nicht nur, dass viele SchülerInnen schnell ein Coaching oder eine Coaching-Intervention bekommen, sondern es lehrt darüber hinaus auch Coaching-Kompetenz für SchülerInnen.

9

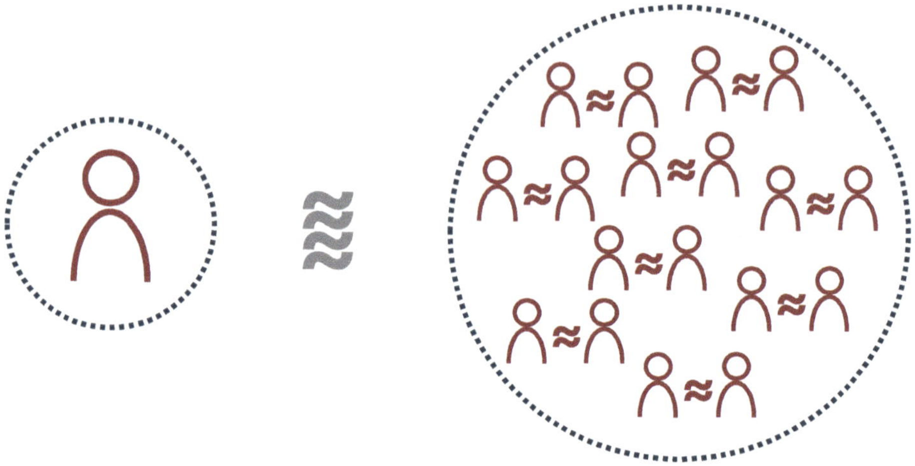

◼ **Abb. 9.1** Modell des Klassenpeercoachings. (© Volker Biesel 2026. All Rights Reserved)

Kollektiver Potenzialentfaltungsprozess durch gelingende Beziehung (Klassenkollaboration)

V. Biesel, *Praxishandbuch Ressourcenorientiertes Lerncoaching im Gruppenformat*,
https://doi.org/10.1007/978-3-662-71009-8_10

Zu den Kollaborationsformaten des Klassencoachings gehören zum einen Moderationsformate aus der Großgruppenmoderation (Anmerkung zum Fachbegriff der ‚*Groß*gruppenmoderation': Großgruppen werden meistens ab einer Personenanzahl von ca. 30 definiert; vgl. Selinger, 2011, S. 14; Königswieser & Keil, 2008, S. 17; Bruck & Müller, 2007, S. 29). Methoden der Großgruppenmoderation lassen sich selbst bereits bei kleineren Personenzahlen/Klassengrößen sehr gut anwenden (vgl. Dittrich-Brauner et al., 2008, S. 2) und sind damit für durchschnittliche Gruppen in Schulkassengröße sehr gut geeignet.

Hinweis I

Einzelne Verfahren, z. B. Appreciative Inquiry, lassen sich sogar bei deutlich kleineren Gruppen, sogar im einstelligen Bereich, anwenden, sie werden dennoch zu den Großgruppenverfahren gezählt.

Hinweis II

Sofern eine hohe Souveränität in der Moderation der gewählten Formate besteht, können diese im Sinne der Bezeichnung Großgruppe sehr gut für mehrere Klassen, einen gesamten Jahrgang oder sogar eine ganze Schule genutzt werden.

Ob für kleine oder große Gruppen, diese Formate können zur Ideengenerierung oder Ressourcenfindung und -aktivierung aller Teilnehmenden dienen. Sie können alle Beiträge einer Gruppe einbeziehen, um das Potenzial der ganzen Gruppe und aller Mitglieder freisetzen zu können (s. ◻ Abb. 10.1). Diesbezüglich wird zunehmend der Begriff Facilitation genutzt.

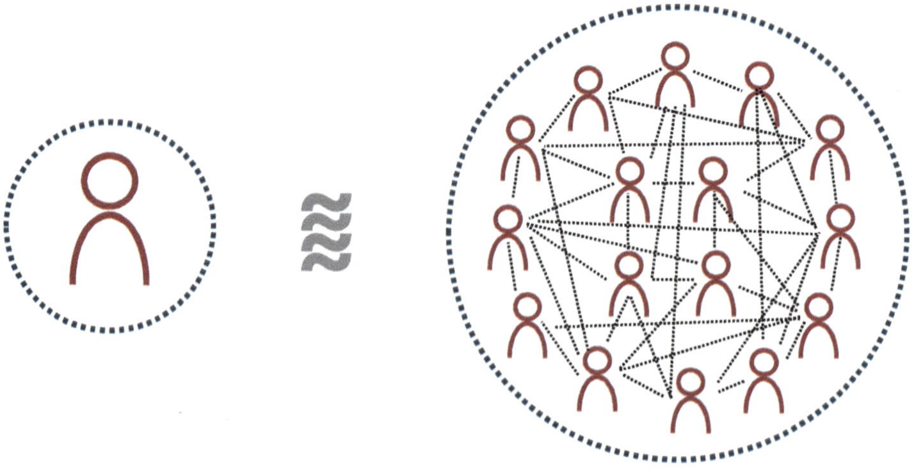

◻ **Abb. 10.1** Modell der Klassenkollaboration-. (© Volker Biesel 2026. All Rights Reserved)

Im Vergleich zum Klassenteamcoaching, welches eher inhaltsorientiert ist, ist die Klassenkollaboration (Facilitation) prozessorientiert. Ganz im Sinne der folgenden Übersetzungsmöglichkeiten des Begriffs Facilitation: Erleichterung, Unterstützung, Vermittlung, Förderung und Bahnung.

Derartige Verfahren sind die höchste Stufe der Moderation und bedingen eine ausgeprägte Coaching-Haltung, die es ermöglicht, die kollektive Intelligenz einer Gruppe sichtbar werden zu lassen und so das Potenzial der Gruppe und ihrer Mitglieder freizusetzen.

Die Rolle ähnelt der Rolle einer Lehrkraft als Lernprozessbegleiter in Phasen selbstorganisierten Lernens und geht darüber hinaus. In beiden Fällen gilt: Selbstorganisation braucht Führung. Führung durch Präsenz.

» *„Facilitation ist eine Denk- und Lebensschule, weil sich nahezu alle Prinzipien, Grundannahmen und Werte auf das ganze Leben anwenden lassen. Die Beschäftigung mit Facilitation hat eine positive Wirkung auf alle Lebensbereiche und damit auf viele Rollen und Aufgaben. Die facilitative Lebensschule führt zu mehr Stimmigkeit, Entwicklung und Gesundheit."* (Scholz & Vesper, 2022, S. 2)

Facilitation ist Transformationskompetenz. Diese ist wesentlicher Teil der 21st Century Skills und des ‚OECD Lernkompass 2030 OECD-Projekt Future of Education and Skills 2030. Rahmenkonzept des Lernens' (OECD, 2020).

Formate der Klassenkollaboration beginnen beispielsweise bei Formaten wie dem Lernideen-Café (► Kap. 14) oder mit dem wertschätzenden Erkunden (vgl. Methode Klasse Klasse, ► Kap. 18) und reichen bis zu größeren Settings wie Zukunftskonferenzen, Open Space Technology (OST) oder Real Time Strategic Change (RTSC). Facilitation ist dabei weit mehr als eine Methode oder die Sammlung vieler Methoden. Es ist eine Haltung.

Charakteristik der Klassencoaching-Varianten

V. Biesel, *Praxishandbuch Ressourcenorientiertes Lerncoaching im Gruppenformat*,
https://doi.org/10.1007/978-3-662-71009-8_11

Die Unterscheidung der Klassencoaching-Varianten ist nicht nur für Rollenklarheit des Klassencoaches von Vorteil. Sie zeigt auch die unterschiedlichen Wirkungsweisen der Intervention Klassencoaching.

Bei der Beurteilung bzw. Einteilung der Wirkungsweisen gilt ebenfalls, dass es hier kein ‚richtig' und ‚falsch' gibt (vgl Biesel, 2025, S. 40). Prüfen Sie daher kritisch, ob diese für Sie ‚hilfreich' oder eben ‚weniger hilfreich' ist. Die Einteilung in die Wirkungs*weise*, wobei die Wirkungs*bereiche* deutlich darüber hinaus strahlen, könnte man wie folgt klassifizieren:

- Organisationsfokussiert
- Inhaltsfokussiert
- Methodenfokussiert
- Prozessfokussiert

Organisationsfokussiert meint, dass die Klasse, der Kurs oder der Jahrgang als spezifische Organisation im Ziel der Intervention steht: Es geht um die Klasse als Gemeinschaft.

Inhaltsfokussierte Klassencoachings zielen in ihrer Anwendung auf Bearbeitung eines spezifischen Themas, z. B. Selbstmotivation oder Prokrastination.

Methodenfokussierte Klassencoachings vermitteln, wie z. B. bei den Skalierungsmethoden, die Coaching-Kompetenz.

Prozessfokussierte Verfahren fokussieren auf gruppendynamische Entwicklungen und Veränderungsprozesse.

Reflexion

In diesem Kapitel fallen die Worte organisationsfokussiert, inhaltsfokussiert, methodenfokussiert und prozessfokussiert. In diese Reihe könnte man den Begriff ‚ergebnisfokussiert' einreihen. Man könne ihn nun, da man ihn liest, sogar vermissen.

In der Ermangelung eben dieses Begriffes steckt nicht nur eine Botschaft, sondern es beruht auf der zugrunde liegenden Coaching-Haltung.

Die Klassencoaching-Formate können häufig in ihrer Wirkungsweise kombiniert werden. Eine doppelte Skalierung (vgl. Mastermischpult, ► Abschn. 20.7) als Vorbereitung auf die nächste Klassenarbeit kombiniert beispielsweise deutlich eine spezifische Methode mit einem inhaltlich vorgegebenen Thema. Dieses Klassencoaching-Format fokussiert dabei – rein vom Format – mehr auf die Methode.

Übung zu Selbstreflexion

Die folgende Matrix ermöglicht eine Zuordnung der Klassencoaching-Varianten zu einem primären und sekundären Fokus.

Überlegen Sie, wo Sie ein „X" setzen würden und wo vielleicht ein „(X)". Dabei steht das „X" für den Charakter der Methode an sich, und das „(X)" beschreibt eine eventuelle weitere Wirkungsweise.

Klassencoaching-Klassifikation und ihre Wirkungsbereiche – Vorlage

	Organisation-fokussiert	**Inhalts-fokussiert**	**Methoden-fokussiert**	**Prozess-fokussiert**
Klassenteam-coaching				
Klassengruppen-coaching				
Klassenpeercoa-ching				
Klassen-kollaboration				

Diese Tabelle finden Sie ebenfalls im Downloadbereich (➔ Selbstreflexion Klassencoachingklassifikationen und Ihre Wirkungsbereiche).

Es gibt kein ‚richtig' und kein ‚falsch'. Ihr Sparringspartner hat diese Tabelle ebenfalls ausgefüllt. Sie finden diese am Ende des Kapitels.

Gleichen Sie nun Ihre Sichtweise mit der meinigen ab. Schauen Sie sodann auf die Unterschiede, und beantworten Sie sich folgende Fragen:

- *„Was hat mich dazu bewogen, die Kreuze so zu setzen?"*
- *„Was könnte sich hinter den unterschiedlichen Sichtweisen verbergen?"*
- *„Welche Ideen kommen mir dabei noch?"*

Kompetenzorientierung im Klassencoaching

V. Biesel, *Praxishandbuch Ressourcenorientiertes Lerncoaching im Gruppenformat*,
https://doi.org/10.1007/978-3-662-71009-8_12

Kompetenzorientierung ist in Schule seit vielen Jahren in aller Munde. Das Thema ist höchst komplex und gleichzeitig höchst aktuell. An dieser Stelle soll daher darauf eingegangen werden, welchen Betrag Klassencoaching hierbei leisten kann.

Das Angebot von Klassencoaching berücksichtigt insbesondere durch die Auftragsklärung (vgl. ▶ Kap. 6) die Schülerorientierung. Die SchülerInnen entdecken ihre Themen (Problemorientierung) dabei und in dem anschließenden Coachingprozess selbst. Die Formate aktivieren die SchülerInnen in einem außerordentlichen Maße, getreu dem Motto: Konstruktion vor Instruktion. Die SchülerInnen gestalten ihren Lernprozess im Rahmen der immer wiederkehrenden Gruppenarbeitsphasen in großen Teilen selbst. Durch diese Selbstorganisation gelingt eine hohe Binnendifferenzierung. Die Coaching-Methoden unterstützen den Erwerb von sozialen Kompetenzen und Reflexionsfähigkeit. Die SchülerInnen erlernen diese Methoden und machen darüber hinaus die wichtige Erfahrung der prozessorientierten Vorgehensweise innerhalb dieser Coaching-Methoden. In diesem Setting ist der Freiheitsraum sehr groß, was dazu führt, dass die Möglichkeiten für den Einzelnen den individuellen Bedürfnissen entsprechen. Es gelingt so, Schülerinnen und Schülern die erworbenen Lernkompetenzen im Sinne hoher Performanz zu zeigen.

Wie man dem vorangegangen Absatz entnehmen kann, wohnt die Kompetenzoptimierung dem Klassencoaching sozusagen von Natur aus inne. Sollten Sie der Kompetenzorientierung eines Formates darüber hinaus noch mehr Beachtung schenken wollen, könnten folgende Fragen eine Hilfestellung sein:

- *„An welcher Stelle im Klassencoaching kann der Schüler seine erworbene Kompetenz zeigen?"*
- *„Wie kann durch die Wahl der Empfänger-Modus gewährleistet werden, dass der Schüler/die Schülerin genügend Raum hat, das eigene Vorwissen zu aktivieren?"*
- *„Wie gelingt es mir, mich als Klassencoach möglichst weit zurückzunehmen und den Prozess der Konstruktion und Selbstorganisation zu unterstützen?"*
- *„Wie kann die Offenheit bezüglich des Inhalts und der Zielsetzung zur Differenzierung und Individualisierung beitragen?"*

Kompetenzorientierte Pädagogik beginnt bei der eigenen Kompetenzorientierung. Schauen Sie auf Ihre ganz persönlichen Kompetenzen, die Sie als Person mitbringen und die Sie ausmachen, und bringen Sie diese authentisch mit ein.

Formate für Klassencoaching

V. Biesel, *Praxishandbuch Ressourcenorientiertes Lerncoaching im Gruppenformat*,
https://doi.org/10.1007/978-3-662-71009-8_13

Für alle Varianten (Klassenteamcoaching, Klassengruppencoaching, Klassenpeercoaching, Klassenkollaboration) gibt es zahlreiche unterschiedliche Formate und Methoden. Diese sind nicht eindeutig zuzuordnen, da die Formate übergreifend eingesetzt werden können. Ich kann diese als Klassencoach aber nur professionell anwenden, wenn ich mir sicher bin, in welcher der unterschiedlichen Klassencoaching-Varianten ich gerade unterwegs bin. Dieses ist ebenfalls Zweck der Auftragsklärung mit den SchülerInnen.

In den folgenden Kapiteln werden unterschiedliche Formate vorgestellt. Diese lassen sich wie folgt den Varianten zuordnen.

▪ Klassencoaching-Klassifikation der Formate

	Klassenteam-coaching	Klassen-gruppen-coaching	Klassenpeer-coaching	Klassen-kollaboration
Klassenrat	X			
Lernideen-Café	(X) Ggf. durch inhaltlichen Bezug		(X)	X
Ressourceninter-views			X	(X, bei wiederholter Anwendung und wechselnden Gruppen)
Problem-Ziel-Transformation	(X) Ggf. durch inhaltlichen Bezug	X	(X)	(X)
Positives Schei-tern		(X)	X	
Klasse Klasse – Wertschätzendes Erkunden	X		X (Interview)	X
Zirkeltraining	X	X	X	(X)
Einen-Schritt-vor			X	
Powerline			X	
Zauberstab		X (Lern-prozess-begleitung)		
Mastermischpult		(X)	X	
Lernstrategie-Café			(X) Im An-schlussinter-view	X
Peercoaching mit Lernstrategie-Pyramide			X	
Lernstrategie-Workshop		X	X	

13

	Klassenteam-coaching	Klassen-gruppen-coaching	Klassenpeer-coaching	Klassen-kollaboration
Lernatmosphäre in der Klasse	X		(X)	
ZRM®		X		**(x)** Ideenkorb
Ressourcenbaum	(X) Wertschätzendes Feedback und Blütenerweiterung	(X) Selbstreflexion	X	(x) Projektkompetenz

Anmerkung. X = Methode ist tendenziell dem Format zugeordnet, (X) = Methode hat Elemente dieses Formats.

Sofern Ihre SchülerInnen noch kein Einzel- oder Klassencoaching kennen, ist es hilfreich, vorab zu erläutern, dass der Rahmen von Coaching ein wertfreier und beurteilungsfreier Raum ist und dass Sie als Lehrkraft in einer anderen Rolle sind. Sie sind Prozessbegleiter und gestalten einen Prozess zur Selbsterfahrung. Diese Sequenz ist also einfach ein Geschenk für die SchülerInnen, und diese können damit tun und lassen, was sie wollen.

Egal, welche Rolle Sie als Klassencoach annehmen, ich wünsche Ihnen in jedem Fall ein klasse Klassencoaching. Um Ihnen genau hierfür noch Anregungen zu geben, folgen einige Anwendungsideen. Die folgenden Formate lassen sich selbstverständlich abwandeln oder miteinander kombinieren.

Selbstreflexionsübung aus ► Kap. 11

Ihr Sparringspartner hat diese Tabelle wie folgt ausgefüllt. Vergleichen Sie es mit Ihrer, und denken Sie über mögliche Begründungen der Unterschiede nach.

Bedenken Sie: Für Lerncoaches gibt es kein ‚richtig' und kein ‚falsch'!

	Organisation-fokussiert	Inhalts-fokussiert	Methoden-fokussiert	Prozess-fokussiert
Klassenteam-coaching	X			(X)
Klassengruppen-coaching		X	(X)	(X)
Klassenpeercoaching	(X)	(X)	X	
Klassen-kollaboration	(X)			X

Wo stimmen Sie mit mir überein? Wo nicht? Welche Erkenntnisse haben Sie daraus gewonnen?

Formatbeispiele für die praktische Umsetzung

Inhaltsverzeichnis

Lernideen-Café

Inhaltsverzeichnis

Ergänzende Information Die elektronische Version dieses Kapitels enthält Zusatzmaterial, auf das über folgenden Link zugegriffen werden kann [https://doi.org/10.1007/978-3-662-71009-8_14].

V. Biesel, *Praxishandbuch Ressourcenorientiertes Lerncoaching im Gruppenformat*,
https://doi.org/10.1007/978-3-662-71009-8_14

Das Lernideen-Café ist ein World Café nach Juanita Brown und David Isaacs: „Das WORLD CAFÉ basiert auf der Grundannahme, dass Menschen bereits das Wissen und die Kreativität in sich tragen, um selbst die schwierigsten Herausforderungen zu bewältigen" (Brown & Isaacs, 2007, S. 20). Die Haltung eines (World-Café-)Moderators und die eines Lerncoaches gründen insofern auf dem gleichen Paradigma.

Hinweis

Das Lernideen-Café hat das Ziel, einen kreativen Prozess für hilfreiche Lernideen zu initiieren und eignet sich sehr gut als Einstiegsmethode für das Klassencoaching.

Zunächst braucht es für den kooperativen Dialog einen gemeinsamen Rahmen, der den Kontext festlegt. Es gilt insofern eine Fragestellung oder eine Überschrift zu benennen.

Diese könnte z. B. sein:

- *„Wie findet man die besten Lernideen?"*
- *„Was hilft gut beim Lernen?"*
- *„Welche sind die besten Tipps und Tricks beim Lernen?"*
- *„Wie kann Lernen schneller/einfacher gelingen?"*
- *„Wie kann man sich Dinge schnell und gut merken?"*
- *„Welche Lernstrategien sind hilfreich?"*

Die Fragen sollten einfach und klar formuliert sein und zum Nachdenken anregen. Je wichtiger die Frage oder das Thema den teilnehmenden SchülerInnen ist, desto besser können diese sich darauf fokussieren. Es geht also darum, dass die Fragen bzw. Themen den SchülerInnen bezogen auf ihr eigenes Lernen wirklich wichtig sind. Es sollte daher das Thema des Lernideen-Cafés vorweg mit den SchülerInnen entwickelt oder abgestimmt werden. Eine so abgestimmte Frage eröffnet die meisten neuen Entwicklungsmöglichkeiten für Schülerinnen und Schüler.

Mit und in diesem Format werden alle SchülerInnen eingeladen und ermutigt, sich persönlich einzubringen. Aufgrund der kollektiven Aufmerksamkeit auf eine zentrale Fragestellung können kohärentes Denken gefördert und tiefere Einsichten gewonnen werden.

14.1 Räumliches Setting

Der Raum ist so eingerichtet, dass Tischgruppen gestellt sind, an denen vier bis fünf Personen Platz finden.

Auf den Tischen befindet sich eine ‚Tischdecke', die bemalt werden kann. Hierfür eignen sich sehr gut selbstklebende Flipcharts. Diese sind von verschiedenen Herstellern unter unterschiedlichen Namen erhältlich (Folio Contact, Pin-on-Folie, Magic-Chart, Whiteboard-Papier). Es sind selbsthaftende Folien, die meist in Verpackungseinheiten auf einer Rolle von ca. 25 Stück angeboten werden. Sie sind vorperforiert und meist etwas kleiner als klassische Flipchart-Formate. Sie können leicht auf die Tische gelegt werden. Um Wellenbildung zu vermieden, kann man diese sehr gut mit einem Lineal ausstreichen. Dazu sind wasserfeste, schnelltrocknende Stifte (z. B. Permanentmarker Edding 3000) in möglichst vielen unterschiedlichen Farben in einem Stiftekocher auf die Tische zu stellen.

Achtung

Beachten Sie dringend das Wort *schnelltrocknend.* Nutzen Sie ausschließlich Permanentmarker. Diese schreiben auf fast allen Materialien, sie sind schnelltrocknend, wasserfest und abriebbeständig. Bei Nichtbeachtung schmiert es nicht nur auf dem Papier, sondern auch in die Kleidung!

Die Tische sollten möglichst einladend gestaltet sein, vergleichsweise mit einem Tisch in einem Café (s. Beispielfoto in Abb. „Foto eines ‚eingedeckten' Lernideen-Café-Tisches").

■ Abb. Foto eines ‚eingedeckten' Lernideen-Café-Tisches. (© Volker Biesel 2026. All Rights Reserved)

14.2 Café-Etikette

Auf den Tischen steht ebenfalls ein Aufsteller mit der Café-Etikette. Mit den Schülern sollte vor Beginn des Lernideen-Cafés kurz über diese Etikette gesprochen werden. Dabei sollten folgende Dinge kurz erklärt werden:

Aktives Zuhören
Es geht darum, sich gegenseitig gut zuzuhören, das heißt, sich auf das gesprochene Wort der anderen TeilnehmerInnen zu konzentrieren und genau verstehen zu wollen, was diese berichten, beschreiben und erzählen. Es sollte darauf geachtet werden, einander ausreden zu lassen. Rückfragen sind immer erlaubt. Neugierde für die Ideen anderer sollte das Gespräch prägen.
Eigene Gedanken und Erfahrungen beitragen
Jeder und jede ist angehalten, die eigenen Gedanken und Erfahrungen einzubringen. Dies können Erlebnisse, Erfahrungen, Gelingensbedingungen oder sonstige Ideen und Hypothesen sein.
Ideen verknüpfen
Die genannten Dinge sollen miteinander verknüpft, verwoben und kombiniert werden, sodass eine Idee sehr gerne an die vorangegangen anknüpfen kann oder eine Idee weiterentwickelt wird. So können gemeinsame Einsichten und tiefgehende Fragen entwickelt und beantwortet werden.
Zu Papier bringen
Schreiben, malen, zeichnen, kritzeln, skizzieren – wichtig ist, dass das gesprochene Wort zu Papier gebracht wird.

Wie in dem oben abgebildeten Bild sollte als ständige Erinnerung an diese Etikette selbige in Kurzform ebenfalls auf jedem Tisch auslegen. Es bietet sich hier ein auf der Hälfte gefalztes DIN-A4-Blatt (160 g bis 200 g Papier) an.

Die Beschriftung auf den Schild könnte verkürzt Folgendes enthalten:

Café-Etikette

- Aktives Zuhören (Konzentrieren und Verstehen-Wollen)
- Eigene Gedanken und Erfahrungen beitragen
- Ideen verknüpfen
- Schreiben, malen, zeichnen, kritzeln, skizzieren
- Gemeinsame Einsichten und tiefgehende Fragen entwickeln

14

Eine entsprechende Vorlage für ein Schild mit der Café-Etikette finden Sie im Downloadbereich (➔ LernCafé Aufsteller Etikette).

Die Café-Etikette kann auch als kulturstiftende Übung für die Klassengemeinschaft fungieren. Sie ist eine gute Bedingung für gelingendes Lernen.

Empfehlung

Vermeiden Sie die Bezeichnung „Regeln" und nutzen Sie auch im Lernideen-Café das Wort Etikette. Regeln schränken ein, eine Etikette zu beherrschen hingegen, dient der Profilierung. – Das Wort „Etikette" ist im Sinne einer Ressourcenorientierung sehr viel positiver. Es stützt die Selbstwirksamkeit von SchülerInnen.

14.3 Rolle des Gastgebers

An jedem Tisch im Lernideen-Café wird ein Gastgeber bestimmt, der eine besondere Rolle wahrnimmt. Er achtet darauf, dass die Gruppe gut in den Austausch kommt, dass alle zu Wort kommen, dass die Ideen während des Gespräches auch aufgeschrieben werden oder dass Skizzen und Zeichnungen entstehen.

Hinweis

Wenn der Gastgeber seine einladende Rolle zum Zeichen, Skizzieren und Schreiben vor Ort am Tisch nicht ausgeführt, kann der Moderator (Lehrperson) die SchülerInnen einladen, zu zeichnen, zu schreiben, zu kritzeln.

Darüber hinaus hat der Gastgeber die Funktion, beim Rundenwechsel am Platz zu bleiben und die nächsten neuen Tischnachbarn in das vorangegangen Geschehen einzuführen. Dazu dient ihm sodann die gesamte Tischdecke als Präsentationsvorlage. Dennoch sollte diese Einführung nur kurz und stark zusammenfassend sein. Gleich im Anschluss sollte nun ein neuer Moderator benannt werden.

Auch bezogen auf die Rolle des Gastgebers empfiehlt es sich, die wichtigsten Aspekte der Rolle z. B. auf DIN-A5-Karten auf dem Tisch auszulegen. So kann der jeweilige Gastgeber sich vor Ort die Karte noch einmal ansehen, um seine Rolle souverän wahrzunehmen:

Rolle des Gastgebers

1. Der Gastgeber lädt zum Austausch ein.
2. Er/sie bittet die Teilnehmenden, während des Gesprächs ihre Ideen auf die Tischdecke zu schreiben und/oder zu zeichnen.
3. Nach dem Abschluss einer Lernideen-Café-Runde bleibt er/sie am Tisch sitzen, alle anderen Teilnehmenden sich zu neuen Gruppierungen an andere Tische begeben.
4. Der Gastgeber startet die nächste Runde mit einer kurzen Zusammenfassung dessen, was in der Vorrunde im Gespräch gewesen ist.
5. Dann wird ein neuer Gastgeber festgelegt, und die nächste Runde beginnt.

(Dieses Arbeitsblatt verbleibt am Tisch.)

Das Blatt zur Rolle des Gastgebers finden Sie im Downloadbereich (➔ LernCafe – Rolle des Gastgebers).

14.4 Ablauf

Der Ablauf des Lernideen-Cafés ist einfach und doch sollte er klar und deutlich gerne auch mehrfach den SchülerInnen beschrieben werden. Dazu eignet sich eine kurze Präsentation mit folgenden Bildern und den mündlichen Beschreibungen.

Ihr sucht Euch gleich einen freien Plätz an einem der Tische. Dort findet Ihr Euch zu Viert ein:

Abb. Lernideen-Café-Tisch am Beginn. (© Volker Biesel 2026. All Rights Reserved)

Auf dem Tisch liegt eine Tischdecke in Form eines Flipchart-Papiers:

Abb. Lernideen-Café-Einzeltisch Beginn mit Tischdecke. (© Volker Biesel 2026. All Rights Reserved)

Ihr benennt nun einen als Gastgeber. Dieser ist während Eurer Runde der Gastgeber am Tisch und bleibt anschließend am Tisch sitzen. Er wird den neuen Personen der nächsten Runde von Euren Ideen berichten, er wird Euch daher ständig bitten, etwas aufzuschreiben:

Abb. Lernideen-Café-Einzeltisch Beginn mit Tischdecke und Gastgeber. (© Volker Biesel 2026. All Rights Reserved)

Nun habt Ihr Zeit, Euch Gedanken zu dem Thema <Thema oder Fragestellung> zu machen, dabei sollt Ihr das, worüber Ihr redet, auf das Papier bringen. Es können Ideen, Erkenntnisse, Tipps oder neue Fragestellungen sein:

Abb. Lernideen-Café-Einzeltisch mit Tischdecke und Gastgeber. (© Volker Biesel 2026. All Rights Reserved)

Ihr werdet am Ende der Runde viele Ideen zu Papier gebracht haben. Ihr habt geschrieben, gemalt, skizziert usw. Das ist auch in den anderen Gruppen passiert:

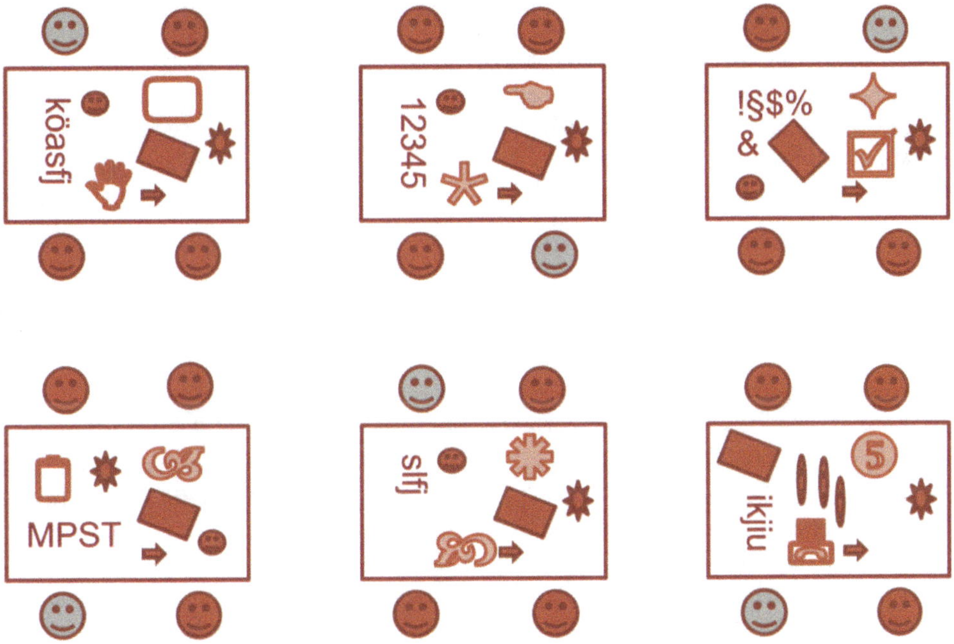

Abb. Lernideen-Café Überblick Tische mit GastgeberInnen. (© Volker Biesel 2026. All Rights Reserved)

Es bietet sich an, den Tischwechsel in einer animierten Präsentation so darzustellen, dass die oben grau dargestellten Smileys an den Tischen verbleiben, während die roten Smileys ihre Plätze tauschen. Eine entsprechende PowerPoint-Präsentation finden Sie im Downloadbereich zu diesem Buch (➔ LernCafé-Präsentation Ablauf).

Hinweis Downloadbereich: Präsentation zur Visualisierung der Anleitung des Lernideen-Cafés, zweifache, redundante Anleitung (vgl. Hinweis II: Redundante Anleitung in ► Abschn. 28.5) zur Veranschaulichung

Mit diesen Bildern kann den SchülerInnen der Ablauf des World Cafés in wenigen Minuten aufgezeigt werden. Eine redundante Wiederholung der Präsentation sorgt dafür, dass es bei jedem Schüler/jeder Schülerin angekommen ist.

Bemerkung

Ich wiederhole die Präsentation auch in der Erwachsenenbildung und auch bei der Arbeit mit Lehrpersonen. Erfahrungsgemäß gibt es bei allen Gruppen immer Personen, die gerade nicht aufgepasst haben. Das ist ein normales Phänomen, daher empfehle ich diese Redundanz.

Nach drei aufeinander folgenden Dialogrunden von jeweils 20 bis 30 min können die Ergebnisse in einem Plenumsgespräch zusammengefasst werden. Dann endet das Lernideen-Café.

Achtung

Geben Sie den SchülerInnen reichlich Zeit. 20 min sind oft zu knapp. Auch wenn es etwas ruhiger wird, lassen Sie den SchülerInnen die Zeit. Oft kommen die wirklich guten Ideen erst nach der Phase des Besinnens und Einkehrens. Die Ruhe am Tisch lädt die TeilnehmerInnen zur Frage:

- *„Und was noch?"*

ein. In der Beantwortung dieser Frage steckt ein großer Wert.

14.5 Transfer

Ich lade Sie ein, die Transfersicherung hier nicht in den Vordergrund zu stellen. Die guten Ideen werden durch die SchülerInnen wieder erinnert. Wenn die SchülerInnen diese nicht erinnern, waren die Ideen nicht gut genug.

Selbstverständlich können Sie die SchülerInnen aber auch eine eigene Erinnerungsbrücke bauen lassen: Sie können die SchülerInnen einladen, sich die besten drei Ideen des Lernideen-Cafés zu notieren und in der nächsten Stunde die ersten zehn Minuten darauf zu verwenden, dass die SchülerInnen mit ihren Sitznachbarn kurz über die erfolgreiche Anwendung der Ideen sprechen oder prüfen, was vielleicht als Bedingung noch gefehlt hat, sodass die Ideen angewendet werden können.

Achtung

Viele Moderatoren nutzen Ideen vom World Café in der Art und Weise, dass sie in den weiteren Runden andere, ergänzende oder weiterführende Fragen aufgeben. Diese Vorgehensweise konterkariert den Sinn und Zweck des World Cafés. Das World Café dient der Vernetzung und ist eine Art Brainstorming. Es ermöglicht, mit der kollektiven Intelligenz der gesamten Klasse zu arbeiten. Dieses gelingt aufgrund der nach jedem Tischwechsel gleichbleibenden Fragestellung. Daher belassen Sie es bei *einer* zentralen Fragestellung für alle Runden!

Das Format World Café kann auch fachbezogen zu Inhalten im Curriculum durchgeführt werden. So kann das gesamte kollektive Wissen einer Klasse noch mal aktiviert und vernetzt werden. Bei fachbezogenen World Cafés können Lehrpersonen als ‚wandelnde Spickzettel' fungieren und so erkannte Wissenslücken auf Anforderung einer Gruppe schließen.

Ressourceninterviews

Ergänzende Information Die elektronische Version dieses Kapitels enthält Zusatzmaterial, auf das über folgenden Link zugegriffen werden kann [https://doi.org/10.1007/978-3-662-71009-8_15].

V. Biesel, *Praxishandbuch Ressourcenorientiertes Lerncoaching im Gruppenformat*,
https://doi.org/10.1007/978-3-662-71009-8_15

Die Ressourceninterviews sind ein kleines Format des Klassencoachings, welches den SchülerInnen ermöglicht, schnell und einfach Coaching-Methoden auszuprobieren und erste Erfahrungen in Peersituationen zu machen.

Als Einleitung kann der Klassencoach den Schülern und Schülerinnen den Unterschied zwischen der Problem- und der Lösungsfokussierung und die Sinnhaftigkeit der Ressourcenorientierung erklären (vgl. ► Abschn. 1.3.2 und ► Abschn. 2.4.3).

Schülerinnen und Schüler sollten auch in ihrer Realität abgeholt werden, es sollte also angesprochen werden, dass nicht alles gut läuft beim Lernen, dass häufig etwas nicht funktioniert, dass man sich etwas nicht merken kann oder dass man etwas nicht begriffen hat. Der wohl häufigste Fall, der jedem Schüler und jeder Schülerin wohl bekannt ist, ist schlicht der, dass man keine Lust oder anders gesagt *„Keinen Bock!"* hat. Dieses Phänomen ist SchülerInnen – wie im Übrigen auch Lehrpersonen und allen anderen Menschen – wohl bekannt.

- *„Und trotz alledem geht es heute darum, dorthin zu gucken, wo etwas schon funktioniert, um genau davon zu lernen."*

Der Lerncoach stellt jetzt nur noch den folgenden Interviewleitfragen kurz vor. Er lädt die Schülerinnen und Schüler ein, sich in Zweiergruppen zu finden und sich gegenseitig zu interviewen. Für das Interview sollten wechselseitig zweimal 15 min eingeplant werden. Im Anschluss kann noch eine Reflexion erfolgen. Viel Spaß bei dem Blick auf die Ressourcen!

Handout für SchülerInnen

Es mag ungewöhnlich sein und Dir ein wenig komisch vorkommen: Im Folgenden geht es darum, zu erkunden, was Dir alles schon beim Lernen gut gelingt, worin Du gut bist, was Du kannst.

Stellt Euch gegenseitig Fragen zu gelingendem Lernen. Dieses Arbeitsblatt liefert Dir reichlich Vorschläge – nutze diese!

Gerne könnt Ihr auch eigene Fragen entwickeln. Wenn Ihr das Interview führt, gebt Eurer/m InterviewpartnerIn Zeit für die Antworten! Sollte die erste Antwort sein *„Weiß ich nicht"* oder *„Keine Ahnung"*, so braucht Dein Gegenüber wohl noch ein wenig Zeit, um der Frage auf den Grund zu gehen.

Fragen zu dem bisherigen Lernerfolg:

- *„Wie ist es Dir bisher gelungen, wenn Du gut lernen konntest?"*
- *„Was hast Du dafür / dazu getan?"*
- *„Wie genau hast Du das gemacht?"*

Nach Beantwortung der oben aufgeführten Fragen ist es hilfreich, nachzufragen, ob es weitere Aspekte gibt. Daher folgt die Frage

- *„Und? – Was hast Du noch dafür getan? … Und was noch?"*

Selbstbeobachtung

- *„Wenn Du Dich selbst beobachten könntest, alles über Dich wüsstest und ein begeisterter Fan von Dir wärst, wie würdest Du über Dich und Dein Lernen denken?"*
- *„Wann gelingt Dir das Lernen besonders gut? (Situationen/Zeiten)"*
- *„Wo kannst Du gut lernen? Wie sieht Dein Lernumfeld aus?"*

Zirkuläre Fragen verändern die Perspektive:

- *„Was würde / würden Dein bester Freund / Deine beste Freundin / Deine Eltern / Großeltern sagen, was Du in Sachen Lernen gut kannst?"*
- *„Diese Frage mag jetzt etwas merkwürdig erscheinen, aber: Was würde Dein Hund dazu sagen?"*

Lernen außerhalb von schulischen Kontexten:

- *„Wie lernst Du für Dein Hobby?"*
- *„Was macht Dir daran am meisten Spaß?"*

Positives Feedback:

- Im Anschluss an das Interview kannst Du Deiner/Deinem Mitschüler noch mal sagen, wie Du ihn oder sie beim Lernen positiv erlebst:
  - was er/sie gut kann
  - was Du bewunderst oder gut findest

Dieses Handout für die SchülerInnen finden Sie im Downloadbereich (➔ Handout Ressourceninterview).

Problem-Ziel-Transformation

V. Biesel, *Praxishandbuch Ressourcenorientiertes Lerncoaching im Gruppenformat*,
https://doi.org/10.1007/978-3-662-71009-8_16

Bei der Problem-Ziel-Transformation-Übung geht es darum, von einem Problemfokus schnell in den Ressourcen- und Lösungsfokus zu wechseln, um somit unmittelbar einen Veränderungsprozess zu initiieren.

Für viele Klassenstufen eignet sich auch die Bezeichnung: Problem-Ziel-*Transformers,* und der Einstieg in die Methode könnte durch ein Spielzeug der Firma Hasbro oder einen Auszug aus dem beliebten Actionfilm des Jahres 2007 erfolgen.

Ob mit oder ohne einen solchen Einstieg in das Thema geht es darum, den SchülerInnen und Schülern zu verdeutlichen, dass jedes Problem nichts anderes ist als ein ‚verkleidetes' Ziel, das mich zur Problemlösung führt. In der Grundschule bietet sich „Verkleidetes Ziel" auch als Bezeichnung für diese Methode an.

Zur Erläuterung des Sachverhalts ist es angebracht, diesen anhand von einem Beispiel zu erläutern. Sie finden im Folgenden eine Auswahl:

Problem	Korrespondierendes Ziel
Ich kann mir keine Vokabeln merken	Ich finde die passende Lernstrategie zum Vokabellernen
Wenn ich mit den Hausaufgaben anfangen möchte, werde ich immer abgelenkt	Wenn ich mit den Hausaufgaben anfangen möchte, bleibe ich am Ball
Ich begreife Mathe nicht	Ich erschließe mir die Aufgaben Stück für Stück

Es gibt weder eine lineare Kausalität im Sinne ‚Wenn das das Problem ist, ist das das Ziel und das die Lösung',noch gibt es immer nur ein mögliches Ziel zu einem Ausgangsproblem. Im Regelfall lassen sich unterschiedliche, korrespondierende Ziele ableiten. Entscheidend ist, ob das Ziel für den Probleminhaber und sodann auch Zielinhaber passend ist. Er oder sie ist die Instanz, darüber zu bewerten, ob das Ziel angemessen ist. Dies sollte den SchülerInnen ebenfalls erläutert werden, bevor die SchülerInnen gemeinsam an möglichen Zielformulierungen arbeiten.

- **Runde I**

In Runde I sollen die SchülerInnen sich mit anderen über ihre Lernschwierigkeiten unterhalten und so Probleme identifizieren. Dies kann in einer Kleingruppenarbeit oder in einem Gruppengespräch mit zwei bis drei SchülerInnen erfolgen.

Achtung

Um möglichst schnell vom Problemerleben in das Lösungserleben zu wechseln, sollte die erste Runde möglichst kurz sein. Ein fünf- bis zehnminütiges Gespräch ist hier allemal ausreichend.

Jeder Schüler/jede Schülerin ist sodann aufgefordert ein, zwei oder drei Probleme, die sie oder ihn am meisten betreffen, auf ein Blatt Papier zu schreiben. Die Anzahl der Problemfälle, die bearbeitet werden sollen, richtet sich nach der zur Verfügung stehenden Zeit für dieses Klassencoaching.

- **Runde II**

In der nächsten Runde werden neue, größere Gruppen mit bis zu fünf Personen gebildet. Jetzt sind die Schülerinnen und Schüler reihum gefordert, für die Probleme der MitschülerInnen Zielformulierungen vorzuschlagen. Der Schüler /die Schülerin entwickelt dann eine eigene Zielformulierung mit oder ohne diese Anregungen.

Hinweis

Für die Probleme und die Ziele können auf größeren Papierbögen notiert werden. Die Schüler können z. B. ein gefaltetes DIN-A3-Blatt erhalten. Sie schreiben dann die Probleme so darauf, dass der Falz an der rechten Seite ist. Sie können im Wechsel von Runde I auf Runde II dann das Blatt aufklappen und rechts daneben die Zielformulierung dazuschreiben.

Alternativ kann es auch als Gruppenarbeit am Flipchart erfolgen, sodass die Problem-Ziel-Transformation für alle SchülerInnen im gegenseitigen Austausch erfolgt.

- **Runde III**

Nach einem erneuten Gruppenwechsel findet sich wieder jeder Schüler/jede Schülerin in einer Fünfergruppe. Dort geht es nun darum, reihum Handlungsideen zu den Zielen zu formulieren. Auch diese sind Angebote für den Protagonisten/die Protagonistin, welche/r selbst über die Annahme oder das freundliche Ablehnen der Ideen entscheidet. Er oder sie kann in diesem Schritt auch Aufträge an die Gruppe geben:

Protagonist:	*„Mein Ziel ist, die Vokabeln auch zwei Tage nach dem Lernen noch zu können."*
Gruppenmitglied 1:	*„Du könntest jede Woche Deine Karteikarten zum Selbsttest nehmen und Dich abfragen."*
Protagonist:	*„Nein, es geht mehr darum, dass ich mir die Vokabeln gut merken können möchte."*
Gruppenmitglied 1:	*„Du könntest Dir lustige Eselsbrücken ausdenken."*
Gruppenmitglied 4:	*„Überlege Dir zu jeder Vokabel eine Bewegung, und spreche sie dabei laut."*
Protagonist:	*„Ich glaube, das mit den Eselsbrücken ist ganz gut. Wie könnte das gehen?"*
Gruppenmitglied 2:	*„Klebe Dir ein Post-it an einen Gegenstand in Deinem Zimmer, der damit etwas zu tun hat."*
Gruppenmitglied 3:	*„Überlege Dir ein Bild oder einen Reim."*

Im nächsten Schritt, der noch in der gleichen Gruppe stattfindet, geht es darum, dass sich jeder Schüler verpflichtet, bezogen auf seine Lernziele, fünf Dinge auszuprobieren. Dabei ist es okay, wenn es nicht funktioniert, aber es muss ausprobiert werden. Das ist das Commitment.

- **Hands-on**

Jeder Schüler malt auf ein DIN-A4-Blatt einen Umriss seiner Hand. In jeden Finger der Hand schreibt er eine Maßnahme, die er zwecks seiner Zielerreichung ausprobieren wird. Es geht um die Verpflichtung vor sich selbst, diese Dinge auszuprobieren. In einem kleinen Ritual bestätigt er, dass er diese Dinge ausgewählt hat. Er unterzeichnet das Ganze in der Handfläche auf dem Papier, während die andern Gruppenmitglieder ihm dazu mit einem Applaus gratulieren.

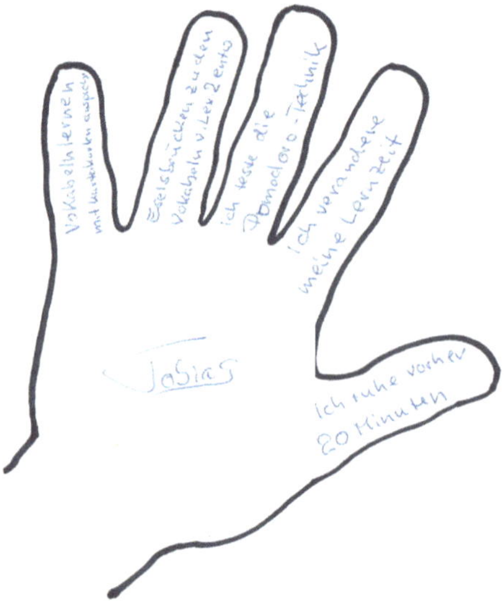

■ Abb. Hands-on – Visualisierung der Selbstverpflichtung. (© Volker Biesel 2026. All Rights Reserved)

Die Hände auf den DIN-A4-Blättern werden im Klassenzimmer als Galerie aufgehängt und können den MitschülerInnen als Anregungen dienen (s. Abb. „Hands-on – Visualisierung der Selbstverpflichtung“).

- **Reflexion**

Nach einer Woche berichten die SchülerInnen in den Kleingruppen, was funktioniert hat. An den Stellen, an denen etwas NOCH nicht funktioniert hat, werden Veränderungen entwickelt, die die Erfahrungen berücksichtigen.

16

Positives Scheitern

Inhaltsverzeichnis

V. Biesel, *Praxishandbuch Ressourcenorientiertes Lerncoaching im Gruppenformat*,
https://doi.org/10.1007/978-3-662-71009-8_17

Haben wir ein Problem, so kämpfen wir oft gegen die Auswirkungen. Oft neigen wir dazu, in den Ursachen des Problems die Lösung finden zu wollen, finden aber gleichfalls die Ursachen nicht. Die klassische Problemfokussierung, so hat uns die zweite Dimension dieses Buches gezeigt, ist wenig hilfreich. Eine Lösungsorientierung kann im Sinne einer paradoxen Intervention erfolgen, indem wir das Problem auf eine andere Art und Weise betrachten. Lassen Sie sich von dieser Methode und ihren Ergebnissen überraschen.

In dieser Methode in Anlehnung an die Theorie der erfinderischen Problemlösung nach Genrich Saulowitch Altschuller und die Liberating Structures nach Keith McCandels (Steinhöfer, 2021, S. 149 ff.) geht es darum, kontraproduktives Lernverhalten zu erkennen. So kann dieses abgestellt und durch ein zielführendes Verhalten ersetzt werden. Es geht darum,

- einen Raum für innovative Lernideen zu schaffen,
- gemeinsam Schwierigkeiten und Störungen zu überwinden und
- Vertrauen aufzubauen.

Zuerst erkunden die SchülerInnen spielerisch, was alles beachtet werden müsste, um das Lernziel nicht zu erreichen. Im zweiten Schritt geht es darum, zu erkennen, was die SchülerInnen davon schon ‚erfolgreich' tun. Sie erkennen, wie sie sich selbst im Wege stehen. Das öffnet ihnen die Augen. Sie können Gegenmaßnahmen entwickeln und die kontraproduktiven Haltungen und Verhaltensweisen ablegen.

17.1 Entwicklung einer geeigneten Fragestellung

In diesem Format des Klassencoachings geht es darum, zunächst eine gewisse Verstörung im Sinne eines disruptiven Ansatzes zu erzielen. Die Fragestellung sollte neben ihrer Relevanz für die Zielgruppe daher eine gewisse Schärfe haben und darf auch gerne provozieren. Daraus erzielt die Bearbeitung der Frage nicht zuletzt auch eine gewisse Energie. Beispiele solcher Fragen sind:

- *„Was müssen wir tun, um maximal unvorbereitet in die nächste Klassenarbeit zu gehen?"*
- *„Wie gelingt es uns, das Lernen so weit aufzuschieben, dass es definitiv zu spät ist und dass wir die ganze Zeit ein schlechtes Gewissen haben und absolut keinen Spaß an dem Nichtstun haben?"*
- *„Was können wir dazu tun, einen Lerninhalt – egal in welchem Fach – richtig langweilig zu finden? Wie können wir unsere Lustlosigkeit dazu trainieren?"*
- *„Wie kann es uns gelingen, etwas zu lernen und doch nichts zu begreifen und uns nichts merken zu können?"*

Diese Fragen irritieren. Sie sollen mit Spaß und ein wenig Übertreibung kommuniziert werden.

17.2 Durchführung

Das Vorgehen in der Methode gliedert sich in drei Phasen mit unterschiedlichen Arbeitsschritten, welche – ausnahmsweise –, um den Effekt nicht zu schmälern, vorher nicht kommuniziert werden, sondern nur Schritt für Schritt angeleitet werden.

- **Vorstellung der Frage**

Der Klassencoach stellt die entwickelte Frage vor. Er schmückt diese aus und übertreibt gerne auch ein wenig. Ziel ist es, dass die SchülerInnen sich in die Situation hineinversetzen können. Der Klassencoach könnte z. B. die erste Frage noch mit folgenden Worten ausschmücken: *„Also mit ‚maximal unvorbereitet' meine ich, dass Ihr wirklich gar nichts, absolut nichts getan habt, dass Ihr an diesem Morgen nichts gegessen und nicht einmal die Zähne geputzt habt. Ihr sollt wirklich alles finden, was zur maximalen Unvorbereitetheit beiträgt."*

Diese Fragen werden bei ihrer Verlautbarung nicht nur zum Schmunzeln, sondern auch zum Lachen führen. Das ist gewollt, und es ist hilfreich. In mehrfacher Hinsicht werden hier gewohnte Pfade verlassen.

- **Phase 1**

Die SchülerInnen bekommen nun eine Minute Zeit, um bei absoluter Stille darüber nachzudenken und sollen sich anschließend fünf Minuten zu zweit darüber austauschen, welche Aktivitäten garantieren, dass sie im Sinne der Frage ein schlechtes Ergebnis erzielen.

Anschließend sollen die SchülerInnen sich mit einer weiteren Zweiergruppe zusammenschließen. Sie erhalten ein Flipchart, auf dem ein Blitz oder ein Feuersymbol in einer Ecke gemalt ist, der Rest des Flipcharts bietet viel Platz zum Schreiben.

Diese vier SchülerInnen sollen sich in der Gruppe nun über die Ideen austauschen und daraus weitere entwickeln. In der Vierergruppe werden die Schüler von Anfang an dazu aufgefordert, die Ideen zu dokumentieren.

Hinweis

Nutzen Sie dazu beispielsweise selbstklebende Flipcharts (vgl. ► Abschn. 14.1) oder Pinnwände mit großen Papierblättern.

Achtung

Moderationskarten zum einzelnen Anpinnen sind hier nicht empfehlenswert, da viele Ideen schnell zu Papier gebracht werden sollen. Nutzen Sie dazu besser selbstklebende Flipcharts oder Pinnwände mit großen Papierblättern.

Der Klassencoach achtet darauf, dass die Schülerinnen und Schüler sich nicht nur unterhalten, sondern wirklich jede Idee zu Papier bringen. Er lädt die SchülerInnen in diesem Teil der Übung ein, auch die absurdesten Ideen aufzuschreiben.

Achtung

Auch wenn die Klasse über das Ziel hinauszuschießen droht, sollte der Klassencoach dieses ein Stück weit aushalten. Auf keinen Fall sollte er (davon veranlasst) in der laufenden Phase bereits die weiteren Schritte kommunizieren.

- **Phase 2**

Die Gruppen bleiben so bestehen. Sie erhalten ein neues Flipchart. Es trägt das Symbol der Glühbirne. Die Aufgabe für diese Phase wird nun erstmalig durch den Kassencoach kommuniziert. Die SchülerInnen sollen in der zweiten Phase die Liste aus der vorangegangenen Gruppenarbeit durchgehen. Sie sollen dabei schauen, welche Dinge sie heute bereits machen. Egal, ob sie es genauso machen, wie vorab formuliert, oder in einer etwas anderen Art und Weise.

Die Gruppe soll auf dem Glühbirnen-Chart nun alle eigenen kontraproduktiven Aktivitäten sammeln, egal, ob diese von einem einzelnen Schüler/einer einzelnen Schülerin oder ob sie von zwei, drei oder allen vier SchülerInnen durchgeführt werden oder wurden. Sie sollen klar formuliert und für alle sichtbar auf dem Flipchart gesammelt werden.

Hinweis

Sollte die Sammlung noch kein Flipchart füllen, könn(t)en nun auch wieder Gruppen zusammengelegt werden. Dabei ist darauf zu achten, dass dann nicht nur die Flipcharts nebeneinandergehängt, sondern dass auch durch die Zusammenlegung und den Austausch neue, weitere Aktivitäten entdeckt und ergänzt werden.

- **Phase 3**

Situativ kann der Klassencoach für diesen Schritt wieder entscheiden, ob die Vierergruppen als solche weiterarbeiten, ob sie sich zu Achtergruppen formieren oder ob sie unter den Vierergruppen tauschen.

Hinweis

Bei einem Tausch der Personen in den Vierergruppen sollte der Klassencoach den SchülerInnen erlauben, jeweils zu zweit zu wechseln, sodass zwei SchülerInnen an dem Ort mit ihrem Flipchart bleiben. Diese zwei SchülerInnen können dann als ‚GastgeberInnen' den zwei neuen Gruppenmitgliedern die bisherigen Aktivitäten auf dem Flipchart vorstellen.

In dieser Phase erhalten die Schüler nun ihr drittes und letztes Flipchart mit einem Stoppschild als Symbol.

Nun gilt es die vorangegangene Liste zu bearbeiten. Die Leitfragen dazu lauten:

- *„Was können wir konkret gegen diese kontraproduktiven Aktivitäten unternehmen?“*
- *„Wie können wir diese stoppen?“*
- *„Welcher ist der erste Schritt dazu?“*

Im Sinne einer stringenten Ressourcenorientierung können wir abschließend noch die Frage stellen:

- *„Was an Stelle von … müssten wir tun, damit … nicht mehr ist/passiert/stört/hindert?“*

Diese Leitfragen sollten, wie auch die der vorangegangenen Phasen, groß mittels Beamer im Klassenraum projiziert sein, damit sich die SchülerInnen immer wieder daran orientieren können.

Hinweis

Nutzt man die beschriebene Flipchartfolie (wie in ► Abschn. 14.1 beschrieben), so kann man auf die erste Folie der Phase 2 die zweite Folie für die Phase 3 legen. Die Notizen der unteren Folie sind aufgrund der leichten Transparenz der Folien deutlich erkennbar und lesbar. So können dann die neuen Maßnahmen und Erkenntnisse direkt ‚über‘ die kontraproduktiven Aktivitäten aus Phase 2 geschrieben werden.

Hinweis II

Die in dieser Phase entwickelten Maßnahmen sollen ernst gemeint sein. Um diese Ernsthaftigkeit und die Wirkungsweise der Maßnahmen zu begünstigen, ist es wichtig, darauf zu achten, dass die von den SchülerInnen entwickelten Formulierungen nicht passiven Charakters sind. Wörter wie *„jemand sollte“* sollten ausgetauscht und verbindlicher formuliert werden, z. B.: *„Wir werden ab sofort … .“*

▪ In allen Phasen

Der Klassencoach kann als Begleiter des Prozesses in allen Phasen in den einzelnen Gruppen durch folgende, explorierende Fragen weitere Impulse geben:

- *„Wie fühlt sich das an, wenn …?“*
- *„Was würde passieren, wenn …?“*
- *„Was würde dadurch möglich/unmöglich?“*
- *„Was wäre, wenn …?“*

Transfer

Wenn SchülerInnen von Eltern oder Lehrern auf die eigenen Probleme aufmerksam gemacht werden, ist die normale und im Regelfall verständliche Reaktion: Gegenwehr. Da die SchülerInnen bei dieser Methode ihre eigenen Probleme mit ernsthafter Leichtigkeit selbst ausfindig gemacht haben, besteht eine sehr viel größere Chance, dass sie die ebenfalls selbst entwickelten Lösungen auch anwenden.

Im Sinne des Selbstmanagements und der eigenen Lernverantwortung kann der Lerncoach im Sinne von *„Ihr entscheidet, was Ihr mit Euren Erkenntnissen machen wollt."* das Klassencoaching hier beenden. Erfahrungsgemäß werden viele SchülerInnen einzelne Maßnahmen umsetzen.

Um den SchülerInnen eine Erinnerungshilfe mitzugeben, lässt sich an dieser Stelle auch die Hands-on-Methode aus dem Kapitel Problem-Ziel-Transformation (vgl. ► Kap. 16) anschließen.

Klasse Klasse – Wertschätzendes Erkunden

V. Biesel, *Praxishandbuch Ressourcenorientiertes Lerncoaching im Gruppenformat*,
https://doi.org/10.1007/978-3-662-71009-8_18

Menschen konstruieren sich ein Bild von sich. Sie tendieren dazu, zu eben diesem Bild zu werden. Daher ist es wichtig, SchülerInnen die Möglichkeit zu geben, ein positives Bild von sich selbst zu entwickeln (vgl. Biesel, 2025, S. 501–514). Als Lerncoaches gehen wir fest davon aus (vgl. Biesel, 2025, S. 329 f.), dass SchülerInnen alle Ressourcen innehaben, die sie zur Bewältigung der eigenen Herausforderungen brauchen. Es ist die Wertschätzung des Potenzials der SchülerInnen, die dieser Methode handlungsleitend zugrunde liegt.

Das Lerninterview in Anlehnung an ein ‚Appreciative Inquiry (AI)' (Cooperrider et al., 2008) ist ebenfalls als Einstiegsmethode gut anwendbar. Es ist stark ressourcenfokussiert und hilft den SchülerInnen, ihr Lernen zu reflektieren und bereits erfolgreich angewandte Lernstrategien zu erkennen und auszubauen.

Hinweis

Das Lerninterview ist ein Klassencoachingformat, bei dem die Ressourcenorientierung stark betont wird. Es bedingt eine gute Auseinandersetzung und Verinnerlichung der zweiten Dimension des 3D-LernCoaching®-Ansatzes durch den Moderator/die Lehrperson.

Jede Entwicklung baut auf das, was bereits da ist. Schülerinnen und Schüler können sich kaum eine positive Entwicklung vorstellen, wenn sie die Vergangenheit und die Gegenwart als negativ erleben. Es ist daher Sinn und Zweck des Lerninterviews, auf all die guten Dinge, die schon funktionieren, zu schauen und so in diesen Erlebnissen das Potenzial für die Zukunft zu erkennen. So kann eine attraktive Vision der Zukunft gestaltet und umgesetzt werden.

Dieses Vorgehen unterscheidet sich vom konventionellen Denken:

Konventionelles Denken	Klassencoach-Mindset
Probleme diagnostizieren	Erkunden der positiven Lernerfahrungen
Defizite erkennen	Ressourcen finden
Ursachen für den mangelnden Lernerfolg analysieren	Eine Vorstellung vom optimalen Lernen entwickeln

Das konventionelle Denken beruht auf der Grundannahme, dass SchülerInnen Defizite haben, die beseitigt werden müssen. Es entspricht einem mechanistischen Bild im Sinne von den-Schüler-reparieren. Das Mindset des Klassencoaches entspricht der Grundannahme, dass die SchülerInnen in naher Zukunft enormes Potenzial entdecken, welches sich manchmal schon in der Vergangenheit gezeigt hat und auch in der Gegenwart abgerufen werden kann.

Hinweis

Diese Methode ist keine Schönfärberei. Es dürfen auch die Dinge genannt werden, die hinderlich sind. Nur sollten sie als Wunsch formuliert werden. Dieses kann den SchülerInnen transparent erklärt werden, analog dem Beispiel in der Methode Problem-Ziel-Transformation(vgl. ► Kap. 16).

Der Prozess des Wertschätzenden Erkundens (Appreciative Inquiry) hat vier Phasen. Die SchülerInnen durchlaufen diesen Prozess in einer festgelegten Reihenfolge:

1. Erkunden und Verstehen (Discovery)
2. Visionieren und Visualisieren (Dream)
3. Gestalten und Vereinbaren (Design)
4. Planen und Umsetzen (Destiny)

Da diese vier Phasen wiederholt Anwendung finden können, werden sie als Zyklus (s. ◘ Abb.18.1) beschrieben (vgl. ‚Application of the 4-D Cycle of Appreciative Inquiry' nach Cooperrider et al., 2008).

Aufgrund der Anglizismen spricht man auch im deutschsprachigen Raum von dem 4D-Prozess: Discovery-Dream-Design-Destiny. Manche sprechen auch von dem 5D-Prozess und stellen dem Erkunden (Discovery) noch eine Auftragsklärung (Definition) vorweg. Eine Auftragsklärung ist richtig und sinnvoll. Sie sollte idealerweise jedem Klassencoaching vorangestellt werden (vgl. ► Kap. 6). Für die Methoden-

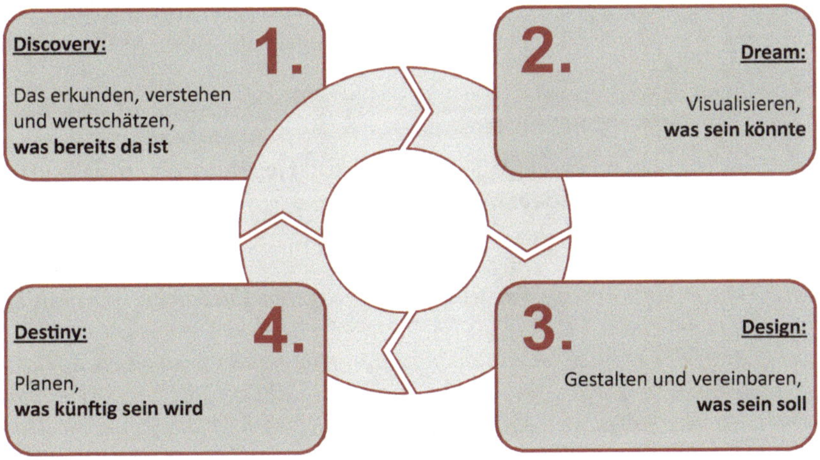

◘ **Abb. 18.1** Die vier Phasen des Appreciative-Inquiry-Prozesses nach zur Bonsen und Maleh (2012, S. 34). (© Bonsen & Maleh, 2012. All Rights Reserved)

beschreibung ist es sinnvoll, sich wie in der oben beschriebenen Abbildung nach zur Bonsen und Maleh (2012) auf die vier Kerninhalte des Zyklus zu fokussieren:

- **Phase 1: Erkunden und Verstehen (Discovery)**

Das wertschätzende Interview in der ersten Phase des AI-Prozesses ist das Kernstück dieser Methode. Ziel dieses Interviews ist es, zu erkunden, was schon da ist – welche Ressourcen schon vorhanden sind. Dabei werden längst vergessene Erkenntnisse wiedererinnert, Gelingensbedingungen erkundet und neue Einsichten gewonnen.

So kann die Klasse zu ihrem positiven Kern finden. Erlebnisse von Kraft und Stärke lassen positive Energie, Hoffnung und Mut wachsen. Das ist die Grundlage der beginnenden Veränderung hin zu einer – im Sinne des Ziels – noch besseren Klassengemeinschaft.

Kollektives Verstehen ist die grundlegende Zutat für den Veränderungsprozess. Es sind die lebendigen Faktoren, die der Klasse Energie und Vitalität bringen. Es ist die Besinnung auf erfolgreiche Momente, in denen die SchülerInnen sich in die Klassengemeinschaft einbringen konnten, engagiert und gemeinsam erfolgreich waren.

Durch Interviews, die mittels spezifischer Leitfragen jeweils in Zweiergruppen geführt werden, werden die sogenannten ‚Juwelen' der Klassen gefunden und im Kreis der Beteiligten vorgestellt. So werden Ermöglichungsbedingungen erkannt und ‚belebende Faktoren' für ein erwünschtes Klassenklima herausgefunden. Es geht darum, das Beste der Klasse herauszufinden und dieses für die Zukunft weiter auszubauen.

Hinweis

Diese Methode ist beispielhaft zum Thema ‚Klasse Klasse' ausgelegt. Die gleiche Vorgehensweise können Sie auch zu anderen Themen, z. B. erfolgreiches Lernen, durchführen. Für letzteres Thema können Sie die Fragen des Ressourcenorientierten Lerninterviews verwenden.

Für diese Entdeckungsreise durch Vergangenheit, Gegenwart und Zukunft eignet sich folgender Interviewleitfaden:

- *„Erzähle mir bitte von Deiner Anfangszeit in unserer Klasse. Wann kamst Du zu uns? Was fandest Du gut? Welche waren die ersten Eindrücke? Was hat Dich am Anfang begeistert?"*
- *„Gab es in der Vergangenheit einen echten Höhepunkt? Eine Zeit, in der Du besonders begeistert warst, in der Du Dich sehr wohl gefühlt hast? Wann konntest Du Dich besonders gut einbringen in der Klasse? Wann konntest Du in der Klasse/in unserer Schule etwas bewegen? Was ist da genau geschehen? Wer war dabei? Was ermöglichte dieses Ergebnis? Was können wir daraus lernen?"*
- *„Was schätzt Du besonders an Dir? Was schätzt zu besonders an der Klasse, was an unserer Schule?"*
- *„Wenn sich diese ‚klasse Klasse', wie immer es wolle, weiterentwickeln oder krass verändern könnte, welche drei Dinge würden wir tun, um den Erfolg/die Zufriedenheit zu steigern?"*

18

- *„Es ist das Jahr <JJJJ+1>, und wir sind über unsere kühnsten Träume hinaus erfolgreich geworden. Was hat sich in der Klasse verändert?"*
- *„Welches sind Deiner Meinung nach die Schlüsselfaktoren, die unsere Klasse klasse machen?"*

Zur letzten Frage sollten sich die Zweiergruppen auf je einen bis drei wichtige Faktoren einigen, welche sie in einem oder wenigen Worten aufschreiben. Dieses kann auf Moderationskarten geschrieben und dann gemeinsam zusammengetragen werden. Alternativ eignet sich dafür eine auf ▶ mentimeter.com erstellte Word Cloud.

- **Phase 2: Visionieren und Visualisieren (Dream)**

Diese Phase dient dazu, die erkannten Ressourcen zu verstärken und noch besser nutzbar zu machen. Es geht darum, die (Entwicklungs-)Möglichkeiten erlebbar und lebendig werden zu lassen. Es geht darum, gewohnte Grenzen zu überschreiben. Es geht um das Visionieren – Wünsche Wirklichkeit werden zu lassen und die Zukunft zu entwerfen. Was kann jeder/jede und die ganze Klasse als Gemeinschaft zum Wohl dieser Klasse, der Schule, der Welt beitragen? In dieser Phase kann die Relevanz des Themas die Leidenschaft für die Veränderung entfesseln. Dies gelingt, wenn die entworfene Zukunft sowohl realistisch als auch gleichzeitig visionär ist.

Methodisch kann der Zukunftsentwurf unterschiedlich vollzogen werden. Es sind in jedem Fall kreative Vorgehensweisen hilfreich:

- Gestaltung eines Plakates der Zukunft
- Brief an die beste Freundin/den besten Freund aus der Zukunft
- Traumreise
- Sketch
- Videografiertes Tagesschau-Setting
- Videoblog

Ein kurzer Tagesschaubeitrag zur *„Klasse Klasse aus <Ort>"* in den 20-Uhr-Nachrichten ist z. B. ein klarer Auftrag für einzelne Kleingruppen. Die SchülerInnen merken schnell, dass sie zunächst ein gutes Storyboard entwickeln müssen, um die Errungenschaften, Stärken und Kompetenzen der Klasse aufzuzeigen. Erst dann kann mit einem Handy schnell gefilmt und auch geschnitten werden.

- **Phase 3: Gestalten und Vereinbaren (Design)**

Es gilt nun, die Gemeinsamkeiten aus den unterschiedlichen Beiträgen zusammenzuführen. Es geht darum, zu beschreiben, was sein soll. Diese Beschreibungen sollten eine hohe Anziehungskraft haben und entsprechend ausdrucksstark formuliert sein. Sie sollten die Schülerinnen und Schüler motivieren und eine attraktive Situation in der Klasse skizzieren. Die Formulierungen sollten dabei in der Gegenwart geschrieben sein und mit nachvollziehbaren Beispielen gespickt werden, z. B.:

- *„Wir erlauben uns Fehler, denn aus diesen lernen wir."*
- *„Wir freuen uns darüber, dass wir so unterschiedlich sind."*
- *„Wir geben Informationen weiter und nutzen dafür die Klassen-Cloud."*
- *„Wir sind alle wichtig und richtig und achten uns gegenseitig auch im Alltag."*
- *„Wir sind freundlich zueinander, und wir lächeln häufig."*

- *„Jeder und jede schaut jeden Tag, dass er/sie einem Klassenkameraden oder einer Klassenkameradin etwas Gutes tut. Das darf auch eine Kleinigkeit sein, wie z. B. ein freundliches ‚Hallo'."*

Es können zu den einzelnen Themen auch Überschriften entwickelt werden, welche die Kernthemen beschreiben und von hoher Zukunftsrelevanz für die ‚Klasse Klasse' sind, in der sich alle SchülerInnen wohlfühlen.

- **Phase 4: Planen und Umsetzen (Destiny)**

  - *„Wo genau lässt sich was ermöglichen?"*
  - *„Wie können wir etwas bewegen?"*
  - *„Welche Maßnahmen wären dazu sinnvoll?"*
  - *„Wer engagiert sich für welches Thema?"*
  - *„Was bedeutet das für das Verhalten jedes einzelnen Schülers/jeder einzelnen Schülerin?"*

Dies sind die entscheidenden Fragen, die zur Umsetzung leiten können. Es geht darum, Maßnahmen zu erarbeiten und zu vereinbaren. Diese Phase ist stark handlungsorientiert. Die SchülerInnen werden eingeladen, Verantwortung für die Umsetzung der in den vorherigen Phasen erarbeiteten Zielvorstellungen zu übernehmen. Die Handlungsplanung und Umsetzung wird selbstorganisiert durchgeführt. Die SchülerInnen können an dem arbeiten, was sie am meisten anspricht, denn alles ist von der ganzen Klasse gewollt. Jeder und Jede kann ihren Teil dazu beitragen. Die Zukunft ist jetzt da.

Zirkeltraining

Inhaltsverzeichnis

Ergänzende Information Die elektronische Version dieses Kapitels enthält Zusatzmaterial, auf das über folgenden Link zugegriffen werden kann [https://doi.org/10.1007/978-3-662-71009-8_19].

V. Biesel, *Praxishandbuch Ressourcenorientiertes Lerncoaching im Gruppenformat*,
https://doi.org/10.1007/978-3-662-71009-8_19

Das Zirkeltraining ist ein Format, in dem auf verschiedene Weise die SchülerInnen die Gelegenheit bekommen, auf ihr eigenes Lernen zu schauen. Unterschiedliche Disziplinen des Zirkeltrainings laden zu unterschiedlichen Perspektiven auf das eigene Lernen ein.

Die Stationen des Zirkeltrainings können z. B. sein

- Sprint,
- Bock,
- Hürdenlauf,
- Kopfstand,
- Kraftraum,
- Hochsprung,
- Staffellauf,
- Trainerposition und
- Regeneration.

Diese Disziplinen werden im Folgenden nach der Einführung detailliert erläutert.

Das Zirkeltraining eignet sich zur Arbeit mit einem gesamten Jahrgang und kann in dem Fall sehr gut in einer Turnhalle durchgeführt werden. Hier können die einzelnen Stationen mit den jeweiligen Utensilien (Bock, Gewichte, Hürde, ...) dekorativ arrangiert werden. Gegebenenfalls kann an jeder Station auch eine mehr oder weniger sportliche Aktivierungsübung integriert werden.

Wird die Methode im Klassenraum mit einer Klasse durchgeführt, können an den jeweiligen Pinnwänden Fotos der Sportart oder der Sportgeräte aufgehängt werden. Jede Station benötigt darüber hinaus idealerweise eine Pinnwand oder Magnetwand mit dem Titel der Disziplin und gegebenenfalls einer Fläche für Moderationskarten. Die Materialempfehlung finden Sie in den einzelnen Stationsbeschreibungen.

Nach einer sportlichen Einführung und Aktivierungsübung wird die Klassen in Gruppen zu vier oder fünf Personen eingeteilt und auf die jeweiligen Disziplinen verteilt. Die Anzahl der Disziplinen sollte folglich einem Fünftel der Anzahl der Teilnehmenden entsprechen.

19.1 Einführung und Aktivierungsübung

Zur Einführung werden die SchülerInnen gebeten, sich im Raum so aufzustellen, dass sie zu allen Seiten ca. einen Meter Freiraum haben.

Level I

Der Lerncoach leitet in der ersten Runde folgende Kommandos und Reaktionen an:

Der Lerncoach sagt:

- *„Ich springe nach vorn" Die Teilnehmer sollen das Kommando laut wiederholen: „Ich springe nach vorn."*

und im Anschluss unmittelbar einen Sprung nach vorn ausführen. Analog werden die Kommandos

- *„Ich springe zurück."*,
- *„Ich springe nach links."* und
- *„Ich springe nach rechts."*

einmal ausgeführt. Jeweils nach der Reihenfolge: Lerncoach sagt laut: *„Ich springe…"*, SchülerInnen sprechen nach: *„Ich springe …"* und führen dieses aus.

- **Level II**

Der Lerncoach sagt:

- *„Ich springe nach vorn."*

Die Teilnehmer sollen das Kommando konträr wiederholen:

- *„Ich springe nach hinten."*

und im Anschluss unmittelbar einen Sprung nach hinten ausführen. Auch dieses wird analog
in allen Richtungen ausgeführt.

- **Level III**

Der Lerncoach sagt:

- *„Ich springe nach vorn."*

Die Teilnehmer sollen das Kommando konträr wiederholen:

- *„Ich springe nach hinten."*

und im Anschluss unmittelbar einen Sprung nach vorne ausführen, also konträr zu dem eigens Gesagten und gemäß der Ursprungsanweisung. Auch dieses wird analog in allen Richtungen ausgeführt.

- **Weitere Levels (optional)**

Optional können weitere Level entwickelt werden, z. B. im Uhrzeigersinn jeweils 90 Grad weiter: Ansage Coach: *„rechts"* ➔ Ansage SchülerInnen: *„hinten"* ➔ Sprung nach links

Der Lerncoach sollte die Übung so weit ausführen, bis nahezu alle nicht mehr folgen können.

- **Logik der Sprungübung**

Übersicht:

Ansage Lerncoach	Ansage SchülerInnen	Sprung nach
Level I		
Vorn	Vorn	Vorn
Hinten	Hinten	Hinten
Links	Links	Links
Rechts	Rechts	Rechts
Level II		
Vorn	Hinten	Hinten
Hinten	Vorn	Vorn
Links	Rechts	Rechts
Rechts	Links	Links
Level III		
Vorn	Hinten	Vorn
Hinten	Vorn	Hinten
Links	Rechts	Links
Rechts	Links	Rechts

Diese Übungen stimmen die SchülerInnen auf die ‚sportlichen' Themen ein, sie dient zum ‚Aufwärmen'. Die Übung ermöglicht den SchülerInnen das Fokussieren der Aufmerksamkeit auf die gemeinsame Tätigkeit. Dabei vermitteln sie eine für das Lernen förderliche Haltung der Fehlerfreundlichkeit. Es entsteht ein Klima von ‚In dieser Übung ist es in Ordnung, nicht perfekt zu sein'.

Im Anschluss werden die einzelnen Disziplinen durch den Lerncoach vorgestellt und angeleitet. Dabei gibt es zwei Varianten:

- **Variante 1**

Für jede Disziplin gibt es einen Gastgeber/Host.

(Dies ist besonders bei großen Gruppen empfehlenswert.)

- **Variante 2**

Die SchülerInnen übernehmen wechselseitig eine Moderatorenfunktion in der jeweiligen Disziplin.(Dies gelingt besonders bei Klassen, die Klassencoachingformate gewohnt sind oder besondere Moderationskompetenz haben).

In der ersten Variante bleiben die Gastgeber bei der jeweiligen Disziplin. Sie leiten alle Gruppen durch die Aufgabe der Disziplin und moderieren die Beiträge. Die Gastgeber können andere Lehrpersonen oder Schüler höherer Jahrgangsstufen sein.

In der zweiten Variante werden die TeilnehmerInnen der Gruppen durchnummeriert. Teilnehmer 1 übernimmt die Moderation der ersten Disziplin, Teilnehmer 2 die der zweiten Disziplin usw. Sollten mehr Disziplinen als TeilnehmerInnen der jeweiligen Gruppe vorhanden sein, so beginnt die Übung wieder von vorn.

Im letzten Fall sollte den SchülerInnen dieses genau erklärt werden, z. B. anhand der folgenden Tabelle. So ist sich Jede/r sicher, wann er/sie dran ist:

- **Einteilung TeilnehmerIn und Disziplin**

GruppenteilnehmerIn*am Beispiel einer Vierergruppe*	**Disziplin***am Beispiel von sechs Disziplinen*
TeilnehmerIn 1	Sprint
TeilnehmerIn 2	Bock
TeilnehmerIn 3	Hochsprung
TeilnehmerIn 4	Staffellauf
TeilnehmerIn 1	Trainerposition
TeilnehmerIn 2	Regeneration

Es ist auch hilfreich, in der linken Spalte die Namen der SchülerInnen einzutragen, damit jeder Schüler/jede Schülerin genau weiß, an welcher Stelle er/sie die Moderation übernehmen muss. So gelingt es, dass die entsprechenden SchülerInnen gut aufpassen, wenn der Lerncoach die entsprechende Disziplin anleitet. Dennoch sollten darüber hinaus kurze Anleitungen an den Stationen ausliegen, sodass die TeilnehmerInnen diese noch mal kurz nachlesen können.

Nach der Einteilung der Teilnehmer oder der Festlegung der Gastgeber leitet der Lerncoach alle Disziplinen an und beschreibt, was dort erfolgen wird.

19.2 Sprint

(Material: Pinnwand, Moderationskarten, Turnschuh)

Bei der Disziplin Sprint geht es um das Laufen. Es geht darum, was beim Lernen gut *läuft*. An der Pinnwand steht folgende Frage:

- *„Was läuft gut?"*

Die Schüler bekommen reihum je eine Minute Zeit, um davon zu erzählen, was bei ihnen persönlich beim Lernen gut oder sogar sehr gut läuft. Um zu gewährleisten, dass jeder Schüler/jede Schülerin die volle Aufmerksamkeit der Gruppe hat, ist es oft hilfreich, einen ‚Talking Stick' einzuführen. Dazu kann bei dieser Disziplin ein Turnschuh dienen. Wer den Turnschuh hält, darf sprechen.

Der Moderator schreibt die Schlüsselworte als wesentliche Erkenntnisse auf Moderationskarten und sammelt diese an der Pinnwand. Dabei achtet er darauf, die Worte derjenigen Person, die spricht, zu verwenden. Nachdem alle SchülerInnen reihum ihre eigenen positiven Lernerfahrung zur Kenntnis gegeben haben und diese auf der Pinnwand platziert sind, gibt es eine zweite Runde. Die Frage für die zweite Runde lautet:

- *„Und was noch?"*

Damit werden die SchülerInnen aufgefordert, nachdem sie die Dinge der anderen gehört haben, noch einmal genau hinzuschauen und hineinzufühlen, was noch gut läuft. Häufig steckt hierin ein großer Erkenntnisgewinn. Sie lernen aus den Ideen ihrer MitschülerInnen, kombinieren Dinge neu miteinander und erleben sich selbst mit mehr Ressourcen ausgestattet, als sie ursprünglich dachten. In der ersten Runde noch nicht bewusste Aspekte, werden nun bewusst. Ein Prozess der Klärung findet statt.

19.3 Bock

„Keinen Bock!" – Diesen Ausspruch kennt jeder Schüler/jede Schülerin. Alle kennen es, wie es ist, kein Bock zu haben. Nun jedoch steht der ‚Bock' als Sportgerät im Raum oder ist auf dem Foto zu sehen. Die SchülerInnen sollen sich mit folgenden Fragen auseinandersetzen:

- *„Wie ist es, wenn ich Bock habe?"*
- *„Was ist dann anders?"*

Das Format kann ebenso ablaufen wie beim Sprint. Sofern die SchülerInnen eine hohe Moderationskompetenz haben, kann an dieser Disziplin auch ein offenes Moderationsformat stattfinden, in dem sich die SchülerInnen frei von jeder Struktur über ihre Gelingensbedingungen der Selbstmotivation (*„Ich habe Bock!"*) unterhalten. Der Moderator hat dabei drei wichtige Aufgaben:

1. Er beachtet, dass alle zu Wort kommen.
2. Er achtet auf ein wertschätzendes und bewertungsfreies Zuhören der anderen.
3. Er achtet auf die Ressourcenorientierung und weist andere freundlich darauf hin, wenn diese dazu neigen, zu beschreiben, wie es ist *‚keinen Bock'* zu haben, indem er fragt: *„Und wie ist es, wenn der Bock da ist, was ist dann anders?"*

Hinweis

Trauen Sie den SchülerInnen gerne ein hohes Maß an Moderationskompetenzen zu. Sie werden überrascht sein, welche Ressourcen auch hier zum Vorschein kommen.

Es braucht eine gute Anleitung mit viel Klarheit für die ganze Gruppe. So ist es z. B. wichtig, die drei Moderationsaspekte, auf die zu achten ist, noch mal an der Station auszulegen. Die Gruppe kann so auch dem Moderator helfen, dies zu beachten.

Die SchülerInnen haben so nicht nur einen Lerneffekt bezogen auf ihr eigenes Lernen, sondern ebenso einen hohen Kompetenzzuwachs für kollaborative Arbeitsformen und Moderationskompetenzen.

19.4 Hürdenlauf

Der Hürdenlauf widmet mit sich den Schwierigkeiten und Hindernissen, die dem Lernen im Wege stehen. Es werden von den SchülerInnen auf der einen Seite der Wand die Hindernisse gesammelt, und dann werden dazu korrespondierende Ziele (vgl. Problem-Ziel-Transformation, ► Kap. 16) entwickelt. Die Gestaltung der Pinnwand sieht wie folgt aus:

Hürde Hindernis / Schwierigkeit / Hemmnis	**Ziel** Wie lässt sich das als Ziel formulieren?

Die Anleitung im Umgang mit dieser Methode sollte wie bei der Problem-Ziel-Transformation mit einigen Beispielen vorgenommen werden (vgl. ► Kap. 16).

19.5 Kopfstand

Die Kopfstand-Disziplin gründet auf den gleichen Mechanismen wie Positives Scheitern (vgl. ► Kap. 17). Es geht darum, mittels einer irritierenden Fragestellung einen Erkenntnisgewinn darüber zu bekommen, was die SchülerInnen ‚erfolgreich' leisten, um zu scheitern. Die Frage lautet hier:

- *„Wie gelingt es mir, deutlich schlechter zu lernen als bisher?"*

Eine detailliertere Weiterbearbeitung ist in der Disziplin dieses Klassencoachingformates abweichend vom Vorgehen beim Positiven Scheitern (vgl. ► Kap. 17) nicht notwendig, dennoch sollte von den Bedingungen des Scheiterns auf die die positiven Erkenntnisse zum Unterlassen des Scheiterns gewechselt werden. Die Dinge, die das Scheitern verhindern, können von den SchülerInnen notiert und mitgenommen werden.

19.6 Kraftraum

Im Kraftraum kommt man zu neuer Stärke. Dies bedarf jedoch des Trainings. Der Kraftraum in diesem Format besteht aus zwei Metaplanwänden, an denen auf vielen DIN-A4-Blättern im Querformat jeweils eine Lerntechnik beschrieben ist. Diese sind nummeriert und anhand der Nummern lassen sich in einem Ordner mit Registern oder in einem Hängeregister schnell entsprechende Kopien mitnehmen.

Die SchülerInnen sollen sich über alle an den Pinnwänden angebotenen Lernstrategien und Lerntechniken austauschen und kurz vor Ende der Runde eine oder zwei Techniken wählen, die sie demnächst mal ausprobieren wollen. Als Erinnerungshilfe können Sie eine entsprechende Kopie aus der Registratur mitnehmen.

19.7 Hochsprung

Beim Hochsprung handelt es sich um eine nur optisch abgewandelte Form der Skalierung (Hinweis: Sofern Sie mit der Skalierung noch nicht vertraut sind, finden Sie diese in ► Kap. 20 beschrieben). Die SchülerInnen bekommen alle eine Skizze einer Hochsprunganlage.

■ Abb. Hochsprunganlage. (© Volker Biesel 2026. All Rights Reserved)

In dieser zeichnen sie ihr jetziges, subjektiv eingeschätztes Lernniveau spontan ein, indem sie entsprechend die Latte in der Hochsprunganlage einzeichnen:

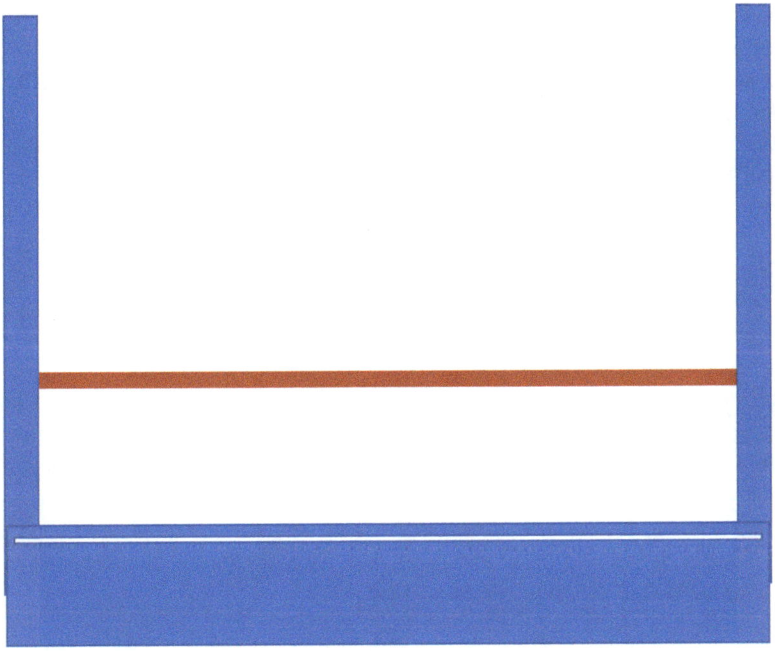

Abb. Hochsprunganlage mit Skalierung des aktuellen Lernniveaus. (© Volker Biesel 2026. All Rights Reserved)

Dann wählen sie das erwünschte Lernniveau und zeichnen eine neue, gestrichelte Linie als Lernziel ein.

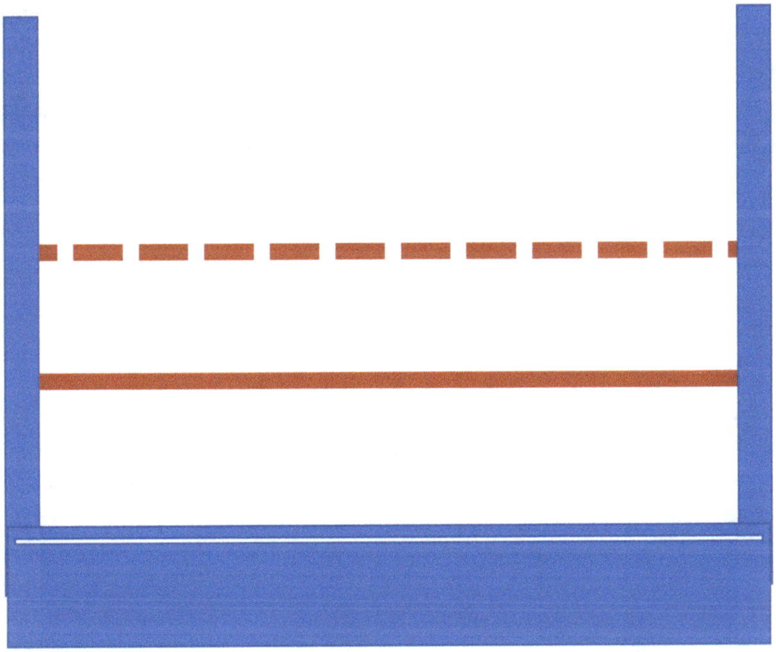

Abb. Hochsprunganlage mit Skalierung des erwünschten Lernniveaus. (© Volker Biesel 2026. All Rights Reserved)

Unter die durchgezogene Linie schreiben sie dann alles, was sie erfolgreich gemacht haben, um so hoch zu springen.

Dann schreiben sie zwischen die beiden Linien die Dinge, die sie zusätzlich machen wollen, um höher zu springen.

Um den SchülerInnen aufzuzeigen, dass man auch lange tradierte Lerntechniken infrage stellen kann und dass es sich lohnt, mal ganz anders zu denken, ganz andere, neue Lerntechniken auszuprobieren, auch wenn diese auf den ersten Blick ungewöhnlich erscheinen, vielleicht auch komisch vorkommen, eignet sich folgende, wahre Geschichte:

Richard Douglas Fosbury, genannt Dick, wurde im Jahre 1947 in Portland, Oregon geboren. Er war amerikanischer Leichtathlet. Während zu der Zeit alle Sportler beim Hochsprung vorwärts über die Latte sprangen, machte er es ganz anders. Er lief seitlich an und sprang rückwärts über die Latte. Andere waren sehr skeptisch, was diese neue Technik anging. Er jedoch gewann die amerikanische Olympiaausscheidung. Im Jahre 1968 errang er darüber hinaus die Goldmedaille bei den Olympischen Spielen. Das wohl größte Ziel eines jeden Athleten. Er revolutionierte den Hochsprung. Die von ihm kreierte Sprungtechnik, bei dem der Sportler die Latte rückwärts überquert, wird bis heute in abgewandelter Form von allen erfolgreichen Hochspringern genutzt und trägt wohl für die Ewigkeit seinen Namen: Fosbury-Flop.

19.8 Staffellauf

(Material: Pinnwand, Staffelstab)

Bei dem Staffellauf dient ein Staffelstab als ‚Talking Stick'. Derjenige/diejenige, der/die den Staffelstab in der Hand hält, soll mit angewinkelten Armen diese asynchron vor und zurück bewegen, als würde er/sie laufen. Dabei soll er/sie spontan erzählen, was er/sie tut, wenn er/sie richtig gut im Lernen ist. Es geht dabei darum, den Moment als solchen genau zu beschreiben: Wie fühlt es sich an? Wie ist es, wenn ich schneller werde? Eine Minute gilt es, dieses durchzuhalten und dabei das Tempo zu steigern, dann wird der Staffelstab übergeben an den Nachbarn/die Nachbarin zur Linken. Wenn der Staffelstab wieder bei der Ausgangsposition angekommen ist, reflektieren die SchülerInnen die Erfahrung:

- *„Wie hat es sich angefühlt, wenn Du so gut läufst?"*
- *„Wie war es, als das Tempo zunahm?"*
- *„Wie lange kannst Du so laufen?"*
- *„Wann kannst Du am besten laufen?"*
- *„Wo läuft es sich am leichtesten?"*
- *„Welche Erkenntnisse nimmst Du mit?"*

Auch diese Fragen sollten auf der Pinnwand notiert oder auf den Arbeitsblättern beschrieben sein (im Downloadbereich finden Sie diese Fragen unter ➔ Handout für SchülerInnen im Zirkeltraining).

19.9 Trainerposition

(Material: Pinnwand oder Flipchart)

Auf der Trainerposition geht es darum, das eigene Lernen zu beobachten. Der Trainer beobachtet den Sportler/die Sportlerin ganz genau und gibt Ratschläge. Er gibt strategische und taktisch Ratschläge und schaut sich die unterschiedlichen Techniken an.

Nach dem Motto „Sei Dein eigener Trainer", welches als Überschrift auf der Metaplanwand oder dem Flipchart steht, sollen sich die SchülerInnen selbst Ratschläge geben. Dieses geht reihum, jeder Schüler erhält eine Minute, um von sich zu erzählen. Dabei starten Sie mit dem Satz: *„Ich bin mein eigener Trainer und ich rate mir: ‚<eigener Vorname>, Wenn ich Dir so beim Lernen zuschaue, dann hätte ich folgende Ideen, wie Du Dein Lernen verbessern könntest: ....“* Die SchülerInnen werden sich darüber bewusst, dass sie ihr eigenes Lernen steuern, dass sie dafür selbst verantwortlich sind und sie werden eingeladen, ihr eigenes Lernen zu beobachten und zu reflektieren.

Nach der Runde folgt eine weitere Runde von je eine Minute, indem die SchülerInnen ihre Gefühle zu dem, was sie gesagt haben und von den anderen gehört haben, äußern.

Abschließend steht der Rest der Zeit für ein offenes Gespräch über die Erfahrung aus der Disziplin zur Verfügung (◘ Tab. 19.1):

◘ Tab. 19.1 Schritte der Trainerposition im Zirkeltraining

Schritte	Zeit
Ich bin mein eigener Trainer ...	eine Minute je TeilnehmerIn (insgesamt ca. fünf Minuten)
Gefühle zum Gesagten und Gehörten	eine Minute je TeilnehmerIn (insgesamt ca. fünf Minuten)
Abschlussreflexion	ca. zehn Minuten

19.10 Regeneration

(Material: Sitzmöbel oder Matten)

Das Feld der Regeneration kann einfach mit Matten ausgelegt sein oder alternativ eine Sitzecke. Es ist das Pause-Feld, an dem die SchülerInnen frei entscheiden, was sie machen möchten. Sie können im Gespräch die vorangegangenen oder bevorstehenden Disziplinen reflektieren, Beobachtungen und Erfahrungen austauschen oder sich schlicht erholen.

Dieses Feld ist ein Pflichtfeld. Es sollte nicht abgewählt werden. In der Pause passiert oft vieles, was die Transferwirksamkeit erhöht. Die SchülerInnen schreiben sich etwas auf, merken sich etwas oder verabreden sich zum Lernen. Je weniger dieses forciert oder gelenkt wird, desto höher ist die intrinsische Motivation der SchülerInnen zur Umsetzung.

19.11 Gesamtkonzeption dieses Formats

Die vorangegangenen Stationen sind Beispiele, suchen Sie sich Disziplinen aus, die Sie als geeignet für die Klasse empfinden oder erfinden Sie neue ganz eigene Disziplinen. Beachte Sie dabei, dass Sie ein Pause-Feld, also die Disziplin Regeneration, in jedem Fall mit einbauen.

Disziplinen repräsentieren unterschiedliche Lernstrategien. So spricht der Sprint z. B. primär kognitive Lernstrategien an. Bei der Disziplin Bock wird auf motivational-emotionale Lernstrategien geschaut. Der Staffellauf nimmt Aspekte von Raum und Zeit in den Fokus und schaut somit besonders auf Stützstrategien (vgl. Biesel, 2025, S. 423–447). Last but not least schaut die Trainerposition auf die Selbstbeobachtung und Selbststeuerung und somit auf die enorm wichtigen metakognitiven Lernstrategien. Achten Sie bei der Auswahl der Disziplinen auf eine große Varianz, stellen sie diese so zusammen, dass möglichst viele Bereiche abgebildet werden. Es geht schließlich beim Zirkeltraining darum, unterschiedliche Muskelgruppe zu trainieren.

Hinweis

Sie können auch die Durchführung des Zirkeltrainings als Aufgabe in die Klasse geben. So können SchülerInnen selbst weitere Disziplinen entwickeln. Sie lernen moderative und kollaborative Fähigkeiten. – Auch ist es möglich, diese Aufgabe als Teil der Begabungsförderung (Akzeleration) einzusetzen.

Skalierung in der Klasse

Inhaltsverzeichnis

Ergänzende Information Die elektronische Version dieses Kapitels enthält Zusatzmaterial, auf das über folgenden Link zugegriffen werden kann [https://doi.org/10.1007/978-3-662-71009-8_20].

V. Biesel, *Praxishandbuch Ressourcenorientiertes Lerncoaching im Gruppenformat*,
https://doi.org/10.1007/978-3-662-71009-8_20

Die Methode der Skalierung lässt sich sehr schnell und einfach als Klassencoaching umsetzen.

20.1 Varianten der Skalierung

Es gibt unterschiedliche Varianten, im Folgenden werden einige Beispiele beschrieben:

- Klassenskalierung mit Mini-Interview (Einen Schritt vor, s. ► Abschn. 19.1)
- PartnerInnenübung zur Skalierung (Powerline, s. ► Abschn. 20.5)
- Lernprozessbegleitung mit Skalierung (Zauberstab, s. ► Abschn. 20.6)
- Prüfungsvorbereitung mit der Affektbilanz (Mastermischpult, s. ► Abschn. 20.7)

Alle Formate gründen auf die Anwendung der Methode des Skalierens, wie sie auch im Einzelcoaching Anwendung findet (vgl. Biesel, 2025, S. 290–299). Zunächst geht es also darum, den SchülerInnen die Methode des Skalierens zu erklären.

20.2 Exkurs Skalierung

Blickfang

Sofern Sie mit der Methode des Skalierens vertraut und sicher in ihrer Anwendung sind, können Sie diesen Exkurs überspringen.

Die Methode der Skalierung ist ein Instrument, welches einen guten Umgang mit komplexen Situationen und Gefühlslagen ermöglicht und einen Gesprächsleitfaden für ein solches Gespräch bietet.

Im Lerncoaching mit einzelnen SchülerInnen wie auch im Rahmen von Klassensettings geht es oft darum, das Lernen zu verändern – es zu verbessern, z. B.

- *„es einfacher zu machen“,*
- *„es leichter zu machen“,*
- *„es schneller zu machen“,*
- *„effektiver zu lernen“,*
- *„mehr Spaß dabei zu erleben“.*

Selbst wenn der Veränderungswunsch vom Schüler oder der Schülerin noch nicht so explizit benannt werden kann, können unterschiedlichste Themen skaliert werden, so z. B.

- die Vorbereitung auf eine anstehende Klausur oder einen Test,
- die Motivation zu einem Unterrichtsthema,
- ein bestimmtes Fach im Allgemeinen,
- ein bestimmtes Thema in einem Fach,

- ein/e bestimmte/r LehrerIn/MitschülerInnen/Eltern,
- Konzentrationsfähigkeit,
- Prüfungsangst,
- Motivation
- u. v. m.

Im Rahmen von Klassencoaching können je nach Format Themen vorgeben oder frei gewählt werden.

Zunächst zeichnet der Coach, im Klassencoaching der Schüler/die Schülerin, der/die das Interview führt, eine Strecke horizontal auf ein Papier und schreibt unten eine 0 und oben eine 10 an die Enden (s. Abb. „Skalierung von 0 bis 10“).

Abb. Skalierung von 0 bis 10. (© Volker Biesel 2026. All Rights Reserved)

Alternativ kann auch die Skalierung von 🙁 bis 😊 erfolgen:

Abb. Skalierung von 🙁 bis 😊. (© Volker Biesel 2026. All Rights Reserved)

Achtung

Achten Sie darauf, bei einer Skala keine Einteilung vorzunehmen. Dies erleichtert es dem Schüler/der Schülerin, rein intuitiv einen Punkt auf der Skala zu finden (vgl. Biesel, 2025, S. 128–132 und S. 290–299).

Fallbeispiel Wochentag

Um die Skalierung schnell im Klassencoaching zu erklären, hilft ein Beispiel. Zunächst werden die SchülerInnen aufgefordert, eine Skalierung in Form einer vertikalen Strecke mit einer 0 am unten Rand und einer 10 am oberen Rand zu zeichnen. Der Klassencoach sollte diese nach dem Muster der Abb. "Skalierung von 0 bis 10" oder der Abb. „Skalierung von 🙁 bis 😊" vorzeichnen.

An diesem Beispiel kann dann die Skalierung erklärt werden. Der Klassencoach kann das am besten praktisch mittels einer Skalierungsfrage aufzeigen. Z. B. könnte man die SchülerInnen fragen:

- *„Wie gut findet Ihr den <aktueller Wochentag>? – Wenn auf dieser Linie 0 bzw. 🙁 bedeutet: ‚Ich mag diesen Tag gar nicht, er hat nichts Positives, und ich würde ihn am liebsten für alle Zeit aus meinem Kalender streichen' und 10 bzw. 😊 bedeutet: ‚Das ist für mich der absolut beste Tag der Woche, am liebsten wäre mir eine Woche mit sieben <aktueller Wochentag im Plural>.'. – Zeichnet mal bitte schnell alle ein Kreuz ein, wie gut Ihr den <aktueller Wochentag> findet!"*

Die Schüler zeichnen individuell ein Kreuz ein, z. B. so:

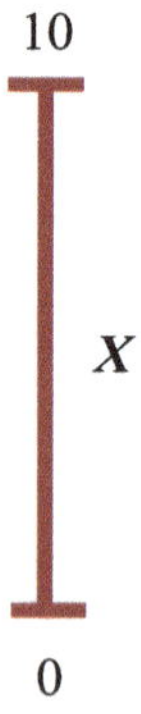

Abb. Skalierung von 0 bis 10 mit Kreuz. (© Volker Biesel 2026. All Rights Reserved)

Hinweis

Im Kontext von Lerncoaching ist es außerordentlich hilfreich, die Enden der Skalierung als sehr pointierte Extreme zu beschreiben, da es die erlebte Position für den/die SchülerIn relativiert (vgl. Biesel, 2025, S. 290–299).

Die subjektive ‚Bewertung' mittels der Skalierung durch den Schüler/die Schülerin sollte möglichst intuitiv stattfinden. Durch den Klassencoach sollte ferner angeleitet werden, dass

- es hilfreich ist, das Kreuz *„mal ganz schnell"* zu machen und
- es bei der Arbeit mit der Skalierung wichtig ist, dass der Schüler/die Schülerin sein/ihr Kreuz selbst setzt – mit der eigenen Hand.

Hinweis

Zunächst ist wichtig, dass die erste affektive Skalierung eher aus dem Unbewussten (schnell und körpernah) erfolgt. Dann kann das Ganze mit dem bewussten Verstand ausgewertet werden und ein Wert (wie 4,5) benannt werden. Auch diese Dezimalzahl ist nicht rein kognitiv, sondern häufig auch aus einem Gefühl heraus, denn die wenigsten SchülerInnen werden den Wert mit einem Lineal messen und ermitteln.

Nun ist der generelle Umgang mit der Skala bekannt, und der Klassencoach kann die gesamte Methode erläutern. Der Ablauf in dieser Arbeit folgt dabei folgendem Schema, welches visualisiert werden sollte:

(Lern)Thema festlegen

1. (Lern)Thema skalieren (nach derzeitigem Befinden)
2. Ressourcenorientiertes Interview
3. Wunsch-/Zielwert einzeichnen
4. Entwicklung von ersten Handlungsschritten

Der Punkt 1 entfällt, sofern das Thema im Rahmen des Klassencoachings vorgeben wurde. Sollen die SchülerInnen und Schüler jedoch das Thema in dem Peercoaching selbst wählen, ist auf diesen Punkt als ersten Schritt hinzuweisen.

Der Punkt 2 ist schnell gemacht, dort geht es nur um das erste intuitive Kreuzchen.

Der Punkt 3 beschreibt die anschließende ressourcenorientierten Befragung. In diesem Rahmen wird das positive Erleben verstärkt. SchülerInnen gewinnen Erkenntnisse zu ihrem bereits gelingenden Lernen und können z. B. bereits erfolgreich angewandte Lernstrategien erkennen und ausbauen.

Um diese Schritte möglichst zu konkretisieren, kann der Klassencoach in der Anleitung auf ein Lernbeispiel wechseln, so wird nach dem leichteren Einstieg nun die Sinnhaftigkeit des Klassencoaching bezogen auf das eigene Lernen deutlich.

Der Klassencoach beschreibt folgenden Fall:

Fallbeispiel: Skalierung Lernfortschritt Englisch

Der Klassencoach kann in das Fallbeispiel z. B. einsteigen, indem er sagt:

- *„Ich werde Euch nun ein Beispiel geben. Dabei werde ich viele Beispielfragen nennen, die sich für ein Skalierungs-Interview anbieten. Ihr braucht Euch diese nicht im Einzelnen zu merken oder aufzuschreiben. Ihr bekommt einen Interviewleitfaden. Dort sind diese Fragen drauf. Ihr habt sozusagen einen Spickzettel für das Interview."*

Bewertet Euer Mitschüler seinen Lernfortschritt bezogen auf Englisch (sollte das Thema im Klassencoaching vorgegeben sein, sollte dieses Beispiel analog zu dem Thema umformuliert werden), z. B. so

Abb. Skalierung mit Ist-Zustand. (© Volker Biesel 2026. All Rights Reserved)

Der Schüler in der Rolle des Coaches kann schon jetzt mit dem ressourcenorientierten Fragen zu dieser Einschätzung beginnen:

- *„Wie ist es Dir gelungen, bis auf diesen Punkt zu kommen?"*
- *„Was hast Du dafür/dazu getan?"*
- *„Wie genau hast Du das gemacht?"*
- *„Wie ist es Dir dabei besonders gut gelungen?"*

Nach Beantwortung dieser Fragen ist es hilfreich, nachzufragen, ob es weitere Aspekte gibt. Daher folgt die Frage:

- *„Und? – Was hast Du noch dafür getan? … Und was noch?"*

Auch wenn nun Euer Mitschüler hier Einwände formuliert im Sinne von:

- *„Ich bin ja gar nicht so gut, das Kreuz zeigt ja eben, dass ich schlecht bin."*

so kann der Schülercoach auch das aufnehmen und dennoch im ressourcenorientierten Modus bleiben. Er könnte fragen:

- *„Wie ist es Dir gelungen, dass Du nicht noch schlechter bist?"*
- *„Was hast Du dafür getan, nicht weiter abzusinken?"*
- *„Und was noch? … Und was noch? … Und was noch?"*

Der Klassencoach fährt mit der Anleitung fort:

- *„Im nächsten Schritt ist es hilfreich, danach zu fragen, wo der Euer Mitschüler gern wäre. Euer Mitschüler soll nun ein zweites Kreuz machen."*

Der Klassencoach macht ebenfalls dieses zweite Kreuz. Er kann dabei erwähnen, dass es nicht ungewöhnlich ist, dass das Kreuz nicht ganz oben ist, denn die Pole sind ja die Extreme. 0 bedeutet, dass ich nicht mal das Wort „cool" richtig aussprechen kann, sondern „Kohl" dazu sage, und 10 bedeutet, Englisch auf dem Niveau von Shakespeare zu sprechen.

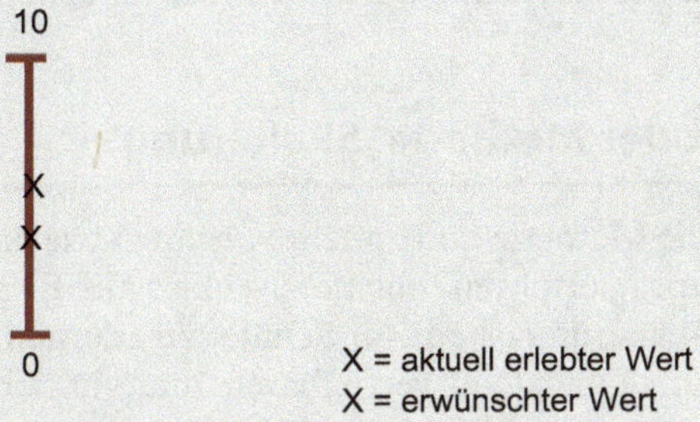

Abb. Skalierung mit Ist- und Soll-Zustand. (© Volker Biesel 2026. All Rights Reserved)

Und auch im Anschluss hieran geht es darum, weiter ressourcenorientiert in die Affektbilanz hineinzufragen und dazu die SchülerInnen jeweils zu kleinen Schritten einladen. Die Fragen zielen dabei auf die Entwicklungsrichtung in Richtung des erwünschten Werts.

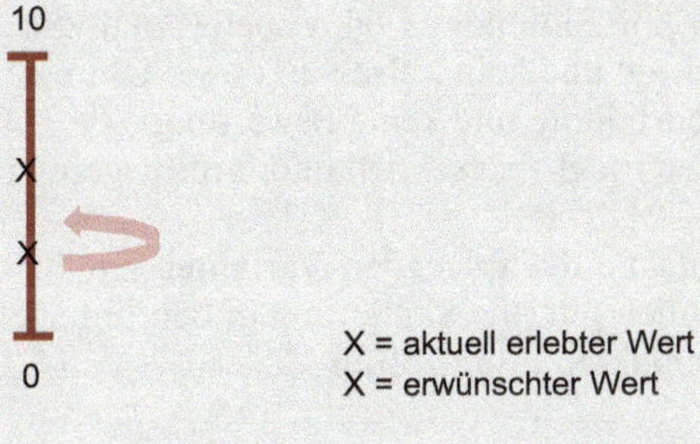

Abb. Skalierung und erster Schritt. (© Volker Biesel 2026. All Rights Reserved)

Fragen zur gewünschten Veränderung sollten nach folgendem Muster gestellt werden:

- *„Wie gelingt es Dir, auf der Skala ein Stückchen in Richtung Deines erwünschten Wertes/nach oben zu kommen?"*
- *„Welche Ideen hast Du noch dazu?"*
- *„Was könntest Du noch tun, um ein Stückchen weiter in Deine gewünschte Richtung zu kommen?"*

Am Ende der Arbeit mit der Skalierung hilft es, noch mal den Mitschüler zu fragen:

- *„Was wären die Dinge, die Du nun anders machen würdest?"*

Der Klassencoach weist im Falle eines Peercoaching-Formats abschließend noch darauf hin, dass die SchülerInnen nun die Rollen wechseln.

So oder ähnlich könnte die Anleitung durch den Klassencoach erfolgen.

20.3 Wirksamkeit der Methode ‚Skalierung'

Sofern Sie mehr über die Methode und andere Varianten wie die doppelte Skalierung oder die Wunderskalierung erfahren möchten, sei hier auf Biesel (2025) verwiesen.

Die Methode der Skalierung ist gut für Schüler zu erlernen, die vier Schritte sind einfach und mit dem im Download verfügbaren Interviewleitfaden (➔ Download Skalierung Schülerpeerinterview) leicht durchführbar.

Dennoch sind die Details der Anleitung wichtig, um die Methode möglichst wirksam werden zu lassen.

Im Rahmen von Klassencoaching ist über die Methode hinaus darauf zu achten, dass folgende, teilweise oben bereits erwähnte Dinge deutlich – gern durch redundante Wiederholungen (s. Hinweis II: Redundante Anleitung in ► Abschn. 28.5) – benannt werden:

- Eine Skala hat keine Einteilung (vgl. visuelle Analogskala).
- Es gibt kein ‚richtig' und kein ‚falsch' in dieser Übung.
- Es gibt keine Beurteilung und keine Bewertung.
- Die Kreuze sollen möglichst schnell und intuitiv gesetzt werden.

Diese Anleitung ist für alle der folgenden Varianten zur Skalierung in der Klasse voranzustellen. Es ist auch gut, die Skalierung in den unterschiedlichen Formen zu unterschiedlichen Zeitpunkten durchzuführen.

Hinweis

Die Skalierung sollte für die Folgetermine dann nicht vorausgesetzt werden, sondern erneut angeleitet werden. Die Wiederholung ist ein wesentlicher Faktor für das Lernen. So kann die Methode des Skalierens zur DNA der Klasse werden.

Neben der positiven Einzelwirkung durch das Coaching für jede/n SchülerIn haben diese Methoden auch weitergehende Wirkung. Sie sind haltungsbildend und haben so bei regelmäßiger Praxis einen positiven Effekt auf das Klassenklima. Die wiederholte Anwendung der Skalierung verändert die Kultur in der Klasse von einem Defizitfokus in einen Ressourcenfokus. Die Klasse selbst entwickelt Coaching-Kompetenzen und wird lösungsorientierter im Sinne der zweiten Dimension des 3D-LernCoaching®-Ansatzes (Biesel, 2025).

20.4 Einen Schritt vor – Klassenskalierung mit Mini-Interview

Mit dieser Form der Skalierung wird zuerst eine ‚minimalistische Lernstanddiagnose' erhoben und dann ein Lernentwicklungsgespräch geführt. Es wird zunächst innerhalb von Sekunden ermittelt, wo die SchülerInnen in ihrem subjektiven Erleben bezogen auf den Lernfortschritt stehen. Zu diesem Zweck erläutert der Lehrer (Lerncoach) kurz die Skalierung, bittet die SchülerInnen einen Stift zur Hand zu nehmen und aufzustehen, dann definiert er die zwei Wände des Klassenzimmers als Anfang und Ende der Skala. Hilfreich ist es, an die eine Wand ein ☹ und an die andere Wand ein ☺ zu hängen.

Hinweis

In den meisten Fällen, und vor allem bei großen Klassen, sollte man auf größere Räume ausweichen. Der Flur ist häufig sehr gut dafür geeignet und auch in unmittelbarer Nähe. Bei gutem Wetter bietet sich der Pausenhof an.

Ist ein Raum mit genügend Platz gefunden, beginnt der Klassencoach mit der Anleitung, dabei kann er die beiden Pole (vgl. Biesel, 2025, S. 290–299) mit einem Augenzwinkern in einer übertriebenen Form beschreiben:

- *„Diese Wand dort bedeutet: ‚Ich habe überhaupt keine Ahnung, was die Französische Revolution ist, ich dachte, das wäre etwas zum Essen.' Die Wand gegenüber bedeutet: ‚Ich habe bereits meine Doktorarbeit zu diesem Thema verfasst.' Wo steht Ihr? Stellt Euch alle auf, dort wo Ihr meint, dies entspricht Eurem Lernfortschritt. Es gibt dabei kein ‚richtig, und kein ‚falsch'. Schaut einfach, wo es sich für Euch richtig anfühlt."*

Jetzt werden sich die SchülerInnen aufstellen.

Hinweis I

Schülerinnen und Schüler werden sich in dieser Gruppensituation anders aufstellen, als würden sie diese Übung zu zweit oder gar allein durchführen. Sie werden schauen, wo andere stehen und sich auch danach ausrichten. Einige werden auch einfach dort stehen wollen, wo ihre engsten Freunde stehen oder diejenigen, mit denen sie sich aus anderen Gründen identifizieren möchten. Lassen Sie es geschehen! Für diese Übung ist dies kein Nachteil. Ein Eingreifen durch den Klassencoach an dieser Stelle wäre jedoch hinderlich, da es das subjektive Erleben – ob nun durch die Peergroup beeinflusst oder nicht – stört. Lassen Sie es in der Selbstverantwortung des Schülers/der Schülerin.

Hinweis II

Bedenken Sie in diesem Zusammenhang, dass die Ankündigung des Klassencoachings als bewertungs- und beurteilungsfreier Raum (vgl. Aspekt der Bewertungsfreiheitin ► Abschn. 1.3.1) hier ebenfalls positiven Einfluss auf die Freiheit der Skalierung hat. Erinnern Sie an dieser Stelle gegebenenfalls noch mal daran.

Der Ist-Zustand ist nun für alle SchülerInnen gefunden. Jetzt geht es darum, den bisherigen Erfolg zu würdigen und anzuerkennen:

- *„Schaut mal zurück. Dreht Euch mal um!"*

Der Lehrer zeigt in Richtung ⊗ und stellt sich selbst so hin, dass er in diese Richtung schaut:

- *„Diesen Weg seid Ihr schon gegangen, das habt Ihr schon gelernt. Wie ist Euch das gelungen?"*

Hinweis

Jetzt mag es sein, dass einige SchülerInnen noch gar nicht weit gekommen sind und hier vielleicht auch zum Klassenkasper mutieren. Dennoch sollten auch diese hier ernst genommen werden und eine Gelegenheit bekommen, auf das kleine Stück zu schauen.

Die Schülerinnen und Schüler sollen jetzt ihren engsten Nachbarn/ihre engste Nachbarin in dieser Aufstellung wählen und mit ihm/ihr wechselseitig in ein Gespräch gehen. Sie sollen sich gegenseitig darüber austauschen, wie es ihnen gelungen ist, bis zu diesem Punkt zu kommen. Dazu dienen folgende Leitfragen, die entweder am Smartboard oder auf Arbeitsblättern den SchülerInnen als Vorlage dienen:

- *„Wie hast Du es geschafft, bis hierher zu kommen?"*
- *„Was hast Du dazu getan?"*
- *„Was waren Deine ersten Schritte?"*
- *„Wie ist es Dir gelungen?"*

Im nächsten Schritt gilt es, den Unterschied zum individuellen Soll-Zustand zu ermitteln:

- *„Dreht Euch jetzt mal wieder um, sodass Ihr in Richtung des positiven Smileys schaut, also in Richtung ‚Doktorarbeit'. Bitte legt jetzt Euren Stift an die Stelle, an der Ihr gerne wärt. Wo wäre der Punkt, an dem Ihr sagen würdet: ‚Wenn ich hier bin, ist das okay, hier würde ich mich wohl fühlen.' Dort legt Ihr Euren Stift hin, und begebt Euch zurück an die Position, an der Ihr jetzt steht."*

Sobald die Schülerinnen und Schüler diesen Punkt identifiziert und durch ihren Stift markiert haben, sollen sie sich wieder auf den Ist-Zustand begeben. Dieses mag etwas dauern, die SchülerInnen sollten aber angehalten werden, die Entscheidung schnell zu treffen – rein aus der Intuition.

Jetzt beginnt das zweite Interview mit dem Fokus auf die Entwicklungsschritte. Dabei, und das sollte ebenfalls den SchülerInnen mitgeteilt werden, geht es nicht darum, von Ist auf Soll zu springen, sondern vielmehr zu schauen, welcher der erste *kleine* Schritt in die erwünschte Richtung sein könnte.

Merke

Veränderung geschieht in kleinen Schritten (Biesel, 2025, S. 290–299)

Leitfragen für diesen zweiten Interviewteil (Smartboard oder Arbeitsblatt) könnten sein:

- *„Was könntest Du tun, um noch einen kleinen Schritt weiter in Richtung Deines erwünschten Zustandes zu kommen?"*
- *„Was wäre das Erste, was Du verändern könntest, um Dich in die Richtung Deines Stiftes zu bewegen?"*
- *„Hast Du eine Idee, was Dir hilft, einen Schritt nach vorn zu gehen?"*
- *„Welche Ressourcen aus Deinem bisherigen Weg, der hinter Dir liegt, könnten Dir helfen, ein Stückchen weiter zu gehen?"*

Die SchülerInnen können sich im Anschluss Notizen über die gewonnenen Ideen machen. Auch eine Reflexion, z. B. eine Woche später, wäre sinnvoll. Die schlichte Empfehlung in der Folgewoche ist, das, was gelungen ist, weiterzumachen und das, was nicht funktioniert hat, anders zu machen. So banal sich das anhört – es ist doch so wirkungsvoll (Biesel, 2025, S. 101–107).

20.5 Powerline – PartnerInnenübung zur Skalierung

Die Powerline ist eine weitere Form der Skalierung. Bei dieser Übung geht es mehr ins Detail. Die SchülerInnen haben die Möglichkeit, sich intensiv und im Rahmen einer dialogischen Auseinandersetzung mit dem eigenen Lernerfolg zu beschäftigen, Entwicklungsschritte zu entwerfen und konkret vorzubereiten.

Nach der Erläuterung der Skalierungsmethode (s. ► Abschn. 20.1) finden sich Zweiergruppen, die sich gegenseitig mittels der Skalierung coachen. Alle SchülerInnen erhalten dazu ein ca. 1,2 m langes Papier (Breite ca. 0,3 m), auf dem eine Skalierungslinie aufgezeichnet ist, an deren Enden ein ☺ und ein ☹ sind (s. Abb. „Powerline").

Diese sogenannte Powerline finden Sie in einer entsprechenden Variante im Downloadbereich als Vorlage (➔ Powerline).

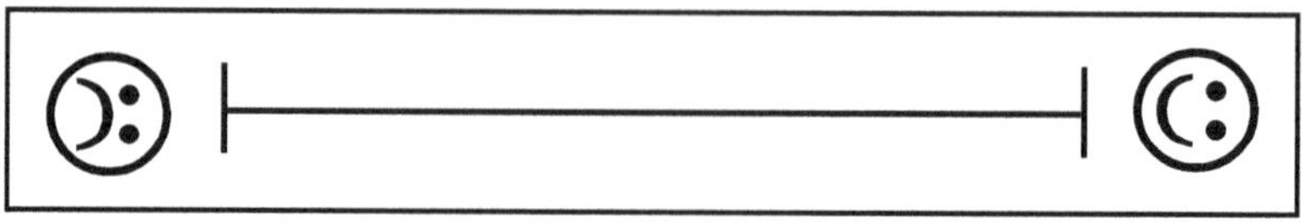

■ Abb. Powerline. (© Volker Biesel 2026. All Rights Reserved)

Die Powerline als Papiervariante hat viele Vorteile. Sie kann

- von den SchülerInnen auf dem Abschnitt, der bereits erreicht wird, mit den Ressourcen beschriftet werden,
- dazu dienen, einzelne Handlungsschritte in die erwünschte Richtung darauf zu dokumentieren und
- als Erinnerungshilfe im Zimmer des Schülers/der Schülerin aufgehängt werden.

Viele Drucker in Schulen ermöglichen einen Bannerdruck. Mit dieser Funktion können lange Blätter über den Mehrzweckeinzug des Druckers beschriftet werden. Anderenfalls lohnt es sich, bei einer örtlichen Druckerei oder im Internet die Ausdrucke nach der Vorlage (Downloadbereich: ➔ Powerline) produzieren zu lassen.

Hinweis

Sollte Ihnen das nicht möglich sein, können Sie alternativ aus der Sporthalle Springseile nutzen, an deren Enden Sie gelbe, runde Moderationskarten mit einem ☹ und einem ☺ legen. Die Ressourcen können dann auf Moderationskarten notiert und neben das Seil gelegt werden. Hilfreich ist es, wenn die SchülerInnen sich anschließend ein Foto von ihren eigenen Ressourcen sowie den ersten Schritten machen und (einzelne) Moderationskarten als weitere Erinnerungshilfe mitnehmen.

Achtung

Skalierungsbänder mit Einteilung ‚0–1–2–3–4–5–6–7–8–9–10' reduzieren die Wirksamkeit dieser Methode. Bitte verwenden Sie solche nicht! Nutzen Sie eine visuelle Analogskala (vgl. Kapitel Skalierung bei Biesel, 2025, S. 290–299).

Die Methode lässt eine intensivere Auseinandersetzung mit dem jeweiligen Lernthema zu. Die SchülerInnen bekommen daher als Arbeitsblatt folgenden Interviewleitfaden:

Arbeitsblatt: Interviewleitfaden

Legt zunächst die Rollen fest. Wer ist Coach, wer ist Coachee. Einer nimmt seine Powerline und legt diese auf dem Boden aus. Der andere von Euch stellt Fragen dazu. Bei dem Interview geht es darum, herauszufinden, was bereits gut funktioniert und was Ihr auch noch besser machen könnt, damit Ihr Eure Ziele leichter erreicht.

Zunächst entscheidet der Coachee, welches Lernthema er bearbeiten möchte. (Bei einem durch den Klassencoach festgelegten Thema ersetzen Sie den vorangehenden Satz durch den folgenden: Zunächst widmet Ihr Euch dem Lernthema und unterhaltet Euch kurz darüber, was alles dazu gehört.) Das zu skalierende Lernthema ist nun festgelegt und klar. Im Folgenden geht Ihr für das Interview in drei Schritten vor:

1. Festlegung des Standpunktes
2. Festlegung des erwünschten Zustandes
3. Definition der ersten Schritte

Schritt 1: Festlegung des Standpunktes
Der Coach stellt dem Coachee folgende Fragen bzw. bittet ihn, Folgendes zu tun:

- *„Wenn ☹ bedeutet: ‚Du hast absolut keine Ahnung!‘ und ☺ bedeutet: ‚Du bist der absolute Experte auf diesem Gebiet,‘ – Wo stehst Du dann? Male ein Kreuz auf Deine Skala!“*

Der Coachee malt sein Kreuz.

Jetzt interviewt der Coach seinen Coachee mit folgenden Fragen zu dem bisherigen Erfolg:

- *„Wie ist es Dir gelungen, bis auf diesen Punkt zu kommen?“*
- *„Was hast Du dafür/dazu getan?“*
- *„Wie genau hast Du das gemacht?“*
- *„Wie ist es Dir gelungen?“*

Nach Beantwortung der oben aufgeführten Fragen ist es hilfreich, nachzufragen, ob es weitere Aspekte gibt, daher folgt die Frage:

- *„Und? – Was hast Du noch dafür getan? … Und was noch?“*

Schritt 2: Festlegung des erwünschten Zustands
Der Coach stellt dem Coachee folgende Fragen bzw. bittet ihn, Folgendes zu tun:

- *„Wenn Du Dein Lernen/Thema verbessern wollen würdest, wo auf der Skala würdest Du gerne sein? Wo würde es sich für Dich gut anfühlen? Male da schnell mal ein weiteres Kreuz!“*

Der Coachee malt sein zweites Kreuz.

Schritt 3: Definition der ersten Schritte
Jetzt interviewt der Coach seinen Coachee mit folgenden Fragen zur gewünschten Veränderung:

- *„Wie kannst Du auf der Skala ein Stück weiter in Richtung Deiner Zielmarke kommen?"*
- *„Welche Ideen hast Du noch dazu?"*
- *„Wie gelingt es Dir, auf der Skala ein Stück nach oben zu kommen?"*
- *„Was könntest Du noch tun, um ein Stückchen weiter in Deine gewünschte Richtung zu kommen?"*

Die Ideen schreibt der Coach nun für den Coachee auf dieses Arbeitsblatt. (Rechtschreibung spielt dabei keine Rolle. Schreibt aber so deutlich, dass Euer Mitschüler/Eure Mitschülerin es lesen kann.)

Ideen, um auf der Skalierung ein Stück weiterzukommen:

Nun wechselt Ihr die Rollen und führt das Interview in der anderen Richtung durch.

Dieser Interviewleitfaden ist ebenfalls im Downloadbereich verfügbar (→ Interviewleitfaden zur Powerline).

20.6 Zauberstab – Lernprozessbegleitung mit Skalierung

Der Zauberstab eignet sich bei jüngeren SchülerInnen und besonders dann, wenn diese in Phasen selbstorganisieren Lernens sind. Die SchülerInnen sollten mit der Skalierung vertraut sein. Sie haben sich einen Zauberstab in ca. 30 cm Länge gebaut, den sie selbst nach eigenen Vorlieben gestaltet haben. Dieser Zauberstab hat auf der einen Seite ein ☺ und auf der anderen Seite ein ☹, alternativ vielleicht auch ein ⊕ und ein ⊖. Der (Skalierungs)Zauberstab kann aus einer Papierrolle, einem Rundholz oder einer Holzlatte gemacht sein.

Achtung

Bitte nicht aus seinem Lineal erstellen, denn die Einteilung eines Maßstabes ist kontraproduktiv, da es sich um eine Analogskala handeln soll (s. Hinweis in ► Abschn. 21.2; vgl. Biesel, 2025, S. 290–299).

Der Zauberstab erhält eine flexible Markierung. Dies kann ein Gummiband, ein Dichtungsring, ein Haarband oder eine Wäscheklammer sein. Die Schüler werden gebeten, im Lauf der Phasen des selbstgesteuerten Lernens eine Skalierung an ihrem Zauberstab vorzunehmen, wie sie beim Lernen vorankommen. Der Lehrer bzw. Klassencoach kann nun durch bloße Inaugenscheinnahme des auf dem Tisch liegenden Zauberstabs erkennen, wie die SchülerInnen ihre Lernfortschritte subjektiv einschätzen, und so an den entsprechenden Stellen Hilfe oder Unterstützung anbieten.

Hinweis

Es ist nicht ausreichend, ausschließlich den SchülerInnen Hilfe anzubieten, die ihren Lernfortschritt als gering einstufen. Von Zeit zu Zeit sollte auch mit den High Performern ins Gespräch gegangen werden. Z. B. kann auch jemand, der seinen Lernfortschritt mit ca. 80 % sehr positiv skaliert, unglücklich oder sogar frustriert sein, dass er keine 95 % erreicht.

Als Lernprozessbegleiter können Lehrpersonen bzw. Lerncoaches dann sogar den Erfolg ihrer Intervention an der Skalierung ablesen. Auch ist es möglich, diese in die Beratung der SchülerInnen mit einzubinden, nach dem Motto:

- *„Wie kann ich Dir helfen, dass Du ein Stück weiter nach oben kommt auf Deinem Zauberstab?"*
- *„Was müsste passieren, dass Dein Gummiband näher an den positiven Smiley rückt?"*
- *„Ist es möglich, Deinen Zauberstab aufzuladen wie einen Akku? Was müsste dafür geschehen?"*

Es können mit den SchülerInnen auch noch weitere Verabredungen getroffen werden. Z. B., dass wenn der Zauberstab hochkant gestellt wird, ähnlich dem Fähnchen an einem amerikanischen Postkasten, der Schüler/die Schülerin Beratungsbedarf hat. In ganz dringenden Fällen können die SchülerInnen auch ‚das Einhorn machen', indem sie den Zauberstab nehmen und sich vor ihre Stirn halten, im Sinne: *‚Mir steht etwas beim Denken im Wege.'*

20.7 Mastermischpult

DJs stehen am Mischpult. Jedes Mischpult hat Regler, um die einzelnen Kanäle einzublenden, und einen Masterregler, mit dem die Ausgangslautstärke reguliert werden kann. Bei der Methode Mastermischpult ist es ähnlich wie beim Mischen von zwei Songs. Hier geht es nicht um die Regulation von Effekten oder einzelnen Tracks, wie beim DJing, sondern um die Regulation von Affekten, die einen Teil zum Gesamtbefinden beitragen.

Das Mastermischpult ist die Anwendung der doppelten Skalierung, also der sogenannten Affektbilanz (vgl. Coaching mit der Affektbilanz bei Biesel, 2025, S. 349–357), als Klassencoaching-Instrument. Es eignet sich für unterschiedliche Anlässe, z. B. für die Vorbereitung auf eine Klassenarbeit, einen Test oder eine andere Prüfung oder einfach für ein spezifisches Fach, eine neue Sprache oder für das Lernen zu Hause.

Das Mastermischpult kann zu einem in dieser Art vorgegebenen Thema genutzt werden, und es kann auch in der Art eingesetzt werden, dass die SchülerInnen ihr ganz persönliches Thema wählen. Die folgende Methodenbeschreibung zeigt eine freie Themenwahl. Die Vorgehensweise bei einer vorgegebenen Themenwahl ist analog der Arbeit im Einzelcoaching und lässt sich leicht daraus ableiten.

20.7.1 Exkurs Affektbilanz

Bei der Affektbilanz handelt es sich, wie bei der einfachen Skalierung, auch um eine visuelle Analogskala, welche abweichend sowohl positive als auch negative Affekte in zwei Skalen beschreibt. Es wird daher auch als ‚doppelte Skalierung' bezeichnet.

Diese Form der Skalierung kann viel mehr das abbilden, was unsere Psyche erlebt, als eine einfache Skalierung. Denn wir können sehr gut gemischte Gefühle zu etwas – und eben dies wird durch die zweifache Analogskala abgebildet. Nicht nur Dinge wie ‚Weihnachten' oder ‚Schokolade' sind häufig mit gemischten Gefühlen verbunden. Gemischte Gefühle sind eher die Regel als die Ausnahme. Wir haben also positive und negative Affekte zu einer Sache, einer Person oder unserem (Lern-)Thema.

Auch unsere neuronalen Strukturen im Gehirn weisen verschiedene Bereiche auf, die dafür sorgen, dass wir positive und negative Affekte erleben. Mit der Affektbilanz ist es daher möglich, ganzheitlicher zu Arbeiten und durch den doppelten Blick mehr Erkenntnisse und mehr Handlungsoptionen zu generieren.

Diese doppelte Skalierung oder Affektbilanz funktioniert von der Systematik des Vorgehens genau wie die Arbeit mit der Skalierung (s. ► Kap. 20 und Biesel, 2025, S. 290–299), nur eben doppelt und dabei auf einer der Skalen in umgekehrter Richtung im Sinne einer Reduktion des negativen Affektes.

20

Im Gegensatz zu Skalierungen verwendet die Affektbilanz aus dem Zürcher Ressourcen Modell eine Skala von 0 bis 100. Ziel ist dabei, mit der großen Bandbreite die Kognition zu überfordern, denn genau das ist erwünscht: Denn wenn der Verstand überfordert ist, dann gibt er an die intuitive Verhaltenssteuerung ab.

Affektbilanzen haben eine Skala für den positiven Affekt und eine für den negativen Affekt. Sie können zu allen Dingen und Sachverhalten erstellt werden.

Wie die einfache Skalierung sind auch Affektbilanzen höchst persönlich, es gibt hier kein ‚richtig' und kein ‚falsch' – sie sind eine externalisierte Darstellung des subjektiven Erlebens. Als Coach gilt es daher, respektvoll, anerkennend und würdigend damit umzugehen.

Achtung

Ein hoher Wert auf der einen Seite bedeutet mich Nichten einen niedrigen Wert auf der anderen Seite. Die positive Skalierung und die negative Skalierung sind unabhängig voneinander. So kann ein Schüler beispielsweise eine Skalierung zu „Abitur" machen, wobei dieses einen hohen positiven Wert erreicht, weil er sich zum einen darauf freut, das Abitur bald zu haben und dann frei zu sein, zum anderen kann das Wort Abitur gleichzeitig einen hohen negativen Affekt auslösen, da er Ängste vor der Prüfung hat und sich noch nicht genügend vorbereitet fühlt.

Die Affektbilanz kann im Rahmen von Klassencoachings sowohl als Einzelarbeit (Gruppencoaching) angeleitet werden oder auch erklärt und in Zweiergruppen durch die SchülerInnen selbst durchgeführt werden (Peercoaching).

Bevor die Schüler sich gegenseitig (Peercoaching) oder in der Einzelarbeit (Gruppencoaching) mit der Affektbilanz coachen bzw. gecoacht werden, ist es hilfreich, zunächst eine einfache Skalierung zu erklären (vgl. Anleitung Skalierung, ► Kap. 21). Wenn die Schüler/die Schülerin mit der Skalierung schon Erfahrung gemacht haben (empfehlenswert!), lässt sich gut darauf aufbauen, aber auch ohne dieses Vorwissen erklärt sich die Affektbilanz relativ einfach an folgendem Fallbeispiel:

Fallbeispiel: Affektbilanz

Der Klassencoach beginnt, indem er einleitet: *„Wenn man Dinge bewertet, dann gibt es die Möglichkeit, dass man diese mag oder dass man diese nicht mag. Aber wie Ihr wisst, kann es auch sein, dass man Dinge ein bisschen mag oder nicht so gerne mag. Man kann dann z. B. eine Sache bewerten, indem man folgende Skala macht."*

Der Coach zeichnet folgendes Bild:

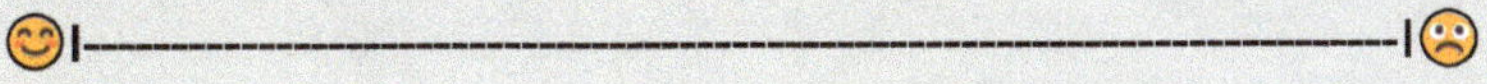

■ Abb. Alltagsskalierung. (© Volker Biesel 2026. All Rights Reserved)

und führt weiter aus: *„Links, bei dem Smiley, seid Ihr, wenn Ihr etwas sehr, sehr gerne mögt, und auf der rechten Seite, wenn Du es überhaupt ganz und gar nicht mögt."*

Der Klassencoach bittet die SchülerInnen, das Bild nachzuzeichnen und mit einem Finger nun ihre subjektive Bewertung zu folgenden Begriffen zu zeigen:

- *Hausaufgaben*
- *Ferien*
- *Bücher*
- *Computerspielen*
- *Lernen*
- *Schlau sein*
- *Sport*
- *Euern Lieblingssport*
- *Obst*
- *Naschi*
- …

Der Klassencoach führt weiter fort:

- *„Vielleicht habt Ihr gemerkt, dass es einige Dinge gibt, bei denen ist es leicht, und dass es Dinge gibt, dort ist es schwerer, genau zu sagen, wo man steht. Das ist auch verständlich, denn unser Gehirn und damit auch unsere Empfindungen funktionieren etwas anders."*

Der Klassencoach zeichnet ein Bild wie und beginnt mit der Arbeit der Affektbilanz.

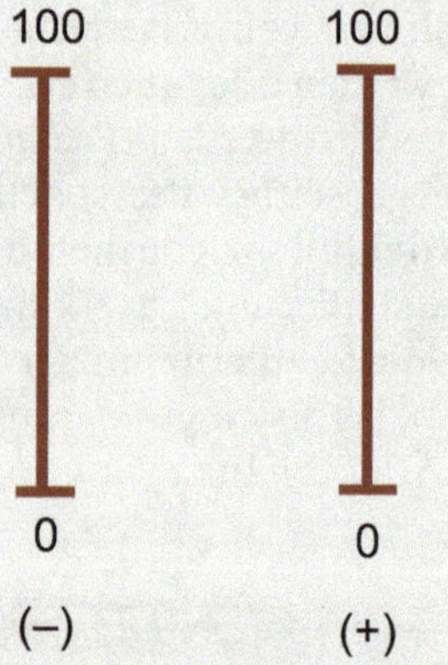

■ Abb. Visualisierung der Affektbilanz. (© Volker Biesel 2026. All Rights Reserved)

- *„Das ist eine Affektbilanz. Sie steht dafür, dass man zu ein und derselben Sache zwei Gefühle haben kann, nämlich einmal ein positives Gefühl und einmal ein negatives Gefühl. Ihr kennt das bestimmt, dass Ihr zu etwas gemischte Gefühle habt."*

Der Klassencoach pausiert und führt dann weiter aus:

- *„Wenn ich Euch z. B. bitte, zu dem Wort ‚Schule' eine Affektbilanz zu bilden, dann könntet Ihr auf beiden Skalen ein Kreuz setzen, denn sicherlich gibt es Dinge, die Euch in der Schule gefallen und Dinge, die Euch in der Schule weniger gefallen. Ihr habt zur Schule also gemischte Gefühle – das ist ganz normal. – Und normal ist auch, dass Ihr alle eine ganz eigene Bewertung habt."*

Den SchülerInnen kann die Affektbilanz (vgl. Abb. „Visualisierung der Affektbilanz“) als eine ‚Übersetzungsarbeit‘ beschrieben werden, eine Arbeit, die es ermöglicht, dass das Bauchgefühl, was noch nicht genau zu fassen ist, nicht begründet und nur schlecht beschrieben werden kann, übersetzt wird in Sprache, sodass Inhalte geklärt und die konkreten Einflussfaktoren benannt werden können. Die Affektbilanz ist sozusagen ein kognitiver Zugang zur Gemütslage (vgl. ‚Coaching mit der Affektbilanz‘ bei Biesel, 2025, S. 349–357).

Auch bei der Arbeit mit der Affektbilanz oder doppelten Skalierung geht es darum, durch ressourcenorientiertes Fragen eben diese Ressourcen zu aktivieren und positive Veränderungen zu initiieren. Es gilt dafür auf beiden Skalen in die gewünschte Richtung zu arbeiten, positive Affekte zu vergrößern und zu mehren und negative Affekte zu verringern.

Die folgende Anleitung im Klassencoaching mit dem Mastermischpult und die Vorlage für ein Interview beschreiben diese Vorgehensweise.

20.7.2 Arbeiten mit der Affektbilanz

Der Klassencoach beginnt, sofern die SchülerInnen die Skalierung noch nicht kennen damit, die Skalierung zu erklären (s. ► Kap. 21 und Biesel, 2025, S. 290–299). Darauf aufbauend erklärt er im Anschluss die Affektbilanz (wie im Exkurs oben beschrieben) und visualisiert dieses entsprechend auf dem Smartboard oder der Tafel (vgl. Abb. „Visualisierung der Affektbilanz“).

Die Schritte zur Arbeit mit der Affektbilanz können, wie folgtangeleitet werden:

Schritte der Arbeit mit der Affektbilanz zur Anleitung im Klassencoaching

1. Lernthema festlegen
2. Lernthema skalieren (nach derzeitigem Befunden)
3. Wunsch-/Zielwerte einzeichen
4. Interview nach Leitfaden (beide Richtungen)

Die Schritte der Arbeit mit der Affektbilanz zur Anleitung im Klassencoaching finden Sie im Downloadbereich (➔ Arbeiten mit der Affektbilanz).

Dieses könnte der Klassencoach in folgenden Worten sprechen:

- *„Als erstes legt Ihr Euer Lernthema, Eure Lernherausforderung fest. Nehmt einfach das, was Euch in Sachen Lernen gerade beschäftigt. Dies kann eine anstehende Klausur oder ein Test sein. Es kann auch ein Unterrichtsthema sein, mit dem Ihr Schwierigkeiten habt, wo es bei Euch nicht so optimal oder auch ganz schlecht läuft. Themen können auch sein: ein bestimmtes Fach im Allgemeinen, ein bestimmtes Thema in einem Fach, ein bestimmter Lehrer, MitschülerInnen, Eltern oder Dinge wie Prüfungsangst, Motivation oder Konzentration oder sonst irgendwas, was Euch beschäftigt. Schreibt es in wenigen Worten oder in einem Wort über Eure Skala. Es braucht nicht vollständig zu sein – nur ein Wort oder wenige Worte für Euch.“*

Alternativ können Sie auch das Thema für die ganze Klasse vorgeben, z. B. die nächste Klassenarbeit. Die Mehrfachnennung einiger Aspekte (vgl. ▶ Abschn. 28.5) in diesem Beispieltext ist beabsichtigt. Dies ist empfehlenswert, damit es auch bei allen SchülerInnen ankommt.

Der zweite und der dritte Schritt gehen dann ganz schnell:

- *„Dann schaut Ihr, wie sich das Thema gerade bei Euch anfühlt. Auf der positiven, wie auch auf der negativen Skala. Macht einfach schnell und ganz aus dem Gefühl heraus die beiden Kreuze, wo es gerade richtig für Euch ist."*

Jetzt sollten Sie Ihren SchülerInnen kurz Zeit geben, die Kreuze zu setzen. Wenn diese das gemacht haben, geht es weiter:

- *„Nun überlegt Ihr Euch auf der jeweiligen Skala die Stelle, die den Punkt beschreibt, wo Ihr hinwollt, wo Ihr sagt: Da ist es besser, da ist es gut."*

Und nachdem die SchülerInnen auch dafür die Zeit hatten:

- *„Im letzten Schritt nehmt Ihr Euch die Fragen von dem Zettel und führt damit ein gegenseitiges Interview durch. Alles ist auf den Arbeitsblättern beschrieben. Jetzt geht mit Eurem Übungspartner oder Eurer Übungspartnerin an die Arbeit. Wir sehen uns in 30 min wieder hier im Klassenraum."*

Eine kleine Reflexion über die Arbeit mit der Affektbilanz kann dieses Klassencoaching abschließen.

Wenn Sie die Skalierungsarbeit häufiger mit Ihren SchülerInnen durchführen, sollten Sie in jedem Fall immer einen PartnerInnenwechsel durchführen. Hilfreich ist es, wenn die Partner nicht eng befreundet sind und sich nicht so gut kennen. Losen Sie daher die Partner einfach zu oder lassen Sie die gesamte Klasse nach ihrem Geburtstag oder nach ihrem Wohnort im Klassenraum aufstellen und dann ergibt sich das Finden der Arbeitspaare dadurch, wer nahe beieinandersteht.

Die SchülerInnen erhalten den folgenden Interviewleitfaden, mit dem sie sich im Peercoaching gegenseitig interviewen können.

Interviewleitfaden für das Klassencoaching mit dem Mastermischpult

Nachdem Dein/e MitschülerIn und Du Eure Affektbilanzen erstellt habt, könnt Ihr Euch gegenseitig befragen.

Legt zunächst die Rollen fest: Eine/r zeigt die Affektbilanz zu seinem/ihrem Thema, der/die andere von Euch stellt Fragen dazu. Bei dem Interview geht es darum, herauszufinden, was bereits gut funktioniert und was Ihr auch noch besser machen könnt, damit Ihr Eure Ziele leichter erreicht.

Für das Interview dienen Euch folgende Fragen.

Fragen zu dem bisherigen Erfolg

- *„Wie ist es Dir gelungen, bis auf diesen Punkt Deiner positiven Skalierung zu kommen?"*
- *„Was hast Du dafür/dazu getan?"*
- *„Wie genau hast Du das gemacht?"*
- *„Wie ist es Dir gelungen?"*

Nach Beantwortung der oben aufgeführten Fragen ist es hilfreich, nachzufragen, ob es weitere Aspekte gibt, daher folgt die Frage:

- *„Und? – Was hast Du noch dafür getan? … Und was noch?"*

Ebenso könnt Ihr zur negativen Skalierung nach dem Erfolg fragen:

- *„Wie ist es Dir gelungen, dass Du auf der negativen Skala nicht noch weiter oben bist?"*
- *„Was hast Du dafür/dazu getan?"*
- *„Und was noch? … Und was noch? … Und was noch?"*

Fragen zur gewünschten Veränderung

- *„Wie kannst Du auf der negativen Skala ein Stück weiter hinunter in Richtung Deiner Zielmarke kommen?"*
- *„Welche Ideen hast Du noch dazu?"*
- *„Wie gelingt es Dir, auf der positiven Skala ein Stück nach oben zu kommen?"*
- *„Was könntest Du noch tun, um ein Stückchen weiter in Deine gewünschte Richtung zu kommen?"*

Nun wechselt Ihr die Rollen und führt das Interview in der anderen Richtung durch. Schreibt Euch hier die Ideen auf, die Ihr habt, um Eure Affektbilanz zu verbessern:

___

___

___

___

___

___

___

___

___

___

Vielleicht habt Ihr auch Ideen, wie Ihr Euch gegenseitig dabei unterstützen könnt:

___

___

___

___

___

___

Dieser Interviewleitfaden ist im Downloadbereich verfügbar (➔ Mastermischpult Interviewleitfaden).

Abschließend kann der Klassencoach die Metaphorik des Namens dieser Methode wieder aufnehmen:

- *„Ihr habt nun gesehen, dass Ihr zu Dingen gemischte Gefühle habt. Ihr habt eine Methode kennengelernt, mit der Ihr Eure Gefühlslagen genauer anschauen könnt, und Ihr habt gesehen, dass Ihr diese regulieren könnt. Ihr habt auch Ideen entwickelt, wie Ihr das macht. Ihr seid nun DJs – Ihr könnt selbst entscheiden, welche Musik gespielt werden soll und damit Eure Gefühlslage beeinflussen. Die Methode könnt Ihr für alles anwenden – Ihr seid dann DJ Eures Lebens."*

Es ist hilfreich, die Methode mehrfach im Jahr mit SchülerInnen durchzuführen. Im Sinne einer Psychoedukation lernen diese die Möglichkeiten der Affektregulation kennen und können deren Anwendung üben. Diese Selbstregulierungskompetenz ist ein wichtiger Teil des Selbstmanagements.

Klassencoaching zu Lernstrategien

Inhaltsverzeichnis

Ergänzende Information Die elektronische Version dieses Kapitels enthält Zusatzmaterial, auf das über folgenden Link zugegriffen werden kann [https://doi.org/10.1007/978-3-662-71009-8_21].

V. Biesel, *Praxishandbuch Ressourcenorientiertes Lerncoaching im Gruppenformat*,
https://doi.org/10.1007/978-3-662-71009-8_21

Auch zu Lernstrategien kann auf verschiedene Arten und Weisen ein Klassencoaching durchgeführt werden. Dabei ist es hilfreich, Klassencoaching von reinen Trainings zu Lernstrategien, die häufig unter dem Motto Lernen-Lernen stattfinden, zu unterscheiden.

Beim Klassencoaching geht es nicht um das Vermitteln von Lernstrategien als solches, sondern um ein Format, welches den SchülerInnen ermöglicht, ihre eigenen Lernstrategien zu finden, diese an die persönlichen Vorlieben anzupassen oder eine ganz eigene Lernstrategie für sich im Rahmen eines solchen Klassencoachings zu erfinden.

Solche Lernstrategie-Gruppencoachings können auf sehr unterschiedliche Weisen durchgeführt werden. Im Folgenden werden beispielhaft drei Varianten beschrieben, wobei die Ausführlichkeit deutlich unterschiedlich ist, da die erste Variante bereits bekannt und die letzte Variante sehr offen ist. In jedem Fall können sie Ihnen als Anregungen dienen.

21.1 Lernstrategie-Café

Das Lernstrategie-Café ist Ihnen bereits annähernd bekannt. Es ist eine Variante des Lernideen-Cafés (► Kap. 14) mit dem Fokus Lernstrategien, also ein Lernstrategie-Café. Dies bietet sich insbesondere dann an, wenn die SchülerInnen von Schwierigkeiten beim Lernen berichten oder sie ihr Lernen optimieren möchten.

Die SchülerInnen können in diesem Format ihre Erfahrungen mit Lernstrategien reflektieren und neue Ideen zur Umsetzung bereits bekannter oder neuer Lernstrategien finden.

Hinweis

Erfahrungen mit Lernstrategien zu haben, meint nicht notwendigenfalls schon Inhalte zum Thema ‚Lernen lernen' konsumiert zu haben, sondern vielmehr, sich mit verschiedenen Formen des Lernens persönlich auseinandergesetzt zu haben. Dies ist bei allen SchülerInnen der Fall, auch wenn es diesen häufig nicht bewusst ist.

Zentrale Frage eines Lernstrategie-Cafés könnte neben der in dem oben bezeichneten Kapitel beschriebenen Frage

- *„Welche Lernstrategien sind hilfreich?"*

auch eine konkrete Frage sein. So kann die Frage genau auf die Wünsche der Klasse abgestimmt sein, Beispiele wären:

- *„Welche Lernstrategien sind die besten, um sich die Inhalte von Texten zu erarbeiten?"*
- *„Wie kann man am besten Vokabeln lernen?"*
- *„Wie gestaltest Du den besten Lernort für Dich?"*

Hinweis

Bitte beachten Sie, dass Sie das Lernstrategie-Café zunächst nur mit einer Frage durchführen. Die Wirkkraft dieses Verfahrens ist die Kollaboration, die starke Vernetzung mit den Ideen anderer Gruppen nach dem Tischwechsel. Dieses kann nur gewährleistet werden, wenn die Frage unverändert bleibt.

Viele schlechte Erfahrungen mit dem Format World Café rühren aus eben dem Fehler in der Moderation, die Fragen zu ändern.

Je nach Vorwissen der SchülerInnen kann man auch auf Fachbegriffe für die unterschiedlichen Lernstrategien fokussieren: Metakognitive Lernstrategien, kognitive Lernstrategien, motivational-emotionale Lernstrategien oder auch andere Unterkategorien (vgl. Biesel, 2025, S. 423–447).

In einer zusätzlichen Runde kann dann mit den Fragen, wie

- *„Was mache ich schon?" oder*
- *„Was will ich ausprobieren?"*

auf konkrete Schritte für jeden Schüler und jede Schülerin abzielen. Diese Fragen stellen sodann eine Weiterführung des World Cafés da und sind zum Transfer der entwickelten Ideen hilfreich. Sie sind im oben genannten Sinne (Hinweis) ‚nur eingeschränkt neue Frage', weil sie sich auf das Erarbeitete beziehen. Dennoch sollte eine derartige weiterführende neue Frage erst nach mindestens drei Runden des World Cafés zu der Einstiegsfrage Anwendung finden. Die Qualität des World Cafés liegt in eben der wiederholenden Beantwortung der gleichen Frage durch unterschiedliche Gruppen und der Integration der Ergebnisse der vorherigen Gruppen (Ergebnis auf der Tischdecke).

Hinweis

Bitte beachten Sie, bei dem Transfer auf Freiwilligkeit zu achten. ‚Hausaufgaben' und Zwang wären nicht im Sinne einer Lerncoaching-Haltung und motivational nicht förderlich.

21.2 Peercoaching mit der Lernstrategie-Pyramide

Im Peercoaching Format können sich SchülerInnen gegenseitig zu Lernstrategien interviewen, hier bietet sich die Lernstrategie-Pyramide als Tool und Leitfaden an.

Die Lernstrategie-Pyramide ist für das Arbeiten im Lerncoaching entwickelt (Biesel, 2025). Mit ihr gelingt es, innerhalb von drei Schritten auf die Ebene von Impulsen zur Veränderung des eigenen Lernens in Form von konkreten Lerntechniken zu kommen.

Im Rahmen dieses Klassencoachings wird in den Peer-Groups jeweils ein Schüler/eine Schülerin von einem anderen Schüler/einer anderen Schülerin interviewt. Je nach Erfragungen mit Klassencoachings in der SchülerInnenklientel kann der Rahmen dabei enger oder weiter gesteckt werden.

Die Pyramide hat – inklusive der Seite, auf der sie steht – vier Seiten. Die erste Seite – das Fundament der Pyramide – ist die *Einstiegsseite*, sie dient auch im Peercoaching zum Einstieg.

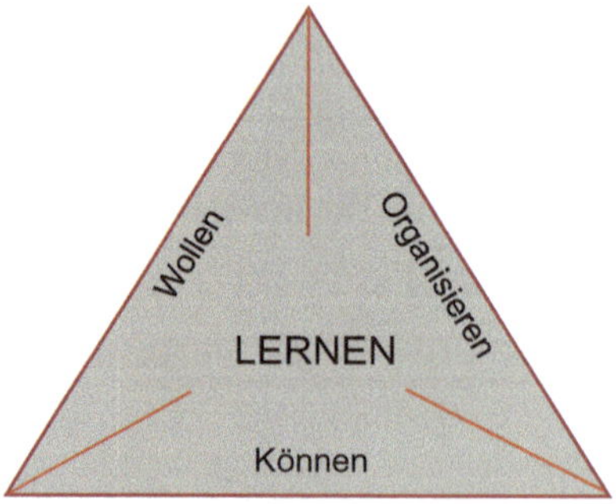

Abb. Lernstrategie-Pyramide Startansicht. (© Volker Biesel 2026. All Rights Reserved)

Mit Blick auf diese Einstiegsseite (s. Abb. „Lernstrategie-Pyramide Startansicht") der Pyramide ist der erste Schritt die Wahl der Lernstrategiekategorie. Mittels dieser Startseite der Pyramide wird dem interviewten Schüler/der Schülerin eine Auswahl gegeben, woran er/sie im Peercoaching arbeiten möchte. Mit drei einfachen Worten werden die Kategorien beschrieben:

- **Wollen**
  (Motivational-emotionale Stützstrategien),
- **Organisieren**
  (Metakognitive Lernstrategien)
- **Können**
  (Kognitive Lernstrategien).

Nach der Entscheidung für eine Lernstrategiekategorie wird die gewählte Seite der Pyramide angeschaut, die sich der Seitenlänge anschließt. Die Pyramide kann, wenn sie denn als Körper vorliegt (Bastelvorlage im Download: ➔ Vorlage Lernstrategiepyramide) entsprechend gedreht werden. So widmet man sich dann den strategischen Unterkategorien.

Sofern der Schüler/die Schülerin *Wollen* gewählt hat, ist die Ansicht der Pyramide nun:

Abb. Lernstrategie-Pyramide Ansicht *Wollen – motivational-emotionale Stützstrategie.* (© Volker Biesel 2026. All Rights Reserved)

Sofern der Schüler/die Schülerin *Organisieren* gewählt hat, ist die Ansicht der Pyramide nun:

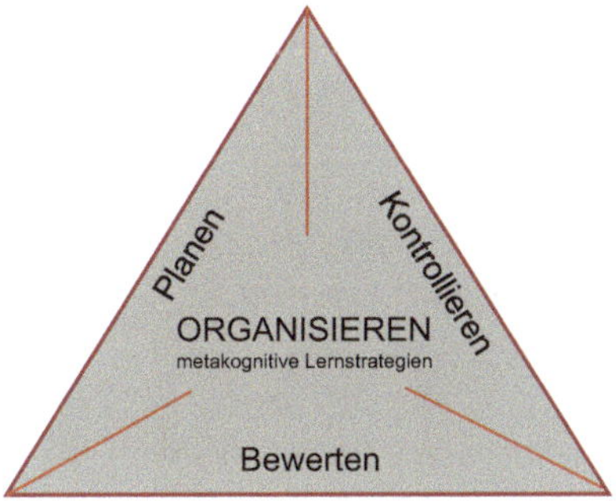

Abb. Lernstrategie-Pyramide Ansicht *Organisieren – metakognitive Lernstrategien.* (© Volker Biesel 2026. All Rights Reserved)

Hat der Schüler/die Schülerin *Können* gewählt, schaut er/sie im Anschluss auf diese Seite:

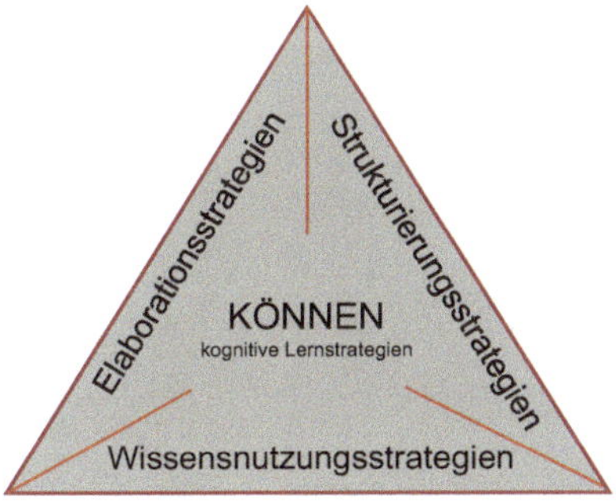

Abb. Lernstrategie-Pyramide Ansicht *Können – kognitive Lernstrategien.* (© Volker Biesel 2026. All Rights Reserved)

Sobald der/die interviewte SchülerIn auch auf der Ebene eine Auswahl getroffen, so folgt im dritten Schritt ein ganzer Fragenkatalog zu diesem Arbeitsfeld.

21.2.1 Interviewleitfaden und Fragenkataloge für Lernstrategie-Pyramide

Der folgende Interviewleitfaden ist sehr umfangreich, er kann sprachlich angepasst und gekürzt werden. Der Interviewleitfaden und die oben angeführten Darstellungen der Pyramidenseiten stehen im Downloadbereich zur (➔ Interviewleitfaden Lernstrategiepyramide) Verfügung.

- **Peercoaching-Interview Lernstrategie-Pyramide**

In welchem Thema bezüglich Deines Lernens möchtest Du Dich verbessern? (Verweis auf Lernstrategiepyramide Startansicht)

- **Organisieren**
  „Beim Organisieren geht es darum, wie Du Dein Lernen planen und Deinen Lernerfolg kontrollieren kannst."
- **Können:**
  „Hier, bei dem Können, geht es darum, wie Du Lerninhalte aufnehmen kannst, wie Du sie strukturierst oder wie Du Dein bestehendes Wissen nutzt, um weiterzukommen."
- **Wollen**
  „Hier geht es darum, wie Du Dich selbst motivieren kannst, wie Du Dein Interesse an dem Thema steigern kannst oder wie Du Deine Erfolge besser feiern kannst."

Im Interviewbogen wähle nun entsprechend der Auswahl Deines Mitschülers/Deiner Mitschülerin

A. für Organisieren
B. für Können
C. für Wollen

A. **Organisieren**

Wähle nun eine der Unterkategorien!

Unterkategorien	Beschreibung
Planen	*„Hier geht es darum, wie Du Dein Lernen so planst, dass es Dir besser gelingt."*
Kontrollieren	*„Das Feld steht dafür, dass Du prüfst, ob das Lernen, so wie Du es geplant hast, funktioniert."*
Bewerten	*„An diesem Punkt bewertest Du Dein eigenes Lernen und schaust, wie erfolgreich Du warst. So kannst Du Dein Lernen stetig verbessern."*

Suche dann entsprechend die dazu aus Deiner Sicht passenden Fragen aus dem unten angefügten Fragenkatalog! Schaue Dir gerne auch anderen Fragen auf dem Blatt an.

Du kannst Deinem Mitschüler/Deiner Mitschülerin nun einzelne Fragen stellen oder ihn/sie fragen, ob die Frage ihm/ihr helfen würde.

Dann schaut Ihr gemeinsam über die Themen und Fragen. Fordere Deinen Mitschüler/Deine Mitschülerin auf, sich drei Dinge vorzunehmen, die er/sie anders machen möchte, um sein/ihr Lernen zu verbessern.

Dann macht Ihr das Interview andersherum.

Schreibt Euch beide die drei wichtigsten Erkenntnisse auf.

____

____

____

____

____

- **Organisieren – metakognitive Lernstrategien**

„Woher weiß ich, wie ich gut lerne? Wie kann ich das prüfen? Wie gelingt es mir, dabei sicher zu sein, dass ich etwas kann?"

- *„Woran bemerke ich, dass ich gut lerne?"*
- *„Wie sieht es aus, wenn ich gut lerne?"*
- *„Notiere ich mir in einem Lerntagebuch, was gut funktioniert?"*

„Wie kann ich mein eigener Lernbeobachter sein?"

- *„Wie gelingt es mir, mich beim Lernen zu beobachten?"*
- *„Was kann ich bei meinem Lernen beobachten?"*
- *„Was funktioniert gut?"*

„Wenn ich gut gelernt habe, was war dann anders?"

- *„Wo habe ich gelernt/gearbeitet? (zu Hause, bei meinen Großeltern, in meinem Zimmer, im Wohnzimmer, im Bett, im Garten, bei/mit Freunden, …)"*
- *„Wie sah mein Lernort aus? (aufgeräumt, gemütlich)"*
- *„Wann habe ich gelernt/gearbeitet? (Tageszeit, Wochentag, vor/nach dem Essen, …)"*
- *„Welche Art von Aufgaben fällt mir leicht/macht mir Spaß? (freies, kreatives Arbeiten, strukturierte Aufgaben, Referate, Arbeitsblätter, Texte lesen, welche Fächer, …)"*
- *„Mit wem habe ich gelernt? (allein, mit Freunden…)"*

„Welche Dinge kann ich beobachten, die mich am Lernen hindern oder es sehr schwer machen? Wie kann ich diese abstellen?"

- *„Was machen Müdigkeit, Hunger, Ablenkung, Handy, Lernort, Auswahl des Lerninhalts und die Wahl der Lerntechnik sowie andere Dinge mit meiner Lernmotivation?“*
- *„Wie kann ich das verbessern?“*
- *„Wie kann ich sicherstellen, dass sich das nicht wiederholt?“*
- *„Habe ich eine Checkliste für erfolgreiches Lernen erstellt?“*

„Wie kann ich mein Lernen planen? Wie kann ich mein Lernen kontrollieren? Wie bewerte ich, ob ich gut oder noch nicht so gut gelernt habe?“

- *„Wie wähle ich den Lernstoff? Was muss ich eigentlich (wirklich) lernen?“*
- *„Mache ich mir einen Plan, wann ich was, wo und in welcher Reihenfolge lerne? (Lerntagebuch, Wecker, Kalender, To-do Liste, Tages- und Wochenplan, …)“*
- *„Mut zur Lücke – Was brauche ich nicht? Wie treffe ich eine Auswahl?“*
- *„Habe ich mir klare Lernziele gesetzt? Sind diese realistisch? Wie und wann prüfe ich, ob ich diese eingehalten habe?“*

„Wie kann ich regelmäßig kontrollieren, ob ich immer noch auf dem richtigen Weg bin?“

- *„Habe ich Zwischenziele?“*
- *„Hilft mir der Wecker, diese zu kontrollieren?“*
- *„Kontrolliere ich meine Zielerreichung nach dem Lernen?“*
- *„Abhaken/Wegstreichen/Post-its zerknüllen/als erledigt markieren – Was hilft mir am besten?“*
- *„Erstelle ich eine To-do Liste für das nächste Mal?“*
- *„Ändere ich meine Lernpläne bei Bedarf?“*

B. **Können**

Wähle nun eine der Unterkategorien!

Unterkategorien	Beschreibung
Elaborationsstrategien	*„Wenn Du beispielsweise etwas liest und anschließend gar nicht mehr genau weißt, was Du gelesen hat, dann helfen diese Strategien, sich Inhalte besser bewusst zu machen und somit besser zu verstehen.“*
Strukturierungsstrategien	*„Strukturieren hilft, um sich den Lernstoff gut einzuprägen. Vielleicht kennst Du das, wenn man die Dinge in einen Zusammenhang, z. B. in eine Reihenfolge/Abfolge/Priorisierung/Kategorisierung bringt, versteht man diese besser.“*
Wissensnutzungsstrategien	*„Oft ist es hilfreich, neues Wissen mit altem Wissen zu verknüpfen, so kann man sich das Neue sehr viel einfacher merken.“*

Suche dann entsprechend die dazu aus Deiner Sicht passenden Fragen aus dem unten angefügten Fragenkatalog! Schaue Dir gerne auch anderen Fragen auf dem Blatt an.

Du kannst Deinem Mitschüler/Deiner Mitschülerin nun einzelne Fragen stellen oder ihn/sie fragen, ob die Frage ihm/ihr helfen würde.

Dann schaut Ihr gemeinsam über die Themen und Fragen. Fordere Deinen Mitschüler/Deine Mitschülerin auf, sich drei Dinge vorzunehmen, die er/sie anders machen möchte, um sein/ihr Lernen zu verbessern.

Dann macht Ihr das Interview andersherum.

Schreibt Euch beide die drei wichtigsten Erkenntnisse auf.

Können – kognitive Lernstrategien

„Wie strukturiere ich den Lernstoff? Wie stelle ich sicher, dass ich es verstanden habe?"

- *„Welche Inhalte muss ich wirklich lernen und welche sind weniger wichtig?"*
- *„Wie gelingt es mir, in Texten nur das Wichtige herauszuarbeiten? (mit Bleistift/Kuli/Textmarker, Haftnotizen, Lesezeichen, Randnotizen, Erstellung eines Index)"*
- *„Wie gelingt es mir, einzelne Abschnitte und Texte mit eigenen Worten zusammenzufassen? (Merksätze, Stichpunkte, Erklärungstexte, Erklärungsvideo)"*
- *„Gibt es wichtige Definitionen und Fachausdrücke, die ich herausschreiben kann?"*
- *„Wie gelingt es mir, die einzelnen Inhalte in ihren Beziehungen zueinander darzustellen? (Cluster, Mindmap, PowerPoint, Lernplakat, Zeichnung…)"*
- *„Kann ich von dem Thema eine Skizze oder ein Diagramm anfertigen?"*
- *„Gibt es Dinge, die ich von meinem Thema noch nicht verstehe? Welche sind das? Wie kann ich das klären? Weiß ich, wen ich dazu fragen kann?"*
- *„Sind meine Notizen so, dass ich sie gerne lese und benutze? (handschriftlich, PC, Papier, Format, Verzierungen, Visualisierungen)"*

„Wie stelle ich Zusammenhänge her?"

- *„Kann ich Beziehungen zu anderen Fächern, Hobbies, Filmen o. Ä. herstellen?"*
- *„Was kann ich mit dem Wissen anfangen? Gibt es einen praktischen Nutzen? Wofür kann ich das verwenden?"*
- *„Wie gelingt es mir, dem Lernstoff eine Bedeutung zu geben?"*
- *„Finde ich etwas ‚Merk-würdiges', etwas Überraschendes, etwas Absurdes, sodass ich mir das leichter merken kann?"*
- *„Was kenne ich schon, was mit dem Lerninhalt zu tun hat? Woran kann mein Lernen anknüpfen?"*
- *„Fällt mir ein konkretes Beispiel zu dem Lernstoff ein oder kann ich mir eines ausdenken?"*
- *„Kann ich Memory-Techniken anwenden? (z. B.: ‚Wenn ich Vokabeln lernen muss, verbinde ich die Wörter zu einer Geschichte.')"*
- *„Welche Lerntechniken kenne ich zu dieser Art von Thema? Wo kann ich welche recherchieren?"*

„Wie hinterfrage ich Informationen kritisch?"

- *„Ist das, was ich lerne, logisch/plausibel?"*
- *„Was wäre, wenn es nicht so wäre, wie es dort beschrieben ist?"*

- *„Was würde ein Kritiker dazu sagen? Wer ist/wäre der größte Kritiker? Was würde er kritisieren?“*
- *„Welche Quellen gibt es, die etwas anderes behaupten?“*
- *„Was an den Lerninhalten sehe ich kritisch?“*

„Wie wiederhole ich das Gelernte sinnvoll?“

- *„Wie oft und in welchen Abständen muss ich etwas wiederholen, damit ich es mir merken kann?“*
- *„Wie gelingt es mir, den Lerninhalt in kleinen Einheiten über mehrere Tage zu wiederholen?“*
- *„Wie kann ich prüfen, ob ich gelernt habe, was ich mir herausgeschrieben habe? (lautes Aufsagen, zeichnen, Podcast erstellen, Eselsbrücke bilden, Lernvideo oder Lernpodcast aufzeichnen)“*
- *„Wem kann ich es erklären? (Eltern, Geschwister, Hund, Teddybär, …)“*
- *„Schaue ich mir den alten Lernstoff an, bevor ich Neues beginne, umso besser anzuknüpfen und schneller lernen zu können?“*

„Kann ich mir das Wichtigste aus dem Lernstoff heraussuchen?“

- *„Wie markiere ich? (unterstreichen, Textmarker, Heftnotizen, Index, eigene Gliederung, eigene Zusammenfassung, …)“*
- *„Wie finde ich die entscheidenden Informationen?“*
- *„Gibt es Schlüsselworte oder Fachbegriffe, die wichtig sind und die mir helfen?“*
- *„Erstelle ich mir eine Zusammenfassung?“*

„Kann ich das Gelernte visualisieren?“

- *„Sind Tabellen/Skizzen/Lernposter oder Mindmaps dafür geeignet?“*
- *„Kann ich selbst Grafiken dazu entwickeln?“*
- *„Womit mache ich die Grafik?“*
- *„Welche KI kann mir dabei helfen?“*

C. **Wollen**

Wähle nun eine der Unterkategorien!

Unterkategorien	**Beschreibung**
Intrinsische Motivation	*„Hier geht es darum, wie Du Deine Motivation steigern kannst, sodass es Dir aus eigenem Antrieb heraus gelingt, ein bisschen mehr lernen zu wollen.“*
Thematisches Interesse	*„Manche Dinge interessieren Dich sicher mehr und manche weniger – dies ist aber veränderbar, und wir könnten prüfen, ob es uns gelingt, dass Dein Interesse an <Lernanlass> steigt.“*
Kompetenzerleben	*„Hier schauen wir, was Du schon kannst und wie es Dir gelingt.“*

Suche dann entsprechend die dazu aus Deiner Sicht passenden Fragen aus dem unten angefügten Fragenkatalog! Schaue Dir gerne auch anderen Fragen auf dem Blatt an.

Du kannst Deinem Mitschüler/Deiner Mitschülerin nun einzelne Fragen stellen oder ihn/sie fragen, ob die Frage ihm/ihr helfen würde.

Dann schaut Ihr gemeinsam über die Themen und Fragen. Fordere Deinen Mitschüler/Deine Mitschülerin auf, sich drei Dinge vorzunehmen, die er/sie anders machen möchte, um sein/ihr Lernen zu verbessern.

Dann macht Ihr das Interview andersherum.

Schreibt Euch beide die drei wichtigsten Erkenntnisse auf.

Wollen – motivational-emotionale Lernstrategien

„Wie kann ich meine Motivation stärken? Bin ich positiv eingestellt und bereit, mich anzustrengen?"

- *„Wie gelingt es mir, mich auch dann anzustrengen, wenn mir der Stoff (zunächst) nicht liegt?"*
- *„Wie schaffe ich es, zügig mit der Arbeit zu beginnen, auch wenn ich mich überwinden muss?"*
- *„Akzeptiere ich, dass Durchhänger und Misserfolge dazugehören?"*
- *„Wie gehen z. B. Sportler, Sänger und andere Promis damit um?"*
- *„Kann ich mir dazu ein Motto wählen, das mir hilft?"*
- *„Ist mir bewusst, dass Erfolg nicht ohne Arbeit zu erreichen ist?"*
- *„Wie haben meine persönlichen Vorbilder das gemacht?"*

„Erholung und Pausen: Gelingt es mir, meine Kräfte richtig einzuteilen?"

- *„Bin ich ausgeschlafen? Wie achte ich darauf, dass ich genug Schlaf bekomme?"*
- *„Wie schaffe ich es, auch in stressigen Zeiten, mir Aktivitäten einzuplanen, in denen ich abschalten kann? (Eis essen, Musik machen, Freunde treffen, Sport machen, …)"*

„Wie plane ich meine Lernzeiten so, dass das Tempo angemessen ist?"

- *„Könnte ein Motto wie ‚Ich laufe meinen Marathon Schritt für Schritt' mir helfen?"*
- *„Wie wäre mein persönlich passendes Motto?"*

„Wie finde ich meinen Rhythmus beim Lernen?"

- *„Wann ist eine Pause angebracht?"*

„Wie sollte diese Pause aussehen? (20 min Powernap, fünf Minuten Lieblingslieder hören, 15 min Bewegungsübungen, …)"

„Was könnte mir noch eine gute Energiequelle sein?"

- *„Wie gelingt es mir, regelmäßig beim Lernen zu trinken?"*
- *„Hilft mir Obst oder ein anderer Snack?"*

„Wie teile ich meine Lernzeit gut ein?"

- *„Ist mein Zeitplan realistisch, sodass ich ihn auch einhalten kann? (tendenziell eher unredlich: Sonntagmorgen 9:00 Uhr, nach dem Feiern)"*
- *„Hilft mir ein Tagesplan/Wochenplan/Monatsplan/Schuljahresplan? Welche digitalen Tools helfen mir?"*
- *„Wo und wann lerne ich was? Wie plane ich das genau? (Bsp.: ‚Ich nutze 15 min Bus auf der Rückfahrt von der Schule, um Vokabeln zu lernen.') "*
- *„Wie gelingt es mir, etwas regelmäßig zu planen, um es zur Gewohnheit werden zu lassen? (Bsp.: ‚Ich lerne meine Vokabeln jeden Tag im Bus.') "*
- *„Wie vermeide ich es, Zeit mit unwichtigen Dingen zu verlieren? (Aufräumen statt zu lernen, alle Buntstifte anspitzen, alte Nachrichten im Chat löschen, …) "*
- *„Wie sorge ich dafür, dass ich mir nicht zu viel vornehme?"*
- *„Wie gelingt es mir, Pausen zu machen und diese auch einzuhalten?"*
- *„Plane ich auch genügend Zeit für Hobbies, Freunde und anderes?"*

„Wie verbessere ich meine Lernumgebung?"

- *„An welchen Plätzen kann ich mich gut konzentrieren?"*
- *„Wie gestalte ich meinen Arbeitsplatz so, dass es mir dort gut geht zum Lernen?"*
- *„Wie sorge ich dafür, dass ich in Ruhe lernen kann? (Ohrstöpsel oder (Noise-cancelling-Kopfhörer, Tür zu, Familie bitten, nicht zu stören oder Schild an die Tür kleben, …)) "*
- *„Wie bekomme ich es hin, mich nicht durch Handy, PC, TV, usw. ablenken zu lassen? („Fokus Timer App", Handy im anderen Zimmer lassen, Flugmodus, …) "*

„Wie können mich andere Personen beim Lernen unterstützen?"

- *„Wie gelingt es mir,mit MitschülerInnen oder jemandem aus meiner Familie ein Lernnetzwerk aufzubauen?"*
- *„Ich bearbeite Aufgaben/Texte mit anderen."*
- *„Ich lasse mich von anderen abfragen."*
- *„Ich spreche mit meinen Freunden über unsere Art zu lernen."*
- *„Wie können mich Freunde und Familienmitglieder darüber hinaus unterstützen?"*
- *„Wer kann mir motivational, mit einem guten Gespräch, leckerem Essen usw. helfen?"*

„Wie gehe ich damit um, wenn mir Informationen fehlen?"

- *„Ich finde die Informationen, die mir fehlen, indem ich"*
  - *jemanden frage (Lehrperson, Eltern, Experte, …) und/oder*
  - *gezielt im Internet/in Büchern/in Zeitungen und Zeitschriften suche (richtige Recherchestrategie anwende, Schlagwortregister, im Internet recherchiere, YouTube, KI frage, …).*
- *„Welche weiteren (digitalen) Lernressourcen kann ich nutzen?"*

„Wie belohne ich mich selbst?“

- *„Wie belohne ich mich, wenn ich:“*
  - *„mein Tagesziel erreicht habe? (Eis essen, Schokoriegel, Netflix, Gaming, …)“*
  - *„wenn ich eine größere Arbeit abgeschlossen habe? (Ausflug, Shopping, …)“*

„Wie gehe ich konstruktiv mit Fehlern/Misserfolg um?“

- *„Was kann ich das nächste Mal besser machen?“*
- *„Wie gelingt es mir, motiviert zu bleiben?“*

„Wie überwinde ich Motivationsprobleme?“

- *„Welches Mottoziel ist passend?“*
- *„Wie sieht mein Lernlogo aus?“*
- *„Wo kann ich mir noch Erinnerungshilfen setzen?“*
- *„Wie kann ich mir meinen Ressourcenpool (ZRM®) aufbauen?“*
- *„Gibt es anderen Lernstoff oder andere Lerntätigkeiten, der bzw. die mich mehr motivieren – mit denen ich zunächst anfangen kann?“*
- *„Gibt es eine hilfreiche Reihenfolge? Kleine oder große Themen zuerst?“*
- *„Wie kann ich mir den Lernort motivierend gestalten? (Kaffee, Tee, Obstsalat, …./Beleuchtung/Sitzplatz)“*
- *„Gibt es besondere Kleidung, die mir beim Lernen hilft (z. B. Jogginghose, Lieblingsshirt)?“*

„Wie finde ich Aufgaben, die mich motivieren?“

- *„Kann ich mir bei möglichen Wahlaufgaben diejenigen aussuchen, die mich interessieren oder die mir Spaß machen?“*
- *„Mit welchen Aufgaben oder welchen Tätigkeiten zu den Aufgaben fange ich an, um mich zu motivieren?“*

Diesen Interviewleitfaden finden Sie ebenfalls im Downloadbereich (→ Interviewleitfaden Lernstrategiepyramiede).

21.2.2 Gesamtstruktur der Lernstrategie-Pyramide

Die oben beschriebene Struktur lässt sich linear eindimensional in Textform wie folgt zusammenfassen:

- *Wollen – Motivational-emotionale Stützstrategien*
  - intrinsische Motivation
  - thematisches Interesse
  - Kompetenzerleben

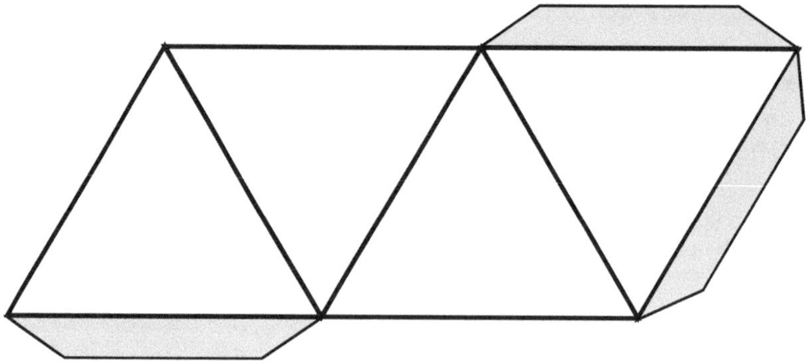

Abb. 21.1 Bastelanleitung für Lernstrategie-Pyramide (auch als Download (→ Vorlage Lernstrategiepyramide) zu finden,; © Volker Biesel, 2025. All Rights Reserved.)

- *Organisieren – Metakognitive Lernstrategien*
  - Planen
  - Kontrollieren
  - Bewerten
- *Können – Kognitive Lernstrategien*
  - Elaborationsstrategien
  - Strukturierungsstrategie
  - Wissensnutzungsstrategien

Ergänzt man dazu als Fundament bzw. Einstiegsseite die drei ‚Überschriften', wird diese vierte Seite aus folgenden drei Lernstrategie (haupt)kategorien gebildet:

- *Wollen – Motivationale-emotionale Stützstrategien*
- *Organisieren – Metakognitive Lernstrategien*
- *Können – Kognitive Lernstrategien*

Die SchülerInnen können sich auch im Vorfeld aus diesem 3 × 3 eine Pyramide bauen und sich mit dieser und dem vorangegangen Fragebogen wechselseitig durch den Interviewprozess führen.

Eine Vorlage für die Pyramide findet sich hier und im Downloadbereich (→ Vorlage Lernstrategiepyramide) (Abb. 21.1).

Die Pyramide funktioniert wie ein Entscheidungsbaum. Mit ihrer Hilfe gelingt es schnell, relevante Substrategien auszumachen. Mithilfe der Fragen können die SchülerInnen konkrete Handlungsideen oder Lerntechniken finden.

21.3 Lernstrategie-Workshop

Im Workshop steht im Mittelpunkt das Ausprobieren neuer Lernstrategien, um diese zu adaptieren oder daraus neue, eigene zu entwickeln.

Ein solches Format braucht Zeit und Raum und sollte für einen ganzen Schultag geplant werden. Oft ist es hilfreich, ein solches Format für einen ganzen Jahrgang anzubieten und dieses von mehreren Klassencoaches begleiten zu lassen.

Den SchülerInnen werden aus unterschiedlichen Fächern Lernaufgaben gestellt, dies können z. B. Textinhalte aus unterschiedlichen Fachbereichen, Vokabellektionen oder das Lösen von Gleichungen sein. Dabei sind alle Aufgaben so gestellt, dass sie einen zweiten Teil haben, der weiterführend ist, der aber den SchülerInnen zunächst noch nicht mitausgehändigt (oder elektronisch freigeschaltet oder zugestellt) wird.

Die SchülerInnen haben die freie Wahl und dürfen ein Thema wählen. Dann sollen sie in den Lernprozess einsteigen und prüfen, mit welchen Lernstrategien sie vorgehen.

Nach dieser Phase finden die SchülerInnen sich in Dreiergruppen zusammen, wobei die TeilnehmerInnen je Gruppe alle die gleichen Aufgaben gewählt hatten. Jetzt sind sie aufgefordert, ihre Lernerfahrung in der Gruppe zu reflektieren. Im nächsten Schritt sollen sie eine der Lernstrategien oder Techniken der anderen ausprobieren und werden dann an einem zweiten Teil der Lernaufgabe arbeiten, die ihnen sodann ausgegeben wird. Anschließend gibt es wieder eine Reflexion in der Kleingruppe und final eine Abschlussreflexion im Plenum.

Hinweis

Auch Kombinationen mit dem ZRM® sind möglich. So hat der Autor beispielsweise an einigen Schulen dreitägige Workshops etabliert, die sich sowohl mit ‚klassischen Lernstrategien‘ als auch mit dem Zürcher Ressourcen Modell als Selbstmanagement für SchülerInnen beschäftigen.

Der dem Rubikon-Prozess (vgl. ▶ Abschn. 1.3.3 und Biesel, 2025, S. 109–134) folgenden Logik wäre es naheliegend, zunächst mit den SchülerInnen eine Haltung aufzubauen, um nach der Bildung einer festen Intention (durch die Überquerung des Rubikons) daraus dann die Verhaltenssteuerung zu initiieren. Es wäre daher naheliegend, mit dem ZRM® zu beginnen, um Schülerinnen und Schüler die ersten Schritte über den Rubikon zu begleiten und ihnen als zusätzliche Ressourcen für die präaktionale Handlungsvorbereitung weitere Lernstrategien (insbesondere kognitive und metakognitive) an die Hand zu geben.

Insbesondere, wenn die SchülerInnen derartige Formate noch nicht kennen, ist jedoch die umgekehrte Reihenfolge empfehlenswert: Starten Sie mit Lernstrategien, und laden Sie die SchülerInnen im Anschluss zu einem ZRM®-Prozess ein.

Die Arbeit mit dem ZRM® ist so ungewöhnlich, dass es den SchülerInnen in einem solchen Format hilft, sich zunächst mit dem bekannteren Terrain der Lernstrategien auseinanderzusetzen.

Im Anschluss kann die Psychoedukation durch das ZRM®-Curriculum erfolgen, dazu kann der Klassencoach nach dem ersten Teil, den Lernstrategien, dann z. B. wie folgt einladen:

- *„Kennt Ihr das: Ihr wisst, was Ihr lernen sollt. Ihr wisst, wie Ihr das lernen könntet. Und doch: Ihr habt keine Lust – keinen Bock?“*

Die Mehrheit der SchülerInnen wird sich hier das Schmunzeln oder Lachen nicht verkneifen können. Jeder kennt das. Und so könnte der Klassencoach fortfahren:

- *„Jetzt bekommt Ihr noch etwas an die Hand, womit es Euch gelingt, Euch selbst zu motivieren. Ein Methodenkoffer, mit dem Ihr Unentschlossenheit und Unentschiedenheit überwinden, persönliche Handlungspotenziale entdecken und Euch selbst stärken könnt. Es ist eine praktische Anleitung zum Selbstmanagement. So könnt Ihr schwierige Situationen lösen und eigene Ziele leichter und wirksamer erreichen. – Klingt das interessant für Euch?"*

Diese dem motivationalen Prozess eigentlich konträre Reihenfolge funktioniert, da in diesem Fall die Themen der Verhaltenssteuerung, hier Lernstrategien, mit der ‚mangelnden Motivation' inhaltlich nicht übereinstimmen. Es sind sozusagen zwei getrennte paar Schuhe.

Erfahrungsgemäß erhöht sich in der vorgeschlagenen Reihenfolge, der primären kognitiven Auseinandersetzung mit Lernstrategien, die Bereitschaft auf das Einlassen in den tendenziell stärker motivational-emotionalen Prozess der Haltungsarbeit.

Lernstrategien, wie weit man den Begriff auch fasst, sind ein guter Start, um sich mit dem eigenen Lernen auseinanderzusetzen.

Positive Lernatmosphäre in der Klasse

V. Biesel, *Praxishandbuch Ressourcenorientiertes Lerncoaching im Gruppenformat*,
https://doi.org/10.1007/978-3-662-71009-8_22

Dieses Klassencoaching eignet sich dazu, die Klasse als Gemeinschaft zu stärken und das Lernen als einen sozialen Prozess zu fördern. Sie orientiert sich an dem Re-Teaming-Prozess und – *„es mag provokant klingen, (…) verzichtet [gänzlich] auf eine Problemanalyse (…) – jedoch nicht auf eine Kontextklärung. Provokant vielleicht deshalb, weil es dem geläufigen mentalen Modell von Erkenntnis widersprechen mag, in dem seit der Zeit der Aufklärung postuliert wird, eine Problemanalyse sei Voraussetzung für die Problemlösung. Stattdessen wird in dieser Methode die Aufmerksamkeit auf Ziel und die Zukunft gelenkt, werden Ressourcen bewusst gemacht und Strategien und Wege entwickelt, wie diese Ziele realisiert werden können und die Zukunft am besten zu gestalten ist."* (Geisbauer, 2012, S. 18–19)

Anmerkung

Das obige Zitat beschreibt den lösungsorientierten Ansatz, der handlungsleitend für die zweite Dimension des 3D-LernCoaching® ist.

Die folgende Methode gründet auf eine Abfolge ressourcen- und lösungsorientierter Interventionen.

Im Folgenden wird der Prozess dieser Methode in kurzen Beschreibungen der einzelnen Schritte aufgezeigt.

Bei den einzelnen Schritten können Sie auf die Methoden aus den anderen Klassencoaching-Formaten zurückgreifen oder sich selbst Methoden ausdenken. Oft bietet es sich bei erfahreneren SchülerInnen auch an, diese die Methode selbst wählen oder entwickeln zu lassen.

▪ Schritt 1: Problem-Ziel-Transformation und Zielformulierung

Im ersten Schritt werden in der Klasse wahrgenommene Probleme, Schwierigkeiten, Beschwerden und Klagen gesammelt und wie in der Problem-Ziel-Transformation (▶ Kap. 16) zu korrespondierenden Zielen umformuliert. Beispiele einer solchen Transformation können sein:

Problem	Korrespondierendes Ziel
SchülerInnen behalten Informationen für Klassenarbeiten, Hausaufgaben und Termine für sich	Alle SchülerInnen leisten ihren Beitrag für einen guten Informationsaustausch in der Klasse
Jede/r ist auf seinen eigenen Vorteil bedacht	Alle helfen einander
Mobbing	Integration
Recht des Stärkeren	Gleichberechtigung
Einzelne SchülerInnen ausgrenzen	Gemeinsamkeit leben
Unsoziales Verhalten	Kooperatives Verhalten
Reizbarkeit	Gelassenheit

Die SchülerInnen erarbeiten dann in Kleingruppen gemeinsam Ziele. Die Ziele sollen gemeinschaftlich so entwickelt werden, dass alle Meinungen der Teilnehmenden hier mitberücksichtigt werden. Diese Ziele sollen nach folgendem Muster formuliert werden:

- *„Wir <Verb im Präsens> … .“*

Dabei darf jede Gruppe auch mehrere Ziele formulieren. Es könnten z. B. Ziele entstehen wie:

- *„Wir achten einander.“*
- *„Wir vertrauen einander.“*
- *„Wir sind füreinander da und lassen uns auch in Ruhe, wenn wir das brauchen.“*
- *„Wir schauen hin, wenn es jemandem nicht gut geht.“*
- *„Wir bieten unsere Hilfe an oder holen Hilfe.“*

Schritt 2: Nutzen beschreiben

In diesem Schritt sollen die SchülerInnen den Nutzen der vorangegangen Zielformulierung für sich persönlich sowie für die Klasse als Ganzes formulieren. Leitfragen sind dabei:

- *„Welchen Nutzen habe ich/haben wir davon?“*
- *„Wie verbessert sich dadurch das Klima in der Klasse?“*
- *„Was werde ich als Erstes positiv bemerken, wenn das Ziel erreicht ist?“*

Die Antworten auf diese Fragen könnten sodann an einem Flipchart oder einer Pinnwand gesammelt werden.

Schritt 3: Eine traumhafte Klasse

Die Aufgabe für diesen Schritt ist wie folgt beschrieben:

- *„Stellt Euch vor, es ist genau ein Jahr später, wir haben den <Datum des Tages plus 1 Kalenderjahr>, und alle genannten Ziele der Klasse sind längst erreicht. Wie wäre es? Was wäre anders? – Stellt Euch vor, ihr würdet darüber ein YouTube-Video erstellen. Wie wäre das? Entwickelt ein Storyboard oder eine Idee für den Film!“*

Schritt 4: Der Traum wird Wirklichkeit

Nun gilt es, erste Handlungsschritte zu benennen, wie die Klasse die Ziele erreichen kann. Was wäre dazu notwendig? Was müsste getan, was unterlassen werden? Welche Vereinbarungen müssten getroffen werden? Welche Gesprächsformate müssten eingeführt werden? Wer könnte dabei helfen?

Die SchülerInnen sind dazu aufgerufen, einen Aktionsplan zu entwerfen. Dabei ist wichtig: Jede Veränderung beginnt mit dem ersten Schritt. Große Veränderungen beginnen mit kleinen Schritten. Kleine Schritte sind daher sehr willkommen.

- **Schritt 5: Bedenken**

In diesem Schritt geht es darum, die Kritiker, Skeptiker und Zweifler zu Wort kommen zu lassen. Alle Bedenken sollen aufgeschrieben werden. Dabei wird das Wort ‚Bedenken' aber gleich auch wörtlich genommen, in dem Sinne:

- *„Was gibt es zu bedenken?"*

So haben diejenigen, die Bedenken haben, eine wichtige Aufgabe. Bedenken wertzuschätzen und für den Prozess zu nutzen, meint insbesondere zu schauen, welche Ressourcen im Angesicht der Bedenken notwendig sind.

- **Schritt 6: Klasseninterne Ressourcen – Positives Feedback**

Reihum wird jedem Schüler/jeder SchülerIn ein positives Feedback aus der Gruppe gegeben. Dieses Feedback soll ressourcenorientiert und Bezug nehmend auf das gemeinsame Ziel formuliert werden. Ein Feedback dazu, was er/sie kann/ist/macht/.... und was bei der Zielerreichung für die ganze Klasse nützlich sein kann.

Das sprachliche Format, lautet:

- *„Ich schätze an Dir .... Und das macht es möglich, dass wir als Klasse .... ."*

In dem/diesem Kontext kann auch geschaut werden, welche Ressourcen die Bedenken auflösen oder wie sich das zu Bedenkende realisieren lässt.

- **Schritt 7: Externe Ressourcen**

Auch außerhalb der Klassengemeinschaft sind nützliche Ressourcen zu finden. Dies können ExpertInnen, Eltern, Lehrkräfte, SchulsozialarbeiterInnen, HausmeisterInnen, Materialien, Räume oder das Internet sein. Es geht dabei schlicht um die Frage:

- *„Wer und was kann uns dabei helfen?"*

- **Schritt 8: Wo unser Ziel schon Wirklichkeit war und welche unsere ersten Erfolge sind**

In diesem Schritt geht es darum, Erfolge der Vergangenheit anzuerkennen und zielrealisierendes Handeln in der Gegenwart zu erkennen. So können Erfolgsstrategien erkannt und nachgeahmt werden.

- *„Wo waren wir bereits erfolgreich ...?"*
- *„Wie haben wir das gemacht?"*
- *„Wie ist es dazu gekommen?"*
- *„Wann haben wir schon begonnen...?"*
- *„Wo ist es uns gelungen...?"*
- *„Was haben wir dazu getan?"*

- **Schritt 9: Individuelle Beiträge zur Zielerreichung der Klasse**

Die teilnehmenden SchülerInnen werden in diesem Schritt beschreiben, welchen spezifischen Beitrag sie ganz persönlich in den nächsten Wochen zur Zielerreichung des Klassenziels erbringen möchten. Es geht darum, ein Commitment eines jeden Schülers/einer jeden Schülerin für das gemeinsame Ziel einzuholen. Dabei dürfen die SchülerInnen auch gerne sehr kleine Schritte benennen, die einen Beitrag leisten:

- *„Ich grüße morgens freundlich."*
- *„Ich nehme meinen Müll am Ende der Stunde mit."*
- *„Ich werde einmal am Tag mit … sprechen."*
- *„Ich werde einmal in der Woche jemandem meine Hilfe anbieten."*
- *„Ich male ein Logo für unser neues Klassenmotto."*

- **Schritt 10: Prozessreflexion**

Die SchülerInnen tauschen sich über die 10 Schritte aus.

- *„Was war hilfreich?"*
- *„Was haben sie sich gemerkt?"*
- *„Wo gab es Schwierigkeiten?"*
- *„Wie haben sie diese gelöst?"*

- **Und was noch?**

Diese 10 Schritte sind eine sinnvolle Reihenfolge zur präaktionalen Handlungsvorbereitung der Schülerinnen und Schüler im Sinne des gemeinsamen Zieles. Über diese Schritte hinaus können ein regelmäßiger Feedbackprozess und ein Fortschritt-Monitoring eingeführt werden. In jedem Fall sollten die Erfolge der Klassen gefeiert werden. Dieser Punkt ist wichtig, sehr wichtig, und wird leider oft unterschätzt oder vergessen. Jeder erreichten Veränderung sollte dringend die volle Aufmerksamkeit geschenkt werden. Feierrituale können das sinnvoll unterstützen. Viel Spaß dabei!

Das Zürcher Ressourcen Modell als Klassen- oder Jahrgangscoaching

Inhaltsverzeichnis

V. Biesel, *Praxishandbuch Ressourcenorientiertes Lerncoaching im Gruppenformat*,
https://doi.org/10.1007/978-3-662-71009-8_23

Das ZRM® (Zürcher Ressourcen Modell) ist mit seinen Methoden nicht nur prägend für die motivationspsychologische Dimension im 3D-LernCoaching® (vgl. Biesel, 2025), es eignet sich darüber hinaus ideal für die Anwendung im Klassengruppencoaching.

Das Curriculum des ZRM® lässt sich eins zu eins auf die Arbeit mit SchülerInnen übertragen. Es ist jedoch nicht mal eben schnell erlernt oder mal eben schnell gemacht, es benötigt eine gute Vorbereitung und idealerweise einer gewissen Erfahrung. Mit eben solcher Erfahrung in der Anleitung des ZRM® lässt sich dieses auch sehr gut mit großen Gruppen, z. B. einem ganzen Jahrgang, anzuwenden.

Da die ZRM®-Methode umfangreich in ‚Selbstmanagement – ressourcenorientiert' (Storch et al., 2022) und,Ich packs!' (Storch & Riedener Nussbaum, 2018) beschrieben ist, soll an dieser Stelle auf eine redundante Beschreibung verzichtet und auf diese Werke ausdrücklich und mit höchster Empfehlung verwiesen werden.

Hinweis

Wählen Sie bei der Gestaltung der Arbeitsblätter oder bei der Nutzung der Vorlagen der oben beschriebenen Werke eher Versionen, wie sie diese auch mit Erwachsenen nutzten würden. Die SchülerInnen wollen ernst genommen werden und eine allzu verspielte Variante der Arbeitsblätter, die eher jüngere Kinder anspricht, ist bei Jugendlichen eher hinderlich.

23.1 ZRM® als Teil eines Konzepts zur Förderung des Selbstmanagements in schulischen Kontexten

Das ZRM® eignet sich insbesondere in besonderen schulischen Phasen des Umbruchs und der Neuorientierung als ein zentrales Angebot der Schule für die Schülerinnen und Schüler. Das ZRM® kann in diesem Kontext als regelmäßiges Angebot für den gesamten Jahrgang angeboten werden. Das ZRM® wird so zu einem begleitenden Instrument in der Schullaufbahn eines Schülers. Es kann als Teil des Schulkonzepts gemeinsam mit Lerncoaching-Angeboten kombiniert und zum Zwecke der individuellen Förderung zur Erhöhung der Selbstwirksamkeit von Schülerinnen und Schülern institutionalisiert werden.

Beispielhafte Schulentwicklung

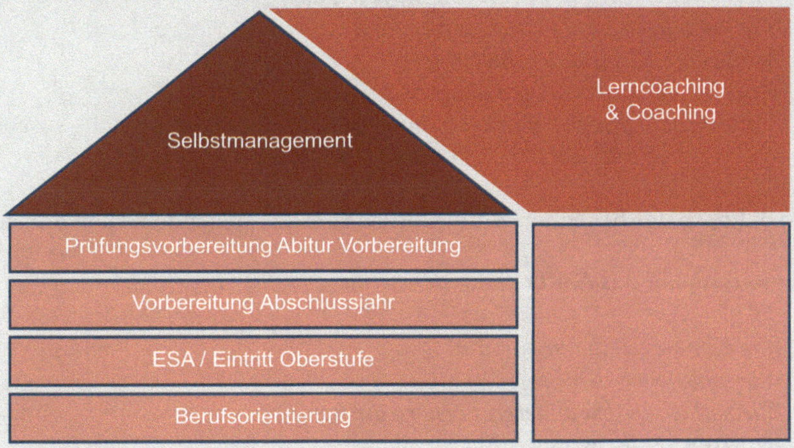

■ Abb. Visualisierung Schulkonzept Selbstwirksamkeit. (© Volker Biesel 2026. All Rights Reserved)

Die in der Abb. „Visualisierung Schulkonzept Selbstwirksamkeit" gezeigte Visualisierung eines Schulkonzepts für Selbstwirksamkeit ist Teil einer durch den Autor begleiteten Schulentwicklung. Die Skizze beschreibt schulische Coaching-Begleitleistungen im Rahmen individueller Förderung. Neben den Angeboten zum Selbstmanagement in unterschiedlichen Jahrgangsstufen erhalten die SchülerInnen Lern- und Schülercoachings als ständige, begleitende Angebote. Diese werden im individuellen Rahmen wie auch in unterschiedlichen Formen des Klassencoachings durchgeführt.

In den Übergangsphasen sehen sich die SchülerInnen mit besonderen Herausforderungen konfrontiert. Diese bringen ein gewisses Maß an Unsicherheit und manchmal auch Ängste hervor. Schulisch gesehen, bringen diese biografischen Ereignisse häufig Themen hervor, die sich im Rahmen eines angeleiteten Selbstmanagement-Prozesses individuell und doch im Gruppensetting bearbeiten lassen. Das ZRM® ist dafür sehr gut geeignet.

Je nach Jahrgang sind die Themen, die die SchülerInnen umtreiben, unterschiedlich, wenngleich es auch über Jahre wiederkehrende Dinge gibt. Die SchülerInnen benannten z. B. als wesentliche Themen vor dem

- **Eintritt in die Oberstufe**
  - *„Wie komme ich in der neuen Klasse klar?"*
  - *„Was erwartet mich in der Oberstufe?"*
  - *„Wie soll ich in den anderen Fächern auch noch lernen?"*
  - *„Wie kann ich meine eigenen Erwartungen erfüllen?"*
  - *„Wie schaffe ich es, Lücken zu schließen oder zu verhindern, dass diese noch größer werden?"*
  - *„Wie komme ich mit den neuen Lehrern klar?"*
  - *„Was erwartet mich in den neuen Fächern?"*

- *„Was wird in der Oberstufe anders?"*
- *„Was erwarte ich von mir? Wie schaffe ich das?"*
- *„Wie kann ich mein Leistungsniveau halten?"*
- *„Werden die Klausuren schwieriger?"*
- *„Muss ich die Erwartungen anderer erfüllen?"*
- *„Was mache ich gegen Black-out und Prüfungsangst?"*
- *„Wie gehe ich mit den Erwartungen anderer um?"*

Ein paar Jahre später benennen SchülerInnen z. B. die folgenden Themen bei der

- **Vorbereitung auf das Abitur**

  - *„Wie komme ich durch das Abi?"*
  - *„Wie schaffe ich den Stoff?"*
  - *„Wie soll ich in den anderen Fächern auch noch lernen?"*
  - *„Was ist wichtig, was nicht?"*
  - *„Wie soll ich nebenbei noch schulische Leistung bringen?"*
  - *„Wie bleibe ich am Ball?"*
  - *„Wie motiviere ich mich?"*
  - *„Was erwarte ich von mir? Wie schaffe ich das?"*
  - *„Wie kann ich mein Leistungsniveau halten?"*
  - *„Wie gehe ich mit meinen Ängsten um?"*
  - *„Muss ich die Erwartungen Ader erfüllen?"*
  - *„Was mache ich gegen Black-out und Prüfungsangst?"*
  - *„Wie gehe ich mit den Erwartungen anderer um?"*
  - *„Wie schaffe ich es, mich zu strukturieren?"*

Auf der Basis der genannten Themen und weiterer Informationen aus Gesprächen mit SchülerInnen entstand eine spezifische Anwendungsform des ZRM® (Zürcher Ressourcen Modell) für die unterschiedlichen Jahrgangsstufen.

Für die daraus resultierenden Gruppencoachingformate mit dem ZRM® wurden Booklets für die SchülerInnen erstellt, die diese für das ZRM® nutzen. Beispielhaft zeigen die folgenden Abbildungen das Arbeitsbuch für die Phase vor dem Eintritt in die Oberstufe:

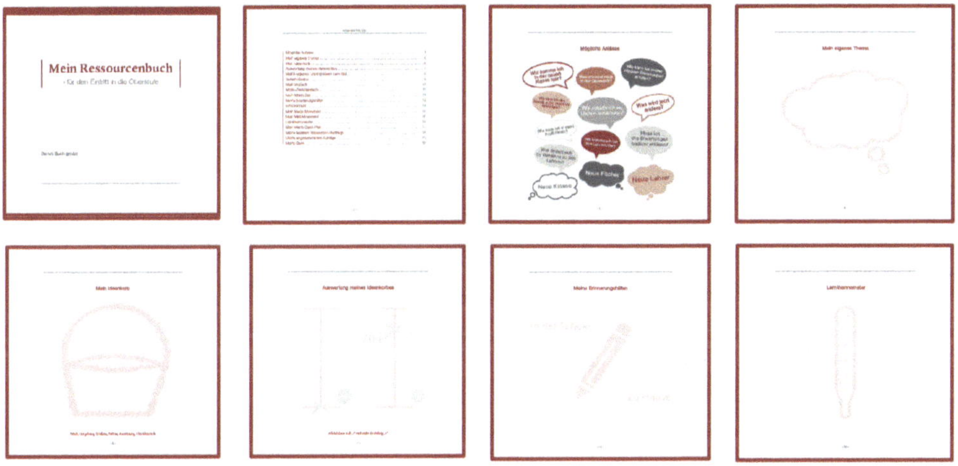

■ Abb. Auszüge aus dem Booklet ‚Mein Ressourcenbuch für den Eintritt in die Oberstufe'. (© Volker Biesel 2026. All Rights Reserved)

Abgewandelte Formen dieses Büchleins für SchülerInnen wurden für die anderen Klassenstufen entwickelt.

Die Wertschätzung der Schülerinnen und Schüler für dieses Buch ist schon vor der Nutzung hoch, die Qualität in der Haptik des Papiers sowie im Druck ist für die SchülerInnen ungewöhnlich. Sie erleben das als besondere Wertschätzung.

Das ausgefüllte Buch stellt selbst eine große Ressource für die jeweilige Zielerreichung da. Es wird zum individuellen Begleiter und langfristigen, unterstützenden Begleiter für die SchülerInnen.

Darüber hinaus wird die Klasse als Ressource verstanden und genutzt. Die Schülerinnen und Schüler geben sich im Rahmen des ZRM®-Trainings gegenseitig niedrigschwellige Aufträge, z. B:

- *„Bitte erinnere mich in der nächsten Woche einmal an mein Mottoziel."*
- *„Bitte sende mir in vier Wochen eine Fotonachricht mit meinem Bild."*
- *„Bitte sende mir am Freitag eine Erinnerung, dass ich mir die Seite 16 im Booklet noch mal anschauen möchte."*
- *„Würdest Du Dich mit mir noch mal in drei Wochen zusammensetzen, um zu schauen, was schon funktioniert, von dem, was ich mir vorgenommen habe?"*

Die vergebenen und die angenommenen Aufträge werden im Buch protokolliert.

■ Abb. Auszüge aus dem Booklet ‚Mein Ressourcenbuch für den Eintritt in die Oberstufe, Teil II'. (© Volker Biesel 2026. All Rights Reserved)

Neben den aus dem ZRM®-Curriculum hervorragenden Anleitungen, Informationen und Prinzipien ist im Umgang mit SchülerInnen folgende, wichtige Vorabinformationen zu den Arbeitsblättern mitzugeben:

- *„Es gibt bei der Arbeit mit dem Büchlein kein ‚richtig' und kein ‚falsch'!"*
- *„Die Bücher sind Eure persönlichen Arbeitsblätter, sie müssen nicht geteilt werden!"*
- *„Sie müssen nicht vollständig sein! Es geht nur darum, dass Ihr diese so nutzt, dass es Euch eine Hilfe ist."*

Da Schüler und Schülerinnen häufig zu Kategorien von ‚richtig' und ‚falsch' erzogen und in dieser Weise schulisch konditioniert wurden, sind diese Hinweise gerne auch mehrfach zu geben.

Anmerkung und Anekdote

Die Erfahrung mit Arbeitsblättern für SchülerInnen, welche für einzelne Arbeitsschritte mehrere Linien vorsehen, hat schon stark auf die Konditionierung so mancher SchülerInnen hingewiesen.

So wurde schon mehrfach die Annahme geäußert, dass die Anzahl der Linien der Anzahl der Antworten entsprechen müsste, obwohl diese nicht durch Spiegelstriche oder Kästchen suggeriert wurde. Es ist schon erstaunlich, wie unfrei SchülerInnen Schule erleben.

Mit Lerncoaching und Selbstmanagement, wie es in dem vorliegenden Werk beschrieben wird, wollen wir solchen Denkweisen und Mustern eine Absage erteilen.

Anmerkung II

Das ZRM® ist ein Open-Source-Produkt. Es darf von jedem und jeder angeboten werden. Die Qualitätsunterschiede sind dabei sehr groß. Bevor Sie einen ZRM®-Prozess mit SchülerInnen anleiten, ist eine ausführliche Auseinandersetzung mit der Literatur empfehlenswert. An dieser Stelle seien daher noch mal erwähnt:

- **Storch, M. & Krause, F. & Weber J. (2022).** ***Selbstmanagement – ressourcenorientiert. Grundlagen und Trainingsmanual für die Arbeit mit dem Zürcher Ressourcen Modell (ZRM®).*** **Hogrefe.**
- **Storch, M. & Riedener Nussbaum, A. (2018).** ***Ich packs! Selbstmanagement für Jugendliche. Ein Trainingsmanual für die Arbeit mit dem Zürcher Ressourcen Modell*** **(4. Aufl.). Hogrefe.**

Darüber hinaus sollte der Lerncoach das ZRM® am eigenen Leibe von einem professionellen Trainer oder einer professionellen Trainerin erfahren haben. Achten Sie daher bei den Angeboten auf TrainerInnen, die durch das Institut für Selbstmanagement und Motivation Zürich (ISMZ) zertifizierte TrainerInnen sind.

Ideal wäre, selbst eine entsprechende Trainerausbildung zu absolvieren. Dieses passt leider vom Umfang nicht in den schulischen Alltag, wenngleich eine andere Priorisierung in der Personalentwicklung von Lehrpersonen wünschenswert wäre.

23.2 Einführung in das ZRM® für SchülerInnen (‚Mini-Selbstmanagement-Training')

Eine Art Einführung in das ZRM® lässt sich sehr gut auch an einem Tag durchführen. Wichtig ist dabei, mit den Teilnehmenden mindestens bis zur Formulierung eines individuell passenden Mottoziels zu gelangen. Denn mit dieser Formulierung wird der entscheidende Schritt über den Rubikon (vgl. ► Abschn. 1.3.3 und Biesel, 2025, S. 109–138) gegangen.

Für den Teilnehmer/die Teilnehmerin ist dieses der entscheidende Schritt, der die Wahrscheinlichkeit für zielrealisierendes Handeln enorm erhöht und damit einen großen Nutzen stiftet. An einem Tag, z. B. von 8:00 Uhr bis 16:00 Uhr, ist es auch möglich, im Anschluss an die Mottozielformulierung noch Erinnerungshilfen zu finden oder ein Embodiment zu entwickeln.

Hinweis

Es ist nicht empfehlenswert, den ZRM®-Prozess über viele einzelne Schulstunden oder Doppelstunden zu stückeln. Idealer ist es, hier einen bis zwei volle Tage dafür zu veranschlagen und nach ca. zwei Wochen eine mehrstündige oder einen Tag dauernde Vorführung und Reflexion zu der Umsetzung anzusetzen sowie eventuell entsprechende Hilfestellungen anzubieten.

Sofern das ZRM® den SchülerInnen, z. B. durch häufigere dreitägige ZRM®-Jahrgangsaktionen im Laufe der Schullaufbahn, gut bekannt ist, lässt sich sodann zunehmend einfacher auf das Vorwissen zugreifen und mit nur kurzen Anleitungen das ZRM® auch in kleineren Formaten durchführen.

23.3 Micro-Selbstmanagement-Intervention für SchülerInnen

Das Micro-Selbstmanagement ist eine sehr, sehr stark komprimierte und abgewandelte Form des ZRM®, die sich insbesondere dann gut anwenden lässt, wenn die Methode des ZRM® den SchülerInnen bereits, z. B. durch die im vorangegangenen Kapitel beschriebenen Angebote, bekannt ist. So kann auf die Kenntnis zu dem einzelnen Arbeitsschritt aufgebaut und eine minimalistische Selbstmanagement-Anleitung zur Entwicklung eines Mottoziels und zum Aufbau weiterer Ressourcen innerhalb von einer bis zwei Stunden durchgeführt werden.

Hinweis

Das ‚Micro-Selbstmanagement' kann und soll das ZRM® in der Langversion nicht ersetzen. Es ist nur anzuwenden, wenn das ZRM® hinlänglich bekannt ist und wenn der Trainer/die Trainerin sehr gute ZRM®-Erfahrungen sowie Lerncoaching-Kompetenzen mitbringt.

Auch in dieser Version bietet sich ein Booklet oder ein wertiges Handout an. Ist dieses ausgehändigt, kann der Klassencoach Seite für Seite durch den Prozess führen.

Zunächst werden die SchülerInnen gebeten, sich ein Thema zu wählen, an dem sie gerne arbeiten wollen. Der Klassencoach sollte dabei erklären, was ein Thema sein kann und Beispiele nennen. Die Anzahl der Beispiele sollte bei ca. zehn oder mehr Beispielen liegen. Dies hilft den SchülerInnen, sich weniger merken zu können und entsprechende freier ihr ganz eigenen Thema wählen zu können. Wichtig ist auch, eben darauf hinzuweisen:

- *„Ihr könnt an Euren ganz eigenen Anliegen arbeiten."*
- *„Das Beste ist, wenn Ihr ein eigenes Thema formuliert, ganz anders als die Beispiele, eines, das ganz individuell ist. – Euer ganz Eigenes."*
- *„Abgucken bei der Nachbarin oder dem Nachbarn ist hier nicht sinnvoll, dann würdet Ihr an dem Thema Eures Nachbarn/Eurer Nachbarin arbeiten, und weder Ihr noch Euer Nachbar hätte etwas davon. Es ist deshalb wichtig, dass Ihr schaut, woran IHR arbeiten wollt."*

Hilfreich ist, in diesem Zusammenhang auch auf die Vertraulichkeit hinzuweisen:

- *„Egal, woran Ihr arbeitet, Ihr könnt es für Euch auf einem eigenen Blatt notieren. Es geht niemanden etwas an."*

Der Coach verweist nun auf der Seite „mein Thema" im Booklet:

- *„Hier könnt Ihr Euer Thema aufschreiben. Ich könnt dafür aber auch ein Zeichen oder einen Buchstaben malen, denn Ihr werdet Euer Booklet gleich noch mal herumreichen. Wenn Ihr Euer Thema dafür erst einmal nur auf ein anderes Blatt schreiben wollt, welches Ihr bei Euch behaltet, ist das völlig in Ordnung.*

Wenn Ihr möchtet, könnt Ihr das später in Euer Büchlein übertragen, denn, wenn Ihr es zurückerhaltet, bleibt es bei Euch, und Ihr entscheidet, ob und wenn ja, wem Ihr was sagt oder zeigt."

Zur Deutlichkeit sollte hier noch einmal wiederholt werden: Im übernächsten Schritt ist es erforderlich, das Buch noch mal aus der Hand zu geben. Der Klassencoach fordert alle SchülerInnen auf, in Vorbereitung der nächsten Schritte das Booklet auf der Seite „Mein Transferbild" aufzuschlagen und direkt vor sich auf den Platz zu legen.

23.4 Micro-Tranceinduktion

Der Klassencoach fährt fort:

- *„Jetzt kommt nun erst mal ein Schritt, bei dem Ihr Euch auf eine sehr ungewöhnliche Art und Weise mit dem Thema auseinandersetzt. Zur Vorbereitung auf diesen Schritt möchte ich Euch anbieten, dass Ihr einen guten, hilfreichen Kontakt zu Euch selbst bekommt. Dazu biete ich Euch nun ein paar Worte an und Ihr schaut, ob und auf welche Weise Ihr diesen folgen mögt. …….. Viellicht kennt Ihr Ähnliches aus anderen Bereichen, wie Yoga, Meditation, Chi Gong oder ganz andere Dingen …….. vielleicht auch von künstlerischen Betätigungsfeldern, z. B. beim Malen oder bei improvisiertem Spielen eines Instrumentes. …….. Es gibt bei all dem Momente, in denen man so ganz bei sich ist. …….. Ich lade Euch nun ein, ein Stückchen mehr bei Euch zu sein, als Ihr das sonst gewohnt in diesem Klassenraum seid. …….. Ich lade Euch daher ein, Euch mal so hinzusetzen, dass Ihr ganz bei Euch sein könnt. …….. Schaut mal, wie Ihr dazu sitzen solltet. …….. Wäre es besser aufrecht zu sitzen oder besser mit einem Kontakt zur Rückenlehne. …….. Probiert es aus! …….. Was passt für Euch besser. …….. Nun schaut Ihr, was Ihr sonst an Eurer Körperhaltung noch ändern könntet, um noch mehr bei Euch zu sein. …….. Wie müssten Eure Füße zueinander stehen. …….. Wie wären Eure Beine? …….. Wäre es besser, sie zu überkreuzen oder sie nebeneinander zu stellen? …….. Wie wäre Eure Sitzposition? …….. Könnt Ihr diese noch besser ausrichten? …….. Nun scannt Ihr Stück für Stück Euren Körper. …….. Wie wäre mein Kopf, damit ich noch mehr in meiner eigenen Ruhe und ganz bei mir bin? …….. Wie wäre meine Schultern …….. meine Brustraum …….. mein Bauchraum …….. meine Arme …….. meine Hände? Wie wären meine Beine? Wie wäre Eure Atmung?"*

Der Coach lässt eine lange Pause, dann führt er fort:

- *„Wie wäre Eure Atmung? …….. Eher flach oder eher tiefe Atemzüge. …….. Was wäre passender? Vielleicht hilft es die Augen zu schießen [Anmerkung: An dieser Stelle haben die meisten bereits die Augen geschlossen, dennoch gibt diese Intervention auch denjenigen noch einmal eine Art Erlaubnis, die es noch nicht haben] …….. vielleicht möchtet Ihr lieber einen Punkt im Raum fixieren …….. oder einfach mit offen Augen gar nichts anschauen."*

Nach einer weiteren Pause führt der Klassencoach fort:

- *„Nun lade ich Euch ein, in diesem Kontakt zu bleiben, diesem guten Kontakt zu Euch selbst."*

Der Klassencoach hält erneut inne und ergänzt:

- *„Trotzdem nun der nächste Schritt kommt, könnt Ihr den Kontakt zu Euch selbst beibehalten. Ihr wisst genau, Ihr sitzt hier im Klassenraum mit allen Euren Klassenkameraden und hört meine Worte zum nächsten Schritt. Dabei bleibt Ihr in dem guten Kontakt zu Euch selbst."*

23.5 Intuitives, freies Zeichnen

Nun geht es um die Nutzung der Seite „Mein Transferbild". Auf dieser Seite im Booklet steht nur der Titel. Die Seite ist sonst leer.

- *„Ich bitte Euch nun, mit diesem Kontakt zu Euch selbst das Booklet, welches vor euch liegt, zur Hand zu nehmen. Ihr seht die Seite ‚Mein Transferbild' vor Euch. Dreht es dann um 180 Grad, sodass es verkehrt herum vor Euch liegt und der Titel unten auf dem Kopf steht.*

  Nun greift Ihr aus Eurer Federtasche ungefähr 5 Stifte unterschiedlicher Farben und legt sie so vor Euch neben das Booklet, dass Ihr sie mit geschlossenen Augen greifen könntet.

  Schaut euch an, wo die Seite aufgeschlagen ist, sodass Ihr diese blind finden würdet."

Der Coach lässt wieder eine Pause.

- *„Nun nehmt Ihr, ganz in Eurem guten Kontakt zu Euch selbst, einen Stift und setzt Ihn auf dem Blatt des Booklets auf. …….. Es ist egal, welche Farbe. Es ist egal, ob Ihr nun damit einen Punkt, einen Strich oder irgendetwas anderes zeichnet. …….. Ich lade Euch ein, im Kontakt mit Euch die Augen zu schließen und zu schauen …….., wo der Stift nun hinmöchte …….. Es kann sein, dass er zögert, es kann sein, dass er schon über das Papier fliegt. …….. Ihr zeichnet nun ganz intuitiv das, was kommt. …….. Es geht nicht darum, dass ein Motiv entstehen soll. …….. Es geht darum, das etwas entsteht, von dem Ihr nicht wisst, was es ist. …….. Lasst es einfach passieren."*

Nach einer kurzen Weile lädt der Coach dazu ein, die Hand zu wechseln, sodass die SchülerInnen nicht mehr mit ihrer gewohnten Hand, sondern mit der anderen zeichnen. Er lädt die SchülerInnen auch ein, einem Impuls nachzugehen, sobald sie denken, es wäre an der Zeit, den Stift zu wählen. Dabei weist er darauf hin, dass die Augen geschlossen bleiben. Diese Übung darf gern einige Minuten dauern, es können Bleistifte, Kugelschreiber und Textmarker zum Einsatz kommen. Da die meisten SchülerInnen solche Arbeit eher nicht gewohnt sind, sollte der Coach auch von seiner Seite weitere Impulse geben:

- *„Es könnten nun gegebenenfalls Linien entstehen …….. Vielleicht sind sie durchgängig …….., vielleicht unterbrochen …….., vielleicht ergeben diese Linien Formen …….. wie Dreiecke …….., Rechtecke oder Kreise. Vielleicht entstehen auch Flächen………, vielleicht ist es geschwungen …….., vielleicht wild und krakelig …….. Alles darf sein …….. Schaut, was kommt …….. Es kommt ganz von allein. …….. Euer Körper, Eure Hand weiß, …….. wie der Stift zu führen ist.“*

So entsteht bei allen SchülerInnen ein Bild. Der Coach kann wiederum seiner eigenen Intuition folgen, wann der Prozess zum Ende kommt. Dann lädt er/sie ein, die Stifte niederzulegen. Auch dazu gibt er/sie Zeit, denn so manch ein Schüler/eine Schülerin, möchte eben dann noch etwas zeichnen:

- *„Wir warten nun, bis alle ihr Bild beendet haben, Ihr könnt mir das signalisieren, indem Ihr den Stift hinlegt und die Augen wieder öffnet.“*

Sobald alle wieder mental im Klassenraum angekommen sind und den Stift niedergelegt haben, folgt der nächste Schritt.

23.6 Rotierender Ideenkorb

Da die SchülerInnen das Ideenkorbverfahren bereits kennen, kann der Klassencoach die Anleitung des Ideenkorbs deutlich verkürzen. Dabei sollte er/sie in jedem Fall noch mal darauf hinweisen:

- *„Ideenkorbinhalte sind immer ressourcenorientiert.“*

Es gilt, entsprechend positiv konnotierte, ressourcenorientierte Begriffe mit Wohlwollen für den Bildinhaber zu finden.

Das Verfahren des rotierenden Ideenkorbs hat einige Besonderheiten:

- *Das Verfahren findet nicht im klassischen Gruppenverfahren statt.*
- *Ideen werden nur schriftlich zu dem Bild aufgeschrieben.*
- *Die Ideengeber können sich im Sinne eines Brainstormings an vorausgegangen Ideen orientieren, sollten aber auch unabhängig davon vor dem Lesen der anderen Ideen eigene Idee ‚einwerfen‘, das heißt aufschreiben.*

Beim rotierenden Ideenkorb wird das gezeichnete Bild im Uhrzeigersinn einen Platz weitergegeben. Nun schreibt jeder Schüler/jede Schülerin zu dem Bild seines/ihres Nachbarn/seiner/ihrer Nachbarin eine bis fünf Ideen auf, dann wird es weitergegeben. Das Verfahren wird so häufig wiederholt, bis der Bildinhaber sein eigenes Bild und sein Booklet zurückerhalten hat.

Hinweis I

Eine kreisförmige oder u-förmige Sitzordnung ist hier von Vorteil, da die Weitergabe einfach und klar möglich ist.

Hinweis II

Der Klassencoach sollte sich von Beginn an das Booklet eines Schülers oder einer Schülerin merken und daran orientieren. So kann er sich stets merken, wo dessen Booklet sich gerade befindet, und kann damit den Prozess gut moderieren, weil er erkennt, wie viel Zeit er mehr oder weniger geben kann und wann die Runde sich dem Ende nähert.

Sollten die Ideenkörbe bereits gut gefüllt sein, kann der Lerncoach auch anweisen, das Booklet zwei Plätze weiterzugeben (Achtung: Dies sollte nach der Logik und mit der Ansage erfolgen: *„Weitergeben!"* – *„Nicht schreiben."* – *„Weitergeben!"*, da eine Anweisung das Booklet zwei Platze weiterzugeben, zum Chaos führen kann.) Dieses Verfahren macht bei üblichen Klassengrößen Sinn, da sonst der Prozess zu lange dauert. Die gesammelten Ideen sind auch dann allemal ausreichend.

Um den rotierenden Ideenkorb durchzuführen, ist eine klare, deutliche Anleitung notwendig. Dazu gehören folgende Punkte:

- *Die Ideenkörbe werden zum ‚Befüllen' weitergereicht.*
- *Eine klare Orientierung muss gegeben sein (z. B. bei einem Kreis im Uhrzeigersinn; bei Reihenbestuhlung muss definiert werden, in welche Reihe am Ende einer jeden Reihe weitergegeben wird).*
- *Die Weiterleitung erfolgt ausschließlich auf ein bestimmtes Kommando des Klassencoaches.*

Achtung

Viele SchülerInnen möchten die Booklets gleich weitergeben, sobald sie etwas hereingeschrieben haben, und erwarten dann von dem anderen Sitznachbarn ungeduldig das nächste Heft. Hier sollte der Coach schnell hineingehen und zum Warten einladen.

Nachdem das Booklet bei (fast) jedem Schüler/jeder Schülerin mit ressourcenorientierten Ideen im Ideenkorb aufgeladen wurde und sich wieder in den Händen des Bildinhabers befindet, folgen die nächsten Schritte.

23.7 Affektive Auswertung des Ideenkorbs

Die den SchülerInnen bekannte Methode der Affektbilanz (vgl. Biesel, 2025, S. 349–357, und Abschn. 20.7.1) kommt nun zur Anwendung. Dabei können die SchülerInnen die im Ideenkorb befindlichen Ideen danach auswerten, welche der Ideen eine positive Affektbilanz aufweist.

Positive Affektbilanz

Eine ‚positive Affektbilanz' ist ZRM®-Jargon und bedeutet, dass bei der Skalierung des negativen Affekts der Wert bei 0 und bei der Skalierung des positiven Affekts der Wert höher als 70 ist. Dies sollte gegebenenfalls noch mal erläutert werden, falls es den SchülerInnen nicht mehr aus dem ZRM® bekannt ist.

Um den Prozess zu beschleunigen, sollte der Klassencoach darauf hinweisen, dass – sobald ein Begriff nur einen kleinen negativen Affekt hat – dieser Begriff keine Beachtung mehr braucht. Der Klassencoach bittet die SchülerInnen darum, die Begriffe ohne negativen Affekt und gleichzeitig mit einem positiven Affekt von über 70 auszuwählen, indem die SchülerInnen diesen mit ihrer Lieblingsfarbe einkreisen, unterstreichen oder textmarkern.

23.8 Eigene Ideen zur eigenen Zeichnung

Im nächsten Schritt sind die SchülerInnen eingeladen, eigene Ideen hinzuzufügen. Der Klassencoach könnte hierzu anleiten, indem er sagt:

- *„Nun habt Ihr ganz viele Ideen ausgewählt, die eine positive Affektbilanz erfüllen. Alle sind von Fremdgehirnen. Da Ihr selbst auch über ein Gehirn verfügt, wollen wir auch das nun nutzen. Ihr dürft nun eigene, schöne Ideen zu Eurer Zeichnung mit hinzuschreiben. …… Wenn Ihr nun Ideen habt, die Ihr gut findet, haben die sicher auch eine positive Affektbilanz …… Es geht also darum, nur Ideen zu finden, die Ihr richtig gut findet und die keine negativen Assoziationen wecken. …… Vielleicht werden diese Ideen so etwas wie Eure Lieblingsideen."*

23.9 Mottozielfindung

Sofern die Schülerinnen und Schüler schon viele Klassencoachings und vor allem Peercoaching-Erfahrungen haben, ist es möglich, die Mottozielentwicklung in Kleingruppen á drei bis vier Personen durchzuführen. Je nach Vorkenntnissen im Coaching bei den SchülerInnen kann es im Rahmen eines klassischen Ideenkorbs (vgl. Storch et al., 2022) oder im Rahmen eines kleinen Coachings erfolgen (vgl. Biesel, 2025, S. 344–348).

Wenngleich hier auf eine ausführliche Schilderung des Prozesses verzichtet wird, da dieser in den oben genannten Werken schon ausreichend beschreiben ist und auf Storch (Storch et al., 2022) und Biesel (2025) verwiesen wird, ist dieser Prozessschritt der wichtigste. Klassencoaches sollten diesem die notwendige Zeit einräumen. Wichtig ist, dass alle ein nach den Kriterien Handlungswirksamer Zielformulierung (Biesel, 2025, S. 231–236) formuliertes Mottoziel (Biesel, 2025, S. 365–367) haben, denn hiervon hängt der individuelle Erfolg des Klassencoachings für jede/n einzelne/n SchülerIn ab.

23.10 Kugellager

Mit der Methode Kugellager, auch als Inside-Outside-Circle bekannt, können schnell zu den jeweiligen Mottos entsprechende Erinnerungshilfen gefunden werden. Dazu eignen sich im Regelfall der Schulhof oder gegebenenfalls die Aula oder die Turnhalle sehr gut. Die Klasse wird in zwei Hälften geteilt. Die eine Hälfte bildet einen inneren Kreis, die andere einen äußeren Kreis.

So stehen die SchülerInnen dann in folgender Anordnung:

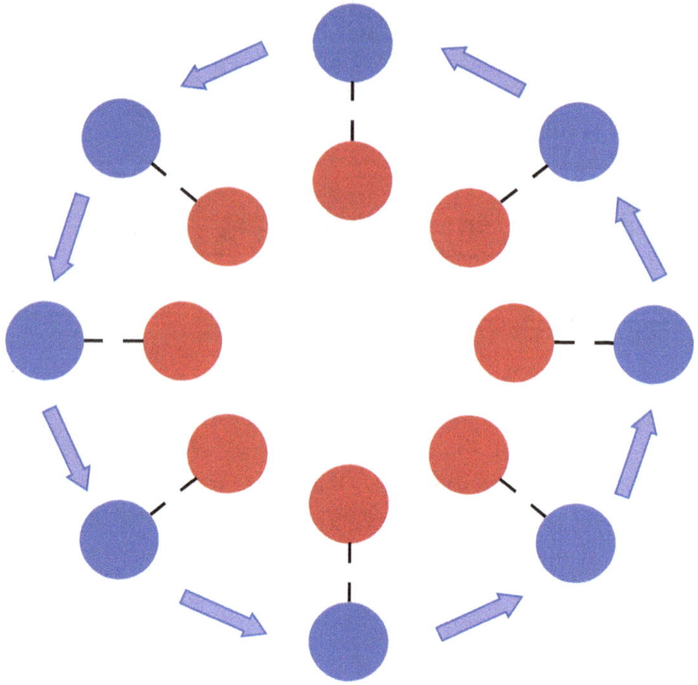

Abb. Schematische Darstellung Kugellager/Inside-Outside-Circle. (© Volker Biesel 2026. All Rights Reserved)

Der Innenkreis sagt dem Partner/der Partnerin im Außenkreis sein/ihr bisheriges Motto, dann gibt die außenstehende Person Ideen für Erinnerungshilfen.

Nach nur 30 s gibt der Klassencoach ein Signal zum Rotieren. Alle im Außenkreis gehen eine Position im Uhrzeigersinn weiter. Erneut folgen in 30 s Ideen für die Mottozielinhaber des Innenkreises. Das Ganze wird so oft wiederholt, bis der Moment gekommen ist, bei dem in einem erneuten Wechsel die Personen wieder in der Ursprungsstellung wären.

Bevor dieses jedoch passiert, sagt der Klassencoach z. B.:

- *„Nun tauscht mit Eurem Gegenüber den Platz. Alle, die vorher im Außenkreis waren, gehen nun auf den Innenkreis, und alle, die im Innenkreis waren, begeben sich auf die Position Ihres Gegenübers im Außenkreis. Diejenigen im Innenkreis sind nun dran, ihr Mottoziel oder ihr vorläufiges Mottoziel zu sagen und sich von dem Gegenüber Ideen für Erinnerungshilfen abzuholen."*

Dann folgt eine komplette Runde mit getauschten Rollen, also nach dem Wechsel von Außen- und Innenkreis.

Hinweis

Bei einer ungeraden TeilnehmerInnenzahl kann es ein Feld zum Ausruhen geben oder der Klassencoach selbst stellt sich als Ideengeber zur Verfügung.

23.11 Die Klasse als soziale Ressource

Die SchülerInnen können sich in diesem Schritt gegenseitig Unterstützungsaufträge geben. Die SchülerInnen sind sich so gegenseitig eine soziale Ressource. Dies stärkt den Klassenverband.

Unterstützungsaufträge können z. B. sein:

- *Eine Nachricht mit dem Mottoziel eines Klassenkameraden an einem bestimmten Tag.*
- *Eine Nachfrage, ob der Zielinhaber seine Erinnerungshilfe bei sich hat.*
- *Eine Nachfrage, ob schon zielrealisierendes Handeln stattgefunden hat, ob gegebenenfalls schon (kleine) Schritte gemacht wurden.*

Dabei sollte gleichfalls sensibel geschaut werden, ob die Klasse eine genügende Reife für ein solches Vorgehen hat. Anderenfalls sollten gegebenenfalls andere Klassencoachingformate vorgeschaltet werden.

Es gilt gleichfalls, SchülerInnen und Schülern dieses zuzutrauen. Die Schüler und Schülerinnen erhalten so die Möglichkeit, die sozialen Ressourcen selbst zu wählen und z. B. an ihre beste Freundin herantreten zu können:

- *„Bitte erinnere mich in der Woche vor der Klassenarbeit an mein Mottoziel. Es lautet: ‚Wild springe ich von einer Aufgabe zur nächsten und bewahre meine Ruhe'".*

Die vergebenen und die angenommenen Aufträge werden im Handout oder Booklet protokolliert, sodass jede/r SchülerIn die vergebenen Aufträge wie auch die angenommenen Aufträge im Buch dokumentiert hat. Das schafft für beide Seiten Verbindlichkeit.

23.12 Einsatz(möglichkeiten) des Micro-Selbstmanagements

Das Micro-Selbstmanagement eignet sich zur Vorbereitung auf eine wichtige Klausur oder Prüfung, es kann auch als regelmäßiges Klassencoaching mit offenem Thema oder zu Aspekten einer gute Lernatmosphäre eingesetzt werden.

Hinweis

Um Sicherheit mit dieser Methode zu erlangen, gilt es, vorher mehrfach ein ZRM® als Trainer durchgeführt zu haben sowie reichhaltige Erfahrungen im Lerncoaching zu besitzen. Ideal wären entsprechende Ausbildungen.

Reflexion

Zur Vorbereitung können Sie die Anleitung und Ihre Rolle als Klassencoach reflektieren, indem Sie den Prozess noch einmal danach durcharbeiten, welche Intervention, welche Schritte Sie im Rubikon-Prozess begleiten sollen (vgl. Rubikon-Prozess, ► Abschn. 1.3.3; Biesel, 2025, S. 109–134; Storch et al., 2022).

Selbstmanagement als fester Bestandteil schulischer Bildung

V. Biesel, *Praxishandbuch Ressourcenorientiertes Lerncoaching im Gruppenformat*,
https://doi.org/10.1007/978-3-662-71009-8_24

Das ZRM®-Curriculum komplett mit SchülerInnen im Umfang eines ZRM®-Grundkurses durchzuführen, führt einen Zeitaufwand von 15 h mit sich. Dieses wird in Schule aufgrund eines vermeintlichen Zeitdruckes häufig als nahezu unmöglich erlebt. Was aber gibt es Wichtigeres, als die Kompetenz zu fördern, mit der eignen Psyche gut und gesundheitsförderlich umzugehen und entsprechende Selbstmanagement-Kompetenzen aufzubauen, die zudem zu allen Anliegen, Themen, Herausforderungen und in allen Lebenssituationen angewendet werden können. Ist mit dieser Betrachtung die Investition von 15 h im Vergleich zu 15.000 Schulstunden wirklich viel? – Nein, es ist viel zu wenig!

Die Bedeutung der Selbstbildung ist pädagogisches Selbstverständnis, wird aber oft aus vermeintlichen Zeitgründen hintenangestellt und ist doch wesentlicher Auftrag der Schulbildung. Es gilt, Persönlichkeitsentwicklung zu ermöglichen. Die Frage, was man dafür tun kann, ist in vielen schulischen Kontexten angebracht. Hilfreicher jedoch wäre die Frage, was man dafür unterlassen sollte.

In den Worten Selbstbildung, Selbstwirksamkeit, Selbstwirksamkeit, Selbstverständnis, Selbstwert steckt das Wort „Selbst“ und hierin die Antwort zu der oben genannten Frage: Wir sollten mehr Raum für das Selbst geben:

- Die SchülerInnen *selbst* lernen lassen.
- Die SchülerInnen *selbst* entscheiden lassen, was sie lernen möchten.
- Die SchülerInnen *selbst* entscheiden lassen, wie sie lernen möchten.
- Die SchülerInnen *selbst* entscheiden lassen, wann sie lernen möchten.

Da Personal-Mastery im Zentrum der Frage nach den Zukunftskompetenzen (vgl. Kap. 29 und 30) steht, warum findet es dennoch im Schulalltag so wenig Beachtung? Ist nicht die Frage: „Wie man wird, was mein sein kann?“ (Arnold, 2019) eine der entscheidendsten für die Entwicklung und das Wachstum einer Generation von SchülerInnen und eben jedes Elementes dieser Generation, also jeder einzelnen Person? Und ist dieses nicht auch die entscheidende Frage für eine pädagogisch tätige Lehrkraft? An diesen Fragen können Schülerinnen und Schüler, Lehrerinnen und Lehrer gemeinsam lernen, gemeinsam wachsen. So wird Schule für beide Gruppen zu einem Lern- und Begegnungsort.

Mottozielgalerie

Ergänzende Information Die elektronische Version dieses Kapitels enthält Zusatzmaterial, auf das über folgenden Link zugegriffen werden kann [https://doi.org/10.1007/978-3-662-71009-8_25].

V. Biesel, *Praxishandbuch Ressourcenorientiertes Lerncoaching im Gruppenformat*,
https://doi.org/10.1007/978-3-662-71009-8_25

Wird im Rahmen von Klassen oder Jahrgangscoachings mit Schülerinnen und Schülern (erstmals) ein ZRM®-Prozess durchlaufen oder in anderer Art und Weise mit Mottozielen gearbeitet, so ist dieses für sie meist sehr ungewöhnlich. Gleichzeitig ist die Entwicklung eines passenden Mottoziels in dem Prozess von herausragender Wichtigkeit. Dieses Kapitel gibt daher weitere Tipps und stellt mit der Mottozielgalerie eine Methode vor, die den SchülerInnen einen leichteren Einstieg ermöglicht, um Ihr individuelles Mottoziel mit hohem Identitätsbezug zu entwickeln.

Das Verständnis für die Wirksamkeit kann den Schülern durch ein Beispiel nähergebracht werden. Je nach Altersklasse kann auch die Analogie zu Slogans und Claims gut beschrieben werden. Slogans sind eine Art Mottoziel für einen Kampagne. Sie sollen einen bestimmten Produktnuten suggerieren oder eine emotionale Verbindung zu einem Produkt aufbauen. Ein Claim steht für die Marke des gesamten Unternehmens. Beide sind Bestandteile der Corporate Identity. Hier sind viele Parallelen aufzuzeigen, denn auch bei dem Mottoziel geht es um eine hohe Identifikation des Zielinhabers mit eben diesem. Der Mottozielinhaber/die Mottozielinhaberin kennt seinen/ihren ‚Kunden' (sich selbst) dabei sehr viel besser als jede Marketingabteilung ihre Zielgruppe. Auch Motivationssprüche aus dem Sport sind ein gutes und verständliches Beispiel. Viele SchülerInnen kennen selbst entsprechende Beispiele für alle genannten Varianten. Mit solchen Beispielen kann ein Verständnis für die Wirkungsweise von Mottozielen nachvollzogen werden. So erhöht sich die Bereitschaft, sich auf eine solche, zunächst oft ungewohnte Arbeitsweise, einzulassen.

Dennoch stehen Schüler und Schülerinnen oft vor einer gewissen Herausforderung, wenn es darum geht, für sich selbst ein Mottoziel zu formulieren. Im Zürcher Ressourcen Modell (ZRM®) ist die passgenaue, mit der eigenen Identität des Schülers einhergehende Formulierung des Mottoziels, von entscheidender Wichtigkeit für den Erfolg des Selbstmanagements.

Da die SchülerInnen, die das erste Mal einen ZRM®-Prozess durchlaufen, entweder gar keine Erfahrung mit professioneller Zielarbeit haben oder diese sich häufig auf konkret-spezifische Ziele (vgl. Biesel, 2025, S. 236 f.), z. B. im Rahmen von Lernentwicklungsgesprächen, beschränkt, gilt es, den SchülerInnen möglichst viele Brücken zu der bisher ungewohnten Art unspezifischer Haltungsziele zu bauen.

Die im Curriculum des ZRM® beschriebene Vorgehensweise hilft den SchülerInnen, ein Mottoziel zu erarbeiten. In großen Gruppen, z. B. im Jahrgangscoaching, bietet sich oft eine weitere Hinführung zu dieser Art der Zielarbeit an.

Nachdem das Mottoziel in der Theorie und in der Methodik des ZMR® vom Klassencoach angeleitet wurde, werden die SchülerInnen in eine Mottozielgalerie geschickt, um ein Gefühl für diese Art der Zielformulierung zu bekommen. Anschließend sollen sie für sich ein individuelles Ziel entwickeln.

Die Mottozielgalerie kann, je nach Räumlichkeiten, oft sehr gut in einem Schulflur, der Pausenhalle oder einer Aula präsentiert werden. In der Galerie hängt eine sehr, sehr große Menge von Beispielen zu Mottozielen.

Hinweis

Die Anzahl der Beispiele sollte sehr hoch sein. Es ist gewollt, damit den kognitiven Verstand zu ‚überfordern' (vgl. Biesel, 2025, S. 128–132) und so zu verhindern, dass sich die SchülerInnen die Beispiele merken. Selbstverständlich kann es dabei sein, dass sich SchülerInnen einzelne Beispiel merken, diese haben dann in der Regel einen sehr hohen Identitätsbezug (vgl. Biesel, 2025, S. 231–236 und S. 357–365), und dies ist somit förderlich.

Es ist hilfreich, die Mottoziele auf DIN-A4- oder DIN-A3-Format (je Blatt ein Ziel) auszudrücken und die Wände damit zu dekorieren oder diese auf Pinnwänden aufzustellen. Eine Präsentation in Augenhöhe ist hilfreich, damit die SchülerInnen diese in aufrechter Position anschauen können.

Idealerweise haben die Schülerinnen und Schüler die Mottozielgalerie vorher noch nicht zu Gesicht bekommen. Der Klassencoach kann nach der Erklärung der Mottozielarbeit z. B. wie folgt auf die Galerie hinweisen:

- *„Damit Ihr nun eine Idee für ein solches Mottoziel bekommt, haben wir Euch eine Mottozielgalerie erstellt. Ihr könnt dort flanieren und Euch Inspirationen für das eigene Mottoziel holen. Es ist wichtig, dass Ihr Euer ganz Eigenes entwerft und nicht einfach eines kopiert. Gerne könnt Ihr einzelne Worte übernehmen. Nehmt die Beispiele als Assoziationen für neue, eigene Ideen, sodass Ihr Euer ganz eigenes Mottoziel kreiert."*

In großen Gruppen ist es dabei sinnvoll, durch die Präsenz mehrerer ZRM®-Trainer diese Phase zu begleiten.

Im Folgenden gibt es eine Vielzahl von Beispielen für eine ZRM®-Mottozielgalerie:

Ich bin geschwind wie der Wind. +++ Schnell und mit einem Lächeln erledige ich meine Aufgaben. +++ Leuchtend rot erstrahle ich mit meinesgleichen. +++ Ich fühle mich frei und habe das Ziel im Visier. +++ Entspannt genieße ich die Natur. +++ Mit Freude bin ich (bei mir) zu Hause. +++ Ich bewege mich gradlinig durcheinander. +++In der Ruhe liegt meine Kraft – Ich bin ein Gewinner! +++ Blühend stehe ich fest in der Erde verwurzelt. +++ Ich bin eine Blume, die wie eine Sonne strahlt. +++ Satt und angekommen. +++ Ich bin das Runde und das Eckige. +++ Gemütlich bin ich ganz bei mir. +++ Meine ordentliche Unordnung und ich. +++ Meine Treppe führt mich ins Glück. +++ Ich angle fette Fische. +++ Ich bin mein eigenes Kunstwerk. +++ Zielstrebig und spielerisch- +++ Volltreffer geradeaus! +++ Im warmen Sonnenlicht genieße ich die Zweisamkeit. +++ Cool und lässig bewege ich mich an mein Ziel. +++ Krass geil. +++ Fester Boden lässt mich große Schritte machen. +++ Ich wachse hoch hinaus und gehe geradeaus. +++ Ich finde meine Wolfsspur. +++ Löwenstark und gelassen schreite ich durch die Welt. +++ In dem Rudel fühl ich mich pudel …! +++ Standfest bewege ich mich durch den Sturm. +++ Wie das Wasser finde ich meinen Weg. +++ Meine Kerze leuchtet hell. +++ Ich ruhe im Schatten des Baumes und in dem Licht der Sonne. +++ Durchdrehen! +++ Wertvoll im Verborgenen. +++ Explosiv, knallig, lebendig tanze ich durch das Leben! +++ In mir liegt Rosenduft und Morgenluft. +++ Yeah, ich bin stark. +++ Aus meinem Fenster kann ich weit blicken. +++ Süß uns saftig sind meine Früchte. +++ Ich bin mein Glücksschwein. +++ Ich erstrahle im Glanze. +++ Schnell und muskulös strebe ich ans Ziel. +++ Zusammen bin ich stark. +++ In der Ruhe liegt alles was ich brauche. +++ Bingo! Ich bin da. +++ Ich atme Freiheit. +++ Ich fahre meine Ernte ein. +++ Der Morgentau bringt mir das Glück. +++ Bei jedem Wetter bin ich auf Kurs. +++ Ich habe die Sonne im Segel. +++ Mein Weg ist das Ziel. +++ Ohne Orientierung weiß ich, wo es lang geht. +++ Mein Korb ist gefüllt. +++ Die Säulen meines Lebens tragen mich. +++ Fest verwurzelt stehe ich wie ein König. +++ Süß, sauer, salzig – ich bin alles zugleich. +++ Verborgen und beobachtend schaue ich in die Welt. +++ Aus-Flippern! +++ In mir ist es angenehm unruhig. +++ Im Lichte führe ich meine Schäfchen. +++ Ich bin unterwegs und habe den Überblick! +++ Ich bin auf meiner Straße nicht alleine. +++ Ich wirble den Staub auf. +++ Volle Kraft voraus! +++ Ich mach' das für mich. +++ Ich nehme mein Leben in die Hand. +++ Ich gehe meinen Weg. +++ Schritt für Schritt gehe ich voran. +++ Mit Leichtigkeit gehe ich meine Schritte. +++ Ich surfe auf den Wellen des Lebens. +++ Ich finde den Fuchs in mir. +++ Ich bin frei wie ein Adler. +++ Ich baue mir eine Brücke. +++ Mit aller Kraft schieße ich aufs Tor! +++ Die Welt ist weit und ich finde meinen Platz. +++ Aus dem Schatten schreite ich ins Licht. +++ Ich glaube an mich. +++ Weite und Aussicht – so schaffe ich es. +++ Ich höre auf meine Löwenkraft. +++ Ich schaffe es – und dann kommt die Party. +++ Hoch hinaus – und ich bin dabei. +++ Bald habe ich es geschafft. +++ Ich bin der kluge Delfin. +++ Mein Glück leuchtet in mir. +++ Wie ein Leuchtturm stehe ich im wilden Meer. +++ Ich schaffe es – zusammen mit anderen. +++ Geduldig und gemach – ich komme voran. +++ In mir steckt noch vieles. +++ Ich tauche auf! +++ Mit Treckerkraft hab ich's geschafft. +++ Ich entfalte mich. +++ Ich will und chill'. +++ Ich gehe über den Berg. +++ Ich weiß, was ich will. +++ In mir lebt die Kraft. +++ Get up, stand up. +++ Ich bin der weise Wolf. +++ Mit allen Pferdestärken. +++ Ich folge meiner Sehnsucht. +++ Ich finde meinen Rhythmus. +++ Ich glaube an das Leben. +++ Tausend Wege führen mich. +++ In die Welt. +++ Ich finde meine Wurzeln und wachse. +++ Ich fasse Mut und geh' voran.

25

Die oben aufgeführten Beispiele für Mottoziele finden Sie jeweils auf einem DIN-A4-Blatt im Querformat angelegt in Downloadbereich(➔ Mottozielgalerie Anregungen für SchülerInnen). So können Sie diese einfach ausdrucken und haben Ihre ‚Ausstellungswerke' für die ‚Mottozielgalerie'.

Hinweis I – Ich-Bezug

Im Kontext der Mottozielerarbeitung ist es wichtig, diese mit einem Ich-Bezug (vgl. Storch et al., 2022; Biesel, 2025) zu entwickeln. Da nicht alle der in der Galerie hängenden Ziele einen Ich-Bezug aufweisen, sollte darauf hingewiesen werden. In der Galerie ist teils darauf verzichtet worden, da diese Ziele in den jeweiligen Fällen bei SchülerInnen auch ohne diesen Ich-Bezug einen sehr hohen Identifikationsgrad aufwiesen. So konnte in der Finalisierung des Mottos darauf verzichtet werden, insbesondere da der Ich-Bezug im Vorweg der Entwicklung Beachtung fand. Diese Vorgehensweise kann sollte so auch für die aktuellen TeilnehmerInnen gelten.

Hinweis II – Jugendsprache

Um einen möglichst hohen Identifikationsgrad zu erreichen, ist es hilfreich, die Mottozielgalerie auch um aktuelle Formen der Jungensprache zu ergänzen, wie Sie in der Klassenstufe gerade aktuell und angesagt sind. Es bietet sich an, im Vorfeld dazu die SchülerInnen zu befragen und so gemeinsam weitere Ideen zu entwickeln, die in die Galerie aufgenommen werden.

Der Ressourcenbaum

V. Biesel, *Praxishandbuch Ressourcenorientiertes Lerncoaching im Gruppenformat*,
https://doi.org/10.1007/978-3-662-71009-8_26

Der Ressourcenbaum ist eine Methode für die Grundschule. Die SchülerInnen gestalten gemeinsam einen Baum an einer großen Wand des Klassenzimmers.

Das Ganze kann als gemeinsames Projekt aufgesetzt werden: Vorab werden die Materialien definiert, die zur Verfügung stehen. Auch das Ziel wird festgelegt: Es soll ein Baum ohne Blätter mit einem Stamm und vielen Ästen entstehen. Auch eine Zeit wird definiert, die zur Verfügung steht.

Die SchülerInnen müssen in diesem Projekt in der Klasse viele Dinge abstimmen und koordinieren. Vieles davon erfolgt unbewusst. Wer macht was? Wie entscheiden wir gemeinsam? Einiges erfolgt auch sehr bewusst: Wie teilen wir die Fläche auf? Wer achtet auf die Zeit?

Je nach Klassenstufe und Entwicklungsstand können diese Fragen vorher mit der Lehrperson (Lerncoach) abgestimmt werden oder in die Hände der gesamten Klasse gegeben werden.

Tipp

Geben Sie ein bisschen mehr in die Hände der SchülerInnen, als Sie eigentlich planen. Beobachten Sie genau, wie die Klasse mit diesen Herausforderungen umgeht. Sie werden erstaunt sein, wie die kollektive Intelligenz der Klasse die Probleme zu lösen imstande ist.

Die SchülerInnen bekommen eine zusätzliche Aufgabe im Sinne ihrer Selbstbeobachtungskompetenz. Es ist ausreichend, dazu eine Frage zu stellen. Diese soll zur Metaperspektive einladen:

- *„Liebe SchülerInnen, stellt Euch vor, ein Vogel würde Euch bei der Arbeit beobachten. Wie würde er beschreiben, wie ihr Euch diesem Projekt widmet?“*

Über eine solche Metapher lässt sich die Selbstreflexion schon im Kindesalter gut einführen. Der Austausch darüber kann im Prozess oder im Anschluss durchgeführt werden. Hier ein paar Beispiele für Leitfragen eines solchen Prozesses:

- *„Wie gelingt es uns, uns abzustimmen, wer was macht?“*
- *„Wie reden wir miteinander?“*
- *„Wie lösen wir Meinungsverschiedenheiten?“*

Wählen Sie eine der Fragen aus oder überlegen Sie sich eine andere, die zur Klasse und zur Situation passt. Diese Frage sollte plakativ im Klassenraum sichtbar sein. Sie kann auch mittels eines Bildes visualisiert werden. Als Lerncoach können Sie im Prozess schon durch eine Geste, einen Fingerzeig oder einen Blick auf das Plakat zur Selbstbeobachtung einladen.

Im Anschluss gestalten die SchülerInnen auf einem Papierblatt (DIN-A4) ein Blatt eines Baumes. Dieses sollte das DIN-A4-Blatt fast ausfüllen. Es kann dann ausgeschnitten werden. Auf diesem Blatt schreiben die SchülerInnen ihren Namen und lassen noch viel Platz dabei.

- **Wertschätzendes Feedback**

In Vorbereitung auf diese Phase können mit der Klasse gemeinsam positive Eigenschaften gesammelt und besprochen werden, z. B.:

aktiv, dynamisch, fair, fleißig, fürsorglich, geduldig, großzügig, gewissenhaft, höflich, hilfsbereit, kreativ, klug, liebevoll, meinungsstark, mitfühlend, mutig, neugierig, offen, organisiert, pünktlich, ruhig, respektvoll, selbstbewusst, spontan, tatkräftig, teamfähig, umsichtig, unkompliziert, vielseitig, verständnisvoll, vertrauenswürdig, weitblickend, witzig, zuverlässig, zuversichtlich

Zu viert finden sich die Schüler nun in einer Gruppe zusammen, um sich gegenseitig wertschätzendes Feedback zu geben. Reihum wird allen SchülerInnen aus der Gruppe durch die MitschülerInnen in der Gruppe ein Feedback zu seinem/ihrem persönlichen Beitrag in dem Projekt Ressourcenbaum gegeben.

Die SchülerInnen können sich dabei auf die Sammlung der guten Eigenschaften beziehen oder neue weitere Eigenschaften finden. In jedem Fall sollte darauf geachtet werden, dass die Schülerinnen und Schüler lernen, nicht nur ein Wort (zu wählen und) zu sagen, sondern das Feedback auch zu begründen, z. B.:

- *„Maja, Du warst geduldig, so konnten wir den Stamm zu Ende zeichnen, bevor Du mit den Ästen begonnen hast."*

Im Anschluss können die Kinder sich die positiven Dinge auf ihre Blätter schreiben und diese gestalten.

- **Kurzes Prozessfeedback**

Die Kinder werden nun gefragt, wie das für sie war. Die Kinder erkennen dabei die Wirkung der Ressourcenorientierung:

- *„Es schön ist, wenn andere positiv über einen reden."*
- *„Es tut mir gut, zu hören, was ich kann."*
- *„Ich wusste gar nicht, dass ich das kann."*
- *„Das war angenehm."*
- *„Das Zusammenarbeiten macht Spaß."*
- *„Es ist gut, wenn man sich abstimmt."*
- *„Gemeinsam schafft man mehr."*
- *„Wir haben zusammen etwas Großes gemacht. Das war möglich, weil wir so verschieden sind und jeder etwas anderes kann."*

Ziel ist es, diese Ressourcenorientierung über einen längeren Zeitraum zu wiederholen, zu erlernen und zur Kultur der Klasse werden zu lassen. Dazu eignen sich die Erweiterung dieser Methode wie auch das Abschlussritual.

- **Abschlussritual**

Bei dem Abschlussritual darf jede/r SchülerIn sein/ihr eigenes Blatt mit dem eignen Namen und den persönlichen Ressourcen an den Baum kleben. Wenn er oder sie das Blatt anklebt, bekommt er/sie einen Applaus von der ganzen Klasse für den Anteil, den er/sie dazu beigetragen hat, dass dieser Baum entstehen durfte.

- **Erweiterung I**

Später können dem Baum auch noch Blüten zugefügt werden. Sie sind das Resultat der guten Zusammenarbeit in der Klasse. So kann diese gute Zusammenarbeit gewürdigt und anerkannt werden. Blüten sind ein Kompliment für die gesamte Klasse.

- **Erweiterung II**

Das Bild des Baumes kann auch um weitere Faktoren ergänzt werden. Dazu ist es hilfreich, dass der Baum als Ganzes, inklusive seinem Wurzelwerk gezeichnet wird. So können Einflüsse, wie Sonnenlicht und genügend Wasser, aufgezeigt werden, Ressourcen erklärt, und sich früh in der Metaphernarbeit (vgl. Biesel, 2025, S. 178–180) geübt werden. Über die Brücke der Metaphern kann ermittelt werden, was die Ressourcen der Klasse und der einzelnen SchülerInnen sind. Was steht in dem Organismus Schulklasse als Wasser oder Sonnenlicht? So werden Gelingensbedingungen für ein gutes Klassenklima erkannt und erlernt.

- **Erweiterung III**

Um der Klasse Projektkompetenz zu vermitteln, ist es auch denkbar, das Projekt der Erstellung des Baumes von Anfang an über einen längeren Zeitraum zu planen, z. B. mehrere Wochen. In diesem Fall bietet es sich an, die Klasse auch mit einem kleinen Projektplan arbeiten zu lassen:

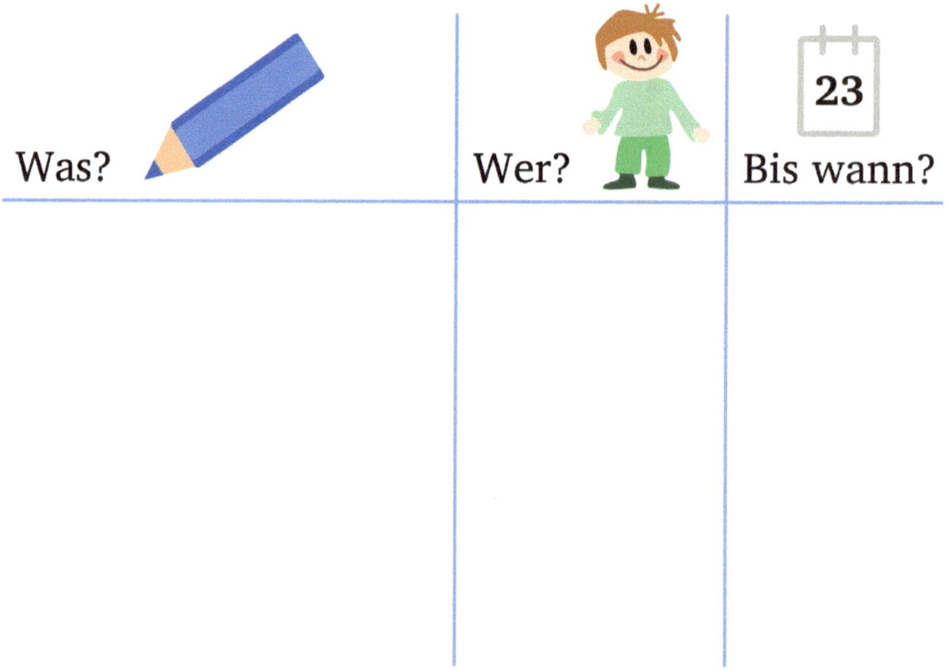

■ Abb. Tabelle: Was? I Wer? *I Bis wann?. (© thingamajiggs/*▶ stock.adobe.com*)*

Dabei lernen die Kinder schnell, dass gewisse Dinge aufeinander aufbauen, dass Schritte in einer bestimmten Reihenfolge zu erfolgen haben und dass gemeinsam genutzte Ressourcen (Materialien) koordiniert werden müssen.

Kreativität im Umgang mit den Formaten

V. Biesel, *Praxishandbuch Ressourcenorientiertes Lerncoaching im Gruppenformat*,
https://doi.org/10.1007/978-3-662-71009-8_27

Die in diesem Teil des Buches vorangehend beschriebenen Formatbeispiele sollen Ihnen eine Anregung sein. Sie können wie beschrieben angeleitet und umgesetzt werden oder auch abgewandelt, kombiniert oder gekürzt oder verlängert werden. Ebenso lassen sich mit diesen Anregungen weitere neue Formate entwickeln.

Sofern Sie eigene Formate entwickeln möchten, können Ihnen dabei die Strukturen der Prozessdimensionen: Ablauf, Lösungsorientierung und Motivationsorientierung eine Hilfestellung und eine Anregung für ein gelingendes Format sein.

Die Formate, welche alle für den Kontext von Klassencoaching entwickelt wurden, können darüber hinaus teilweise auch auf Lerninhalte zu Fachthemen aller Fächer übertragen werden. So könnte man z. B. ein Lernideen-Café (vgl. Lernideen-Café, ► Kap. 14) zum Thema Toleranz oder eine Skalierung (z. B. mit der Powerline, vgl. ► Abschn. 20.5) zum Lernfortschritt bezogen auf die Fotosynthese durchführen.

Lerncoachingverständnis

Bitte beachten Sie im Falle der Anwendung von Formaten auf Fachthemen, dass Sie solche fachliche Anwendung nicht als Lerncoaching bezeichnen, da dieses nicht dienlich zur Klarheit und Abgrenzung von Coaching gegenüber den SchülerInnen wie auch den KollegInnen führen würde.

Umgekehrt lassen sich auch viele Formate z. B. aus Ansätzen zum selbstgesteuerten Lernen zu Gruppenlerncoaching-Formaten umbauen. Auch gibt es reichlich weiter Formate aus dem Fundus aus Moderation, wie z. B. Open Space (Owen, 2011), die sich ideal für Lerncoaching-Formate eignen.

Dieses Kapitel soll entsprechend eine Einladung sein, eine Einladung zum Ausprobieren – zum Ausprobieren der vorangegangenen Formate wie auch zum Ausprobieren von Abwandlungen und Neuentwicklungen.

Professionalisierung für höhere Wirksamkeit

Inhaltsverzeichnis

Wirkfaktoren für Gruppen- bzw. Klassencoaching

Inhaltsverzeichnis

V. Biesel, *Praxishandbuch Ressourcenorientiertes Lerncoaching im Gruppenformat*,
https://doi.org/10.1007/978-3-662-71009-8_28

Eine gute Beziehung ist der zentrale und entscheidende Wirkfaktor für gelingenden Unterricht wie auch für Klassencoaching. Entsprechend ist es für erfolgreiches Lernen wichtig, dass die Lehrpersonen sich mit Themen zur Entwicklung oder Aufrechterhaltung eines guten Klassenklimas proaktiv beschäftigen, denn der Gruppenzusammenhalt in einer Klasse wirkt sich positiv auf die Beziehung zwischen Lehrperson und Lernenden aus (vgl. Hattie, 2015, S. 123; Hattie & Zierer, 2023, S. 85).

So ist die inhaltliche Arbeit des Klassencoachings allein schon beziehungsfördernd. Doch auch auf der Prozessebene kann eine förderliche Beziehung gestaltet werden. Dabei gibt es erfahrungsbasiert unterschiedliche Faktoren, die auf eine positive Beziehung der Teilnehmenden zu ihrem Klassencoach einzahlen.

Die entscheidenden sechs Wirkfaktoren für gelingendes Klassencoaching sind:

1. Prozessorientierung
2. Freiwilligkeit
3. Wertschätzung
4. Vertrauen in die Selbstorganisation
5. Moderationskompetenz
6. Synergetische Gruppenarbeit

Diese Faktoren sind nicht trennscharf voneinander abzugrenzen. Sie haben überschneidende Aspekte und stehen miteinander in starken Wechselbeziehungen. Gemeinsam bilden sie in ihrer Gesamtheit ein System zur Professionalisierung von Gruppen bzw. Klassencoaching.

Hinweis

Der Begriff der Moderationskompetenz wird in diesem Zusammenhang im engeren Sinne verstanden. Im weiteren Sinne können auch alle anderen Aspekte als Moderationskompetenz verstanden werden.

Die Professionalisierung anhand der beschriebenen sechs Wirkfaktoren ist die haltungsleitende Selbstentwicklung eines Klassencoaches und hat enorme Auswirkungen auf Schülerinnen und Schüler, insbesondere auf deren Engagement und deren Verantwortungsübernahme als TeilnehmerInnen des Gruppencoachings.

Die einzelnen in ◘ Abb. 28.1 beschriebenen sechs Wirkfaktoren werden im Folgenden konkretisiert, indem ihre wesentlichen Bestandteile aufgelistet und erläutert werden.

Abb. 28.1 Sechs Wirkfaktoren zur Professionalisierung von Gruppen- bzw. Klassencoachings. (© Volker Biesel 2026. All Rights Reserved)

28.1 Prozessorientierung

Der Klassencoach ist im doppelten Sinn Prozessbegleiter. Einmal in der Funktion als Coach und auch in der Funktion eines Moderators. Prozessbegleiter sind Ermöglicher. Sie gestalten einen Prozess, der es dem Gegenüber (hier dem einzelnen Teilnehmer oder auch der Klasse als Gesamtheit) ermöglicht, selbst zu Erkenntnissen zu kommen, eigene Ziele zu finden und das eigene Potenzial zu nutzen. Es geht also auch hier um die Hilfe zur Selbsthilfe. So wird die Selbstorganisationsfähigkeit der Teilnehmenden wie auch der Gruppe gefördert.

Es ist entsprechend für den Gruppen- oder Klassencoach besonders wichtig, eine situative Rollenklarheit zu haben. Folgende Aspekte sind dazu dienlich:

- Auftragsklärung
- Prozesskompetenz für die angewendeten Formate
- Klarheit und Transparenz über das Vorgehen und den Sinn
- Angemessene Verantwortlichkeitsverortung
- Systemisches Denken und konstruktivistisches Verständnis

Prozessorientierung beginnt bei der Auftragsklärung (vgl. ► Kap. 6). Aus dieser heraus erwächst Rollenklarheit und die Wahl des Formates, welches der Klassencoach im Sinne des Prozessziels (Auftrag) durchführt.

Auf der inhaltlichen Ebene und auf der Arbeitsebene ist es dabei wichtig, dass der Klassencoach ‚aus dem Weg gehen' kann, um der Gruppe die Möglichkeit zu geben, selbst wirksam zu werden. Im Regelfall sind Teilnehmende kompetenter in den zu bewältigenden Aufgaben, als sie es selbst anfangs glauben. Das ‚Aus-dem-Weg-Gehen', weckt wie auch gutes Zuhören die Verantwortung der Schülerinnen und Schüler.

Systemisches Denken und ein konstruktivistisches Verständnis (vgl. ▶ Abschn. 2.1 und Biesel, 2025, S. 34–40) können zum Verstehen von gruppendynamischen und individuellen Prozessen dabei ausgesprochen hilfreich sein. Es ermöglicht eine professionelle Beobachterperspektive, das Erkennen von Beziehungen, Zusammenhängen und Kontexten.

Verantwortlichkeitsverortung bedeutet, dass der Lerncoach die inhaltliche Verantwortung bei der Gruppe und den Teilnehmern belässt, die Prozessverantwortung jedoch behält. Der Gruppen- bzw. Klassencoach kann im Sinne der Prozessverantwortung zur Orientierung die Transparenz über das Vorgehen und über dessen Sinn herstellen, er lässt gleichzeitig die inhaltliche Arbeit zu einhundert Prozent bei den Teilnehmenden selbst, so können diese im Rahmen des Prozesses ihren ganz eigenen Weg gehen.

28.2 Freiwilligkeit

Freiwilligkeit und Schule scheinen ein großer Widerspruch zu sein. (Der unten beschriebene Hinweis dient dem Auflösen dieses Widerspruchs.) Lerncoaching im Allgemeinen und Klassencoaching im Besonderen sind Orte, an denen der Freiwilligkeit besondere Beachtung geschenkt werden sollte. Der Lerncoach sollte alles daranlegen, das Maß an Freiwilligkeit in den Formaten möglichst hochzuhalten. Zentral sind dabei die folgenden Aspekte:

- Einladende Haltung,
- Freiräume gestalten
  Inhaltliche Freiheit

Alleine das Wort *„Einladung"* wirkt Wunder. Zu jeder Anleitung, zu jeder Gruppenarbeit kann der Klassencoach eröffnen:

- *„Ich lade Euch ein, nun …"*

Eine Einladung kann angenommen und auch abgelehnt werden. Der Moderator sollte eben diese Freiheit durch seine Einladung geben. Damit sollte er auch akzeptieren, dass SchülerInnen gegebenenfalls dieser Einladung nicht folgen. Es scheint paradox: Je mehr Freiwilligkeit der Klassencoach gewährt, desto mehr werden dieser Einladung folgen. Wenn Sie beispielsweise explizit sagen:

- *„Eine Einladung meint hier auch, dass dies abgelehnt werden kann. Also, sofern Ihr meint, dass Euch das nicht weiterbringt, nutzt die Zeit in einer anderen Weise sinnvoll für Euch. Anderenfalls lade ich Euch ein, ‚kontextbezogener Inhalt'."*

Insbesondere bei sehr freien und offenen Formaten ist dieses hilfreich und wichtig. Wird es mit echter Überzeugung und mit dem Verständnis, dass eine Ablehnung der Einladung völlig in Ordnung sei, durch den Klassencoach kundgetan, wird sich der Einladung kaum jemand entziehen.

Anmerkung

Schülerinnen und Schülern diese Selbstverantwortung zu nehmen ist kontraproduktiv. Wollen sich Teilnehmende dem Prozess entziehen, sollte man ihnen gewähren und eine Möglichkeit schaffen, dass sie jederzeit zurückkommen können, ohne dass sie für ihre Auszeit verurteilt werden – weder durch den Klassencoach noch durch MitschülerInnen. Entsprechend sollte der Klassencoach diesem mit Wertschätzung begegnen.

Motivation gelingt nicht durch Zwang, nicht durch Anschubsen, sondern nur durch eigenen Antrieb. Es gilt daher, einen vertrauensvollen Raum zu schaffen, der die Möglichkeit für eben diesen Antrieb in sich trägt. Freiheit und Freiwilligkeit sind die begünstigenden Faktoren.

Hinweis

Sollten Sie dieses jedoch befürchten, das heißt mit einer Nicht-Annahme Ihrer Einladung hadern, machen Sie es bitte nicht, wie oben beschrieben. Dies wäre nicht kongruent.

Vielleicht können Sie sich in anderem Kontext oder in kleinerem Rahmen oder zu einem anderen Zeitpunkt an diese neue Haltung herantrauen, oder Sie schaffen auf anderen Wegen Freiräume für Ihre SchülerInnen.

Neben der einladenden Haltung gilt es, auch technisch möglichst viele Freiräume zuzulassen, ohne dabei das Format und die klare Anleitung aufzugeben. Es geht um die Schaffung offener Gestaltungsspielräume.

Spielräume

Der Begriff Spielräume ist hier mit Bedacht gewählt. Spielräume sind Räume, in denen ohne Angst, mit hoher Fehlerfreundlichkeit und mit viel Spaß gelernt werden darf. Spiel macht Spaß, Spaß ist lernförderlich. Das Spiel ist der natürlichste Weg des Lernens und eine fundamentale Lernform.

Weichen SchülerInnen von der gestellten Aufgabe ab, sollte zunächst hinterfragt werden, ob das Abweichen dem Prozessziel zuträglich ist. Ist dieses gewährleistet, so kann es gerne geduldet, sollte gegebenenfalls sogar forciert werden. Ist dieses nicht gewährleistet, sollte der Klassencoach das Prozessziel transparent machen und den Schüler/die Schülerin wiederholt auf den geplanten Pfad ‚einladen'.

Inhaltlich sollte sich der Lerncoach, wie schon unter dem Punkt Prozessorientierung beschrieben, in jedem Fall raushalten, denn die Anliegen, Ziele und Ressourcen liegen im Coachee oder, je nach Auftrag, in der Klasse als Gemeinschaft. – Auch dieses gibt den Teilnehmenden Freiheit. Aus dieser Freiheit folgt Freiwilligkeit.

Im Gruppencoaching geht es um eine kreative Weiterentwicklung. Solche ist nur möglich und nachhaltig, wenn sie auf Freiwilligkeit beruht. Prüfen Sie daher, wo und in welchem Rahmen Sie maximale Freiwilligkeit ermöglichen können.

Hinweis I

Freiwilligkeit heißt nicht Beliebigkeit. Freiwilligkeit zu gewähren, heißt für den Klassencoach auch, an die Mitverantwortung zu appellieren. Dies darf und sollte auch ausgesprochen werden:

- *„Es ist okay, wenn Du Dich an der Stelle aus der Übung herausnimmst und die Zeit für etwas anderes nutzt. Bitte bedenke gleichzeitig, dass Du dann die Chance ‚kontextbezogener Inhalt' nicht nutzt. Das ist okay. Es ist Deine Verantwortung, eine freie Entscheidung."*

Hinweis II

Freiheit und Freiwilligkeit sind in Schule eher die Ausnahme als die Regel. Die SchülerInnen gehen gezwungenermaßen zu Schule (Schulpflicht), sie entscheiden weder über den Ort, an dem sie lernen (Anwesenheitspflicht) noch über die Zeit, in der sie lernen (Stundenplan). Auch gibt es selten Freiheit in der Entscheidung, mit wem sie lernen wollen (Klassenzuordnung). Das, was sie lernen (Curriculum) oder wie sie ihr Lernen gestalten sollten, wird ihnen ebenfalls oft vorgeben (angebotenes Lernformat). All diese Aspekte demotivieren. Schule tut entsprechend gut daran, hier im Rahmen der Möglichkeiten entgegenzuarbeiten und ein großes Maß an Freiwilligkeit zu ermöglichen und zuzulassen.

Wenngleich das oft mit den Worten: *„Das ist in Schule ‚aus den und den Gründen' nicht möglich."* abgetan wird, so finden doch viele Schulen hier kreative Lösungen. Einige Beispiele aus Konzepten, Schulformen und pädagogischen Ansätzen sollen an dieser Stelle ohne Anspruch auf Vollständigkeit eine Anregung sein:

- Schulen mit Gleitzeit/individuelle Lernzeit/Lernzeitmodelle
- *Integration von Konzepten Selbstorganisierten Lernens (SOL)*
- *Lernen durch Lehren (LdL)/Projektarbeit/Projektbasiertes Lernen/Freiarbeit*
- *Offener Unterricht: Wochenplanarbeit, Stationenlernen, Lernbüros*
- *Flexible Lerntempi/Lernen am Bedarf/Lernen durch unterschiedliche Materialien (z. B. in der Reformpädagogik, bei Montessori- oder in der Dalton- oder Freinet-Schulen)*
- *Einbindung der Schüler in Entscheidungsprozesse (z. B. Freie Demokratische Schule)*

All diese Ansätze zeigen, wie sich Schule schon auf einem Weg zu mehr Freiheit und daraus resultierend mehr Freiwilligkeit bewegt. ‚Frei-Willigkeit' fördert Motivation.

28.3 Wertschätzung

Wertschätzung kann auf unendlich vielen Wegen zum Ausdruck gebracht werden. Es sollten immer möglichst viele unterschiedliche Wege gleichzeitig beschritten werden. Der Gruppencoach sollte entsprechend

- Akzeptanz und Empathie zeigen,
- ein Klima des Wohlfühlens schaffen,
- den Raum und die Arbeitsbereiche angenehm gestalten,
- Verpflegung zur Energieversorgung und als soziale Funktion stellen oder zulassen und
- Aufmerksamkeit(en) verteilen.

Gutes Zuhören, Respekt der Individualität und eine positive Anerkennung sind die Basis. Sie zeugen von den und folgen aus den Haltungsparadigmen der Akzeptanz und Empathie. Sie erzeugen ein Klima des Wohlfühlens. Der Lerncoach kann und sollte Störungen, Kritik und Wünsche achtsam aufnehmen und, wenn möglich, beachten.

Im Kontext der Durchführung von Klassencoachingformaten können weitere Aspekte zu eben diesem Klima beitragen. So kann durch eine passende Raumgestaltung eine positive Atmosphäre geschaffen werden. Daraus folgt schon beim Ankommen der Schülerinnen und Schüler ein positiver Eindruck. Die Formen der Arbeitsmaterialien sollten mit Mühe gestaltet sein, denn auch darin drückt sich die Wertschätzung aus. Licht, Musik oder Verpflegung könnten ein i-tüpfelchen sein.

Die Wertschätzung sollte der Klassencoach auch für die Arbeit der Schülerinnen und Schüler im Klassencoaching und für deren Ergebnisse haben. Anerkennung, Würdigung, Achtung und Dankbarkeit sind angebracht. Der Coach sollte die Leistungen auch anerkennen, indem er darauf achtet, genügend Pausen zu machen oder Bewegungsmöglichkeiten anzubieten.

28.4 Vertrauen in die Selbstorganisation

Das Vertrauen in die Selbstorganisation ist für viele Lehrpersonen und angehende Lern- und Klassencoaches die wohl schwierigste Hürde zur professionellen Moderation von Klassencoaching. Erforderlich ist hier ein ‚Loslassen‘ von inhaltlicher Steuerung. Die meisten Lehrpersonen stecken so sehr in Gewohnheiten von Lernstandkontrolle, inhaltlicher Zielsetzung, formativem und summativem Assessment und so weiter fest, dass das Loslassen dieser Gewohnheiten verständlicherweise schwerfällt. Es ist jedoch unabdingbar für die Rolle des Lerncoaches wie auch des Moderators von Klassencoachings. Es gilt,

- das Vertrauen in die Selbstwirksamkeit zu üben,
- auf Ressourcen der SchülerInnen zu fokussieren,
- lösungsorientiert zu denken und zu handeln,
- Nicht-Wissen und Fehlerfreundlichkeit zu praktizieren,
- Kreativität zu fördern und
- ‚aus dem Weg zu gehen‘.

Das Vertrauen in die Selbstorganisation von Systemen führt zur Selbstwirksamkeit eben dieser. Je mehr wir SchülerInnen zutrauen, dass sie selbst Lösungen und Möglichkeiten finden, ihre Situation zu verbessern, desto eher wird eben dieses geschehen. Je mehr wir Klassen zutrauen, ihre Probleme selbst zu lösen, desto eher werden sie eben diese Herausforderung meistern.

Lerncoaching lässt ein Klima der Offenheit und des Vertrauens entstehen. Dies ermöglicht eine sinnstiftende Begegnung. So wird ein gemeinsamer Entwicklungsraum geschaffen.

28.5 Moderationskompetenz

Moderationskompetenz ist die Fähigkeit, Gruppenprozesse im Sinne des Prozessziels, strukturiert und wertschätzend zu steuern. Dies beinhaltet die Leitung von Gesprächsprozessen unter Einbeziehung aller Teilnehmenden, ohne dass sich der Moderator dabei selbst in das Gespräch einbringt. Der Moderator ward dabei Neutralität. Er gibt Strukturen vor und ist in der Lage Offenheit, Kreativität und Partizipation zu fördern.

Um dieses zu erreichen, benötigt er

- Know-how zur passenden Formatwahl,
- eine Methodenvielfalt und -kompetenz,
- Sicherheit in der Architektur und in dem Design des Events,
- Sicherheit in der Anwendung von Formaten und Methoden,
- Bewusstheit und kongruente Präsenz,
- Fähigkeit zur klaren Anleitung und
- Reflexionsmöglichkeiten.

Der Begriff Moderatorenkompetenz kann (siehe oben) unterschiedlich weit gefasst sein. Im weiteren Sinne gehören zur Moderatorenkompetenz auch die anderen in diesem Kapitel und in der ◘ Abb. 28.1 (Wirkfaktoren zur Professionalisierung von Gruppen- bzw. Klassencoachings) beschriebenen Kompetenzfelder.

Im engeren Sinne steht die klare, strukturierte Vorgehensweise, die Sicherheit in dem jeweiligen Format sowie in den angewandten Methoden im Vordergrund. Dabei benötigt vor allem die Kompetenz klarer, eindeutiger Anleitungen.

Hinweis I: Klare Anleitung

Klare Anleitung kann durch eine möglichst kurze, z. B. in Spiegelstrichen formulierte Beschreibung auf dem Smartboard oder als Ausdruck auf den Tischen unterstützt werden. Die Wirkung erhöht sich noch mal deutlich, wenn diese ansprechend visualisiert wird. Dies erleichtert das Verstehen (und das Lernen).

Hinweis II: Redundante Anleitung

In großen Gruppen ist es wichtig, dass die Anleitung alle erreicht, daher empfiehlt sich darüber hinaus folgendes Vorgehen in der Moderation: Es ist hilfreich, Anleitungen redundant zu formulieren, z. B.:

- *„Ich bitte Euch nun, Euch in Euren Gruppen zusammenzufinden, Euch 15 min zu der Frage auszutauschen und am Ende drei Aspekte auf Moderationskarten zu schreiben. – Was ich damit meine ist, dass Ihr nun in Eure Gruppen geht, eine Viertelstunde zu der Frage diskutiert und Euch am Ende auf drei Moderationskarten einigt, die Ihr schreibt. – Oder anders gesagt: Bitte arbeitet jetzt für 15 min in Euren Gruppen, und findet gemeinsam die drei für Euch wichtigsten Faktoren, und schreibt sie auf drei Karten. Wir sehen uns um ‚aktuelle Zeit plus 15 min' Uhr hier im Plenum."*

Diese Formulierungen können mit einem Augenzwinkern formuliert werden, so wirkt es auf diejenigen, die gut zu gehört haben, nicht irritierend. Für die anderen ist die Wiederholung eine Hilfe. Die Redundanz der Formulierung lässt viele Zuhörer förmlich aufwachen. Sie erhöht die Wahrscheinlichkeit, dass die Anleitung bei allen SchülerInnen angekommen ist, enorm.

Mini-Reflexion

Falls Ihnen die oben beschriebene Art der Anleitung komisch vorkommt, fragen Sie sich, wie oft Sie nach der Anleitung einer Aufgabe von SchülerInnen einer Klasse die Frage hören:

- *„Was sollen wir jetzt machen?"*
- *„Wie lange haben wir dafür?"*

Sofern Ihnen das bekannt vorkommt, werden Sie die redundante Anleitung lieben lernen.

Es gilt, das Klassencoaching auch als Event zu sehen. Der Begriff ′Event′ ist hier sowohl mit ‚Veranstaltung' als auch mit ‚Ereignis' zu übersetzen. Der kompetente Moderator macht aus der Veranstaltung ein Ereignis mit Erlebnis- und Erinnerungswert. In seiner Hand liegt die Nachhaltigkeit begründet. Dieses Event verlangt nach einem hohen Grad der Bewusstheit und Präsenz des Moderators, welche sich auf die Schülerinnen und Schüler überträgt.

28.6 Synergetische Gruppenarbeit

Die Moderation von Klassencoaching ist die Initiierung eines gemeinsamen Erfahrungsprozesses. Es geht um konkrete Erfahrung mit Echtheitscharakter. Im Kontext von Coaching bedeutet dies Raum und Zeit, um Nachfühlen und Reflektieren zu können. Dieses geschieht insbesondere,

- indem Kleingruppenarbeit genutzt wird,
- indem Lernen als sozialer Prozess verstanden wird und
- durch Fehlerfreundlichkeit und Erfahrungslernen.

Die Kleingruppenarbeit ist wichtig zur Aktivierung der SchülerInnen. Durch sie steigt die Beteilung aller – auch stiller – SchülerInnen, da alle die Möglichkeit erhalten, sich in dem für sie passenden Maße einzubringen. Besonders in den Formaten des Klassenteamcoachings (vgl. ▶ Kap. 7) und der Klassenkollaboration (vgl. ▶ Kap. 10) steigt die Identifikation mit dem Ergebnis für die gesamte Klasse. Im Klassengruppencoaching (vgl. ▶ Kap. 8) ist Kleingruppenarbeit wichtig, um auf andere Ideen – außerhalb des eigenen Denkens – und andere Sichtweisen zu kommen. Im Klassenpeercoaching (vgl. ▶ Kap. 9) ist Gruppenarbeit ohnehin ein zentrales Element (Peergroups).

Generell hilft Kleingruppenarbeit bei komplexen Fragestellungen. Es gibt Sicherheit, da manches sich für SchülerInnen in Kleingruppen eher sagen lässt als vor der ganzen Klasse. Es fördert kooperatives Lernen und gegenseitige Unterstützung.

Anmerkung zu Gruppengrößen

Die Gruppengrößen richten sich selbstverständlich nach dem Format. Kleinstgruppen, zu zweit, sind in Formen des Klassenpeercoaching z. B. bei gegenseitigen Interviews sinnvoll. Eine dritte Person hilft, wenn eine Beobachterrolle für die Übung wichtig ist. Sollen in Gruppen mehrere Themen parallel bearbeitet werden können, empfiehlt sich eine Gruppengröße von ca. sechs Personen. Dieses gelingt gut, wenn die SchülerInnen schon erfahren in der Gruppenarbeit sind.

In den meisten anderen Fällen sind ca. vier oder oder Personen eine angemessene Größe, da es den SchülerInnen hier möglich ist, alle Gruppenmitglieder einzubeziehen, und sich somit niemand herausnehmen kann.

Kleingruppenarbeit fördert Verantwortung und Eigeninitiative, trainiert soziale Kompetenzen und kann sehr gut für den Praxistransfer eingesetzt werden. Die Effizienz und Effektivität von Gruppencoachings nehmen mit der Kleingruppenarbeit deutlich zu. Daher ist Kleingruppenarbeit hier essenziell.

28.7 Korrelation von Wirkfaktoren und Haltung

Die vorausgehenden Beschreibungen zeigen, dass die Aspekte der einzelnen Wirkfaktoren sehr miteinander korrelieren. Die Haltung ist ihr gemeinsames Fundament. In vielen oben beschriebenen Aspekten spiegeln sich Haltungsaspekte (vgl. ► Kap. 2 und Biesel, 2025, S. 31–72) wider. Auch die vier Eckpfeiler einer Lerncoaching-Haltung (vgl. ► Abschn. 2.4 und Biesel, 2025, S. 52–61 und S. 61–65) sind hier deutlich erkennbar. Die Wirkfaktoren sind für Gruppen- und Klassencoaches haltungsleitend. Auf der methodischen Ebene ist die Haltung selbst wesentlicher Faktor für die Wirkung der Wirkfaktoren, also eine Art Meta-Wirkfaktor.

Epilog

Das Buch konnte aufzeigen, wie unterschiedliche Formate dazu dienen können, gleichzeitig allen SchülerInnen Aspekte von Lerncoaching zukommen zu lassen. Es zeigte auch, wie eine Klasse als Gesamtsystem gecoacht werden kann. Es hat dargelegt, wie wichtig eine Auftragsklärung zum Gruppencoaching ist und welche Haltung notwendig und förderlich ist.

Nun gilt es dies auszuprobieren. Sie dürfen so dann erfahren, wie Klassencoaching die Klassengemeinschaft stärkt und ein positives Wir-Gefühl erzeugt. Welchen Beitrag es zur Übernahme der eignen Lernverantwortung leisten kann und wie es die individuelle und kollektive Entwicklung fördert. SchülerInnen erkennen ihre eigenen Stärken in Gemeinschaft. Klassen entwickeln gemeinsame Werte und üben sich in partizipativen Prozessen.

Klassencoaching unterstützt Schülerinnen und Schüler und gleichzeitig auch Lehrkräfte. Letztere spüren häufig Entlastung von sozialen Problemlagen, die das Lernen behindern und erhalten besser Kenntnis über die sozialen Dynamiken in der Klasse. So entsteht auch zwischen der Lehrperson und der Klasse bzw. einzelnen SchülerInnen ein besseres Verstehen. Dies führt zu einer positiven Beziehung zwischen Lehrkraft und Klasse und einem förderlichen Lernklima.

Im Epilog soll nun noch mal auf die in hohem Maße zukunftsrelevanten, positiven Aspekte von Gruppencoachings eingegangen werden.

Inhaltsverzeichnis

VUCA-Welt

V. Biesel, *Praxishandbuch Ressourcenorientiertes Lerncoaching im Gruppenformat*,
https://doi.org/10.1007/978-3-662-71009-8_29

SchülerInnen wachsen in einem unbeständigen und als unsicher erlebten Alltag auf. Die Welt um sie herum ist komplex, wird komplexer. Ambiguitäten und Unsicherheit sind nahezu zur Regel geworden.

Wir leben mittlerweile in einer Welt, die oft als VUCA-World bezeichnet wird. VUCA steht für:

- V: Volatility
- U: Uncertainty
- C: Complexity
- A: Ambiguity

Das Akronym beschreibt die Unbeständigkeit (Volatility), die sich in der Dynamik von Veränderungen ausdrückt sowie die Unsicherheit (Uncertainty), die damit einhergeht und bei der eine Vorherseh- und Vorhersagbarkeit kaum noch existiert. Dies liegt daran, dass eine große Anzahl unterschiedlicher Aspekte in vielfältigen Wechselbeziehungen zueinandersteht. Strukturen und Prozesse stehen zwar in einem Gesamtzusammenhang, entbehren aber einer linear-kausalen Logik und damit einer Vorhersagbarkeit. Aus dieser Komplexität (Complexity) folgen steigende Anforderungen, insbesondere im Umgang mit Mehrdeutigkeit (Ambiguity) von Rahmenbedingungen und massenhaft verfügbaren Informationen.

Diese Entwicklung führt mehr denn je die klassische schulische Idee, Kinder und Jugendliche inhaltlich auf eine Zukunft vorzubereiten, ad absurdum. In der Pädagogik steht daher heute die Kompetenzfokussierung im Mittelpunkt: Sozialkompetenz, Selbstkompetenz, Reflexions- und Kommunikationsfähigkeit sind einige Beispiele.

21st Century Skills

V. Biesel, *Praxishandbuch Ressourcenorientiertes Lerncoaching im Gruppenformat*,
https://doi.org/10.1007/978-3-662-71009-8_30

Der OECD Lernkompass beschreibt als ‚21st Century Skills' die Kompetenzen, die heute besonders notwendig sind, insbesondere auch im Sinne der Ziele der Vereinten Nationen für nachhaltige Entwicklung.

Als Baustein eines Rahmenmodells, dem ‚Framework for 21st Century Learning' (▶ https://www.battelleforkids.org/insights/p21-resources/), wurden die 4K-Kompetenzen (im Original ‚4C') beschrieben. Sie sind als Lern- und Innovationskompetenzen zu verstehen.

Das 4K-Modell steht entsprechend für die vier wichtigsten Fähigkeiten, die für Lernenden in diesem Jahrhundert von herausragender Wichtigkeit sind. Sie dienen dazu ein, in einer Welt voller transformativer Prozesse zu bestehen und ein glückliches Leben zu führen. Die vier K sind:

- Kommunikation
- Kollaboration
- Kritisches Denken
- Kreativität

Lassen wir diese Begrifflichkeiten auf uns wirken, so sehen wir deutlich, dass die in diesem Buch beschriebene Form des Klassencoachings auf alle oben genannten Aspekte wesentlich einzahlt.

Kommunikation und Kollaboration sind in diesem Buch explizit und umfangreich beschrieben. Kritisches Denken wird im Klassencoaching durch neugieriges, forschendes Interesse an dem Anderssein und Andersdenken geübt. Darüber hinaus wird Sicherheit im Umgang mit herausfordernden oder schwierigen Situationen aufgebaut. Diese Selbstwirksamkeit (vgl. ▶ Kap. 32) erhöht das Selbstbewusstsein und somit auch den Mut für kritisches Denken. Die im Lerncoaching erfahrene und dadurch erlernte Reflexionsfähigkeit ist der Kraftstoff für kritisches Denken. Auch Kreativität wird durch Gruppenformate stark gefördert. Es bezieht sich dabei gleichsam insbesondere nicht nur auf das Phänomen von Kreativität, sondern auf die Kompetenz, neu und anders Denken zu können. Dies ist für das Lernen essenziell.

Hinweis

Ebenso essenziell sind diese Kompetenzen für eine positive globale Entwicklung (vgl. ‚Orientierungsrahmen für den Lernbereich Globale Entwicklung im Rahmen einer Bildung für Nachhaltige Entwicklung', Engagement Global gGmbH, 2017).

Kollektive Intelligenz nutzbar machen

V. Biesel, *Praxishandbuch Ressourcenorientiertes Lerncoaching im Gruppenformat*,
https://doi.org/10.1007/978-3-662-71009-8_31

Um Kreativität zu fördern, ist Zusammenarbeit mit anderen von entscheidender Bedeutung. In der kreativen Arbeit geht es darum, Impulse von außen zu bekommen, um neue, andere Ideen zu generieren. Dafür eignen sich Gruppenformate sehr gut. Es gilt, im Bildungswesen Abkehr von der Überbewertung der Einzelleistung zu nehmen und Team- oder Gruppenleistungen in den Fokus der Betrachtung zu ziehen. Es gilt, als Klassencoach professionell Rahmenbedingungen für Selbstorganisation zu schaffen, in denen sich hilfreiche Gruppenbeziehungen entwickeln können (vgl. Burow, 2000, S. 49).

So wie *„nach den Erkenntnissen der modernen Neurophysiologie (…) die Ordnungsbildungen des Gehirns, die man als Grundlage sinnvollen Erlebens und intelligenten Verhaltens vermutet, nicht das Ergebnis der Aktivität einzelner Nervenzellen oder logischer Operationen"* sind, sondern *„ein hochdynamisches, selbstorganisiertes Netzwerk mit extrem hoher Dichte der Verbindungen zwischen den einzelnen Nervenzellen ist"* (Kruse, 2013, S. 14), so zeigt sich kollektive Intelligenz ebenso durch die Dynamik der kommunikativen Verbindungen innerhalb einer Gruppe. Einfach gesagt: Je kollaborativer, desto intelligenter. – Wobei dieses eine professionelle Form der Kollaboration voraussetzt.

Wenn eine Gruppe ihre Fähigkeiten in einer Weise zusammenführt, dass diese sich gegenseitig anregen, und dadurch neue – häufig unerwartete – Lösungen entwickelt, ist es möglich, dass diese Gruppe im Ergebnis eine größere gemeinsame Intelligenzleistung vollbringt als die Summe der Einzelbeiträge der Teilnehmenden. Surowiecki nennt es *„Die Weisheit der Vielen"* (Surowiecki, 2017, Titel).

Durch diesen Synergieeffekt können Höchstleistungen von Gruppen erbracht werden, zu denen keine Einzelperson allein imstande wäre. Handelt es sich dabei um Prozesse, die die Gruppe selbst betreffen, so sind die Ergebnisse der gemeinsamen Arbeit bereits in einem hohen Maße abgestimmt. *„Auch wenn am Ende die ‚beste' Lösung von einer einzigen Person vorgeschlagen wird, zweifelt niemand daran, dass dieses Ergebnis gemeinsam erzielt worden ist"* (Schrotta, 2016, S. 9).

Ein solcher Prozess bedingt, dass die Gruppe einen hohen Grad an Information über das zu bearbeitende Thema hat oder erhält. Es ist dabei notwendig, dass die Gruppe alle Vorschläge zu dessen Bearbeitung kennt und den Grad dessen, wie diese von der Gruppe bewertet werden. Der Grad der Bewertung bezieht sich dabei sowohl auf Zustimmungen als auch auf Ablehnungen. So kann ein gemeinsames Bewusstsein über alle Vorschläge, die Vor- und Nachteile und deren Akzeptanz in der Gruppe entwickelt werden. Eine Konsensbildung wird möglich. Kollektive Intelligenz ist in der Lage, die besten Lösungen zum Wohle aller Beteiligten zu finden, indem sie auch Minderheiten in den Prozess integriert. Dies ist der Weg zu klugen Entscheidungen einer Gruppe.

Die Flexibilität und Gestaltungsfähigkeit lebender Systeme beruht dabei auf dynamischen Zusammenhängen ihrer Elemente und unterliegt systemischen Prämissen. Selbstorganisation ist ein aktiver Prozess eines Systems. Es dient diesem zur Stabilität wie auch zur Weiterentwicklung und zu Wachstum. Entwicklung ist der Schlüssel zum Wandel und damit der Schlüssel für eine Problemlösefähigkeit in Zeiten schneller Veränderungen und in Krisen.

Wachstum – und so auch Lernen – funktioniert in intrapsychischen Prozessen, z. B. durch Selbstreflexion, es braucht dabei notwendig ebenfalls eine Rückkopplung im Außen. Das In-Beziehung-Gehen und die Interaktion mit anderen, zeigt Differenzen zur eigenen Selbstsicht. Diese Unterschiede sind der Nährstoff für Entwicklung. Wirkliche Veränderung setzt einen Perspektivwechsel voraus.

Grundlegend für diese erfahrungsbasierte Form des Lernens sind Offenheit und Neugier sowie kommunikative Kompetenzen, wie die Fähigkeit des Zuhörens. So können aus dem Sich-hinein-Versetzen Erkenntnisprozesse angeregt und Beziehungen gestärkt werden.

Der souveräne Umgang mit solchen Prozessen ist zukunftsrelevant. Erfahrungen und Kompetenzen in kollaborativen Formaten waren wohl nie wichtiger als heute. Darin liegt der Bildungsauftrag im Klassencoaching.

Mit Methoden, die die oben beschriebenen Prozesse initiieren und ermöglichen, lernen Kinder, Jugendliche und Erwachsene Verfahren kennen, die zu einem hohen Maß an Integration führen. Sie entwickeln Kompetenzen zur Einbindung und Entscheidungsfindung.

SchülerInnen können in der Anwendung der Formate selbst Teil dieser Entwicklung sein. Dabei gehen sie auch eine neue Art in den Kontakt mit der Klasse als Kollektiv und entdecken die darin steckende kollektive Intelligenz, die sichtbar wird.

Sie erkennen ihren eigenen Beitrag, erleben sich als wirksam und erkennen die Weisheit in sich selbst. Sie lernen, sozial zu interagieren und Verbindungen untereinander zu nutzen. Dabei integrieren sie Minderheiten, anerkennen das Andersdenken und begegnen diesem mit Respekt und Interesse. Sie erleben die Kraft und die Kreativität durch den Austausch von Gedanken. Sie erleben, wie Dinge sich lösen, die vorher als unmöglich zu lösen galten.

Sämtliche oben beschriebene Veränderungsprozesse können auch als Lernen bezeichnet werden. Sie finden dabei gleichzeitig und in Echtzeit auf kollektiver wie auch auf individueller (neuronaler) Ebene statt.

Lernen SchülerInnen und Schüler entsprechende Formate und vor allem eine kommunikative Haltung in diesem Sinne kennen und üben diese, ist dies ein wichtiger Meilenstein für den Umgang mit Komplexität, zur Demokratieförderung und zur Etablierung einer positiven Kultur des Wandels.

Anmerkung

Dabei sei angemerkt, dass demokratische Prozesse, welche sich ausschließlich auf die Abstimmung berufen, dem Ideal der Konsensbildung nicht entsprechen.

Wählt z. B. eine Wohngemeinschaft mit drei Personen eine Farbe für den Flur, macht zunächst jeder einen Vorschlag. Sagt einer „*Rot*" und die anderen beiden „*Blau*", so ist bei einfachen demokratischen Prozessen die Entscheidung für „*Blau*" gefallen. Dabei wird gegebenenfalls außer Acht gelassen, dass „*Grün*" allen gefallen würde, da es bei allen auf Platz 2 steht.

Es gilt daher, besser akzeptierte Vorschläge zu finden. Es gilt daher, solche Entscheidungsverfahren um weitere, kommunikativ-kollaborative Prozesse im oben beschriebenen Sinne zu ergänzen.

Doppelte Selbstwirksamkeit im Klassencoaching

V. Biesel, *Praxishandbuch Ressourcenorientiertes Lerncoaching im Gruppenformat*,
https://doi.org/10.1007/978-3-662-71009-8_32

Selbstwirksamkeit beschreibt die Fähigkeit, herausfordernde oder schwierige Situationen aus eigener Kraft bewältigen zu können (Bandura, 1997). Aus eigener Kraft bedeutet mit Nichten allein. So kann die Bitte um Hilfe, die Diskussion mit anderen oder ein Impuls von außen ebenfalls die Selbstwirksamkeit erhöhen, insbesondere, wenn das Individuum einen wesentlichen eigenen Teil dazu beigetragen hat, z. B. um Hilfe gefragt, sich selbst in eine Diskussion eingebracht oder nach Anregungen gesucht hat.

Die Selbstwirksamkeitserwartung, also das Vertrauen darauf, mit den vorhandenen und neu zu erlernenden, eigenen Kompetenzen gewünschte Ziele erreichen zu können, ist die Grundlage dafür. Schule hat die Aufgabe, entsprechende Fähigkeiten zu fördern. Es gilt, Erfahrungsräume dafür zu gestalten. Insofern ist Lerncoaching als solches wie auch Klassencoaching im Besonderen ein Weg, eben dieses zu tun. Selbst wirksam zu sein, auch in extrem herausfordernden Situationen, ist eine universale Kompetenz für das eigene Leben der SchülerInnen. Die Erfahrung von Selbstwirksamkeit ist daher wohl die wichtigste Wirkung von Coaching.

Als Klassencoaches werden wir immer wieder Zeugen dieser Selbstwirksamkeit, sie zeigt sich in der Selbstorganisation der Gruppe wie auch in den kleinen oder großen Schritten der einzelnen SchülerInnen. Die Schülerin/der Schüler erlebt sich in diesem Rahmen also in doppelter Weise als selbstwirksam: zum einen als Teil des kollektiven Prozesses und zum anderen durch den persönlichen Gewinn aus der eigenen Selbstmanagement- oder Coachingerfahrung.

SchülerInnen als Lerncoaches in der Klasse

V. Biesel, *Praxishandbuch Ressourcenorientiertes Lerncoaching im Gruppenformat*,
https://doi.org/10.1007/978-3-662-71009-8_33

Wenn die SchülerInnen einer Klasse selbst zu Lerncoaches ausgebildet werden und sich sodann gegenseitig coachen können, kann auch das im weiteren Sinne als eine Art Klassencoaching verstanden werden. Diese Form von Schülercoachings wird in Form von Junior-Lerncoaches, Schulpaten oder sogenannten OLeCs (Oberstufen-LernCoaches) häufig schon auf Schulebene realisiert (vgl. Biesel, 2025). Dieses jedoch im Klassenverband einzuführen, ist eine noch intensivere Variante, die durch das gemeinsame Erlernen der Coaching-Haltung und der Coaching-Methoden den Klassenverband selbst ebenfalls stärkt.

Die gesamte Klasse erlangt dadurch eine hohe Kommunikations- und Gesprächsführungskompetenz sowie ein tieferes Verständnis für Selbstmotivation und Ressourcenaktivierung zur Umsetzung eigener, persönlicher oder auch gemeinsamer Ziele. Die Schüler erlangen soziale Kompetenzen zur Unterstützung der KlassenkameradInnen. Sie erlernen Prozesskompetenzen im Sinne des Coaching-Paradigmas der Hilfe zur Selbsthilfe. Eine Lerncoaching-Ausbildung bildet so für die SchülerInnen einen wichtigen Teil zur Erlangung emotionaler Intelligenz. Selbstwahrnehmung, Selbstregulierung, Selbstmotivation, Empathie und soziale Kompetenzen greifen dabei ineinander (vgl. Goleman, 2007). In diesem Sinne zahlt eine Lerncoaching-Ausbildung für die SchülerInnen einer Klasse auf die oben beschriebenen Themen VUCA-Welt (▶ Kap. 29), 21st Century Skills (▶ Kap. 30), Kollektive Intelligenz (▶ Kap. 31) und Selbstwirksamkeit (▶ Kap. 32) ein.

Eine Ausbildung der Schülerinnen zu ‚kleinen Lerncoaches' ist eine große zeitliche Investition. Es ist jedoch eine Investition in wesentliche Zukunftskompetenzen, die sich schnell für SchülerInnen und Lehrpersonen auszahlt, denn SchülerInnen-Lerncoaches im Klassenraum haben stark positive und entlastende Wirkung in der Klassengemeinschaft. Dies wirkt sogar positiv auf die Resilienz von SchülerInnen und Lehrpersonen.

Sicher ist diese Variante einer kompletten Lerncoaching-Ausbildung für Schülerinnen und Schüler einer Klasse eine weite Auslegung und die wohl ‚höchste Form' der Umsetzung von Klassencoaching, und gleichzeitig kann der Klassencoach schon durch die Formate des Klassenpeercoachings (vgl. ▶ Kap. 9) sehr einfach die ersten Schritte in eine solche Richtung unternehmen. Generell können einzelne Methoden der Ausbildung zum Lerncoach, wie sie in der Ausbildung für Lehrpersonen enthalten sind, sehr ähnlich auch mit SchülerInnen durchgeführt und umgesetzt werden (vgl. Biesel, 2025). Erhalten die Schülerinnen dazu entsprechendes Material, z. B. Interviewbögen, wie sie auch im Kontext von Klassenpeercoachings genutzt werden (vgl. z. B. ▶ Kap. 9 und ▶ Abschn. 20.4, 20.5, 20.7.2) oder Coaching-Dialogkarten, so können die SchülerInnen Schritt für Schritt zu Lerncoaches heranwachsen.

Am Anfang eines noch so großen Ziels steht immer der erste Schritt. Dies gilt für die Ausbildung von Schülercoaches ebenso wie für die Ausbildung von Lehrpersonen zu Lerncoaches und ebenfalls auch für die Umsetzung von Klassencoaching.

Die Veränderung beginnt bei jedem von uns

V. Biesel, *Praxishandbuch Ressourcenorientiertes Lerncoaching im Gruppenformat*,
https://doi.org/10.1007/978-3-662-71009-8_34

Mir ist es mit meinen Lerncoaching-Ausbildungen und mit meinen Büchern ein Anliegen, einen Teil dazu beitragen, das Bildungssystem zu verbessern. Ich habe nun als Autor mit Ihnen als LeserIn eine Gefährtin gefunden. Lassen Sie uns weitermachen, lassen Sie uns mit jedem Tag neu beginnen, einen Beitrag für eine bessere Welt zu leisten.

Klassencoaching ist (noch) ein kommunikativer Ausnahmezustand. Es ist eine für Schülerinnen und Schüler wie auch für Lehrpersonen neue und oft ungewohnte Art der Kommunikation. Klassencoaching schafft ein Feld für ungezwungenes und natürliches Lernen. Es ermöglicht ein angstfreies Erkunden und ein empathisches Verstehen. Der Umgang mit der Unterschiedlichkeit öffnet ein kreatives Feld und ein Potenzial für Veränderung. So entstehen ganz besondere, wirksame Lernräume.

Lassen Sie diesen Ausnahmezustand in Ihrem Klassenzimmer zur Gewohnheit werden.

Ich wünsche Ihnen viel Spaß und Freude dabei!

Volker Biesel

Serviceteil

V. Biesel, *Praxishandbuch Ressourcenorientiertes Lerncoaching im Gruppenformat*, https://doi.org/10.1007/978-3-662-71009-8

Literatur

Arnold, R. (2019). *Wie man wird, wer man sein kann. 29 Regeln zur Persönlichkeitsbildung* (2. Aufl.). Carl-Auer.

Bandura, A. (1997). *Self-efficacy. The exercise of control*. W. H. Freeman and Company.

Biesel, V. (2023). Haltung coachen. In B. Engelmann & D. Loffing (Hrsg.), *mini-handbuch Resilienz-Coaching*. Beltz.

Biesel, V. (2025). *Praxishandbuch Ressourcenorientiertes Lerncoaching. Grundlagen, Haltung, Methoden und Beispiele in einem integrativen Rahmenmodell*. Springer.

Bonsen, M. z., & Maleh, C. (2012). *Appreciative Inquiry (AI): Der Weg zu Spitzenleistungen. Eine Einführung für Anwender, Entscheider und Berater* (2. Aufl.). Beltz.

Brown, J., & Isaacs, D. (2007). *Das World Café. Kreative Zukunftsgestaltung in Organisationen und Gesellschaft*. Carl-Auer.

Bruck, W., & Müller, R. (2007). *Wirkungsvolle Tagungen und Großgruppen. Ziel, Wirkfaktoren und Designs: Appreciative Inquiry, World Café, Open Space, Open Space-Online, RTSC, Zukunftskonferenz, klassische Tagung*. Gabal.

Burow, O.-A. (2000). *Ich bin gut – wir sind besser. Erfolgsmodelle kreativer Gruppen*. Klett-Cotta.

Cooperrider, D. L., Whitney, D., & Stavros, J. M. (2008). *Appreciative inquiry handbook. For leaders of change* (2. Aufl.). Berrett-Koehler Publishers.

Csikszentmihalyi, M. (2015). *Flow und Kreativität. Wie Sie Ihre Grenzen überwinden und das Unmögliche schaffen* (2. Aufl.). Klett-Cotta.

Dittrich-Brauner, K., Dittmann, E., List, V., & Windisch, C. (2008). *Großgruppenverfahren. Lebendig lernen – Veränderung gestalten*. Springer.

Engagement Global gGmbH. (Hrsg.). Zusammengestellt und bearbeitet von Schreiber, J.-R., & Siege, H. (2017). *Orientierungsrahmen für den Lernbereich Globale Entwicklung im Rahmen einer Bildung für Nachhaltige Entwicklung* (2. akt. u. erw. Aufl., 4. Druck). Cornelsen.

Engelmann, B., & Loffing, D. (2023). *mini-handbuch Resilienz-Coaching*. Beltz.

Foerster, H. v., & Pörksen, B. (2022). *Wahrheit ist die Erfindung eines Lügners: Gespräche für Skeptiker* (13. Aufl.). Carl Auer.

Geisbauer, W. (Hrsg.). (2012). *Reteaming. Methodenhandbuch zur lösungsorientierten Beratung* (3. Aufl.). Carl-Auer.

Gilligan, S. (2014). *Generative Trance: Das Erleben kreativen Flows*. Junfermann.

Gilligan, S. (2015). *Liebe dich selbst wie deinen Nächsten*. Carl-Auer.

Glasersfeld, E. v. (2022). *Radikaler Konstruktivismus. Ideen, Ergebnisse, Probleme* (10. Aufl.). Suhrkamp.

Goleman, D. (2007). *Emotionale Intelligenz* (19. Aufl.). dtv.

Hattie, J. (2015). *Lernen sichtbar machen. Überarbeitete deutschsprachige Ausgabe von „Visible learning"* (3. Aufl.). Schneider Hohengehren.

Hattie, J. A. C., & Zierer, K. (2023). *Kenne deinen Einfluss! „Visible learning" für die Unterrichtspraxis* (6. Aufl.). Schneider Hohengehren.

Herold, C., & Herold, M. (2011). *Selbstorganisiertes Lernen in Schule und Beruf. Gestaltung wirksamer und nachhaltiger Lernumgebungen*. Beltz.

Hubrig, C., & Herrmann, P. (2010). *Lösungen in der Schule – Systemisches Denken in Unterricht, Beratung und Schulentwicklung*. Carl-Auer.

Kabat-Zinn, J. (2018). *Zur Besinnung kommen: Die Weisheit der Sinne und der Sinn der Achtsamkeit in einer aus den Fugen geratenen Welt* (1. Aufl. der gebundenen Ausgabe, unveränderte Neuausgabe der 5. Aufl.). Arbor.

Königswieser, R., & Keil, M. (2008). *Das Feuer großer Gruppen. Konzepte, Designs, Praxisbeispiele für Großgruppenveranstaltungen, Beratergruppe Neuwaldegg/synetz*. Schäffer-Poeschl.

Kruse, P. (2013). *next practice. Erfolgreiches Management von Instabilität. Veränderung durch Vernetzung* (7. Aufl.). Gabal.

Meier, R., Weber, J., Eisenbart, U., Faude-Kolvisto, T., & Dietrichs, A. (2021). *Ressourcenorientiertes Einzelcoaching nach dem ZRM®: Theoretische Grundlagen und Coachingmanual für die Arbeit mit dem Zürcher Ressourcen Modell ZRM®*. Hogrefe.

Müller, A. (2013). *Eigentlich wäre lernen geil: Wie Schule (auch) sein kann: Alles außer gewöhnlich* (2. Aufl.). hep Verlag.
OECD. (2020). *OECD Lernkompass 2030. OECD-Projekt Future of Education and Skills 2030 Rahmenkonzept des Lernens.* https://www.bertelsmann-stiftung.de/fileadmin/files/user_upload/OECD_Lernkompass_2030.pdf. Zugegriffen am 27.05.2025.
Owen, H. (2011). *Open Space Technology. Ein Leitfaden für die Praxis* (2., akt. u. erw. Aufl.). Schäffer-Poeschel.
Permantier, M. (2019). *Haltung entscheidet. Führung & Unternehmenskultur zukunftsfähig gestalten.* Vahlen.
Permantier, M. (2023). *Haltung erweitern. ICH, WIR, ALLE gestalten Transformation.* Vahlen.
Rogers, C. R. (2016). *Die klientenzentrierte Gesprächspsychotherapie Client-Centered Therapy* (20. Aufl.). Fischer Taschenbuch.
Rogers, C. R. (2020). *Entwicklung der Persönlichkeit. Psychotherapie aus der Sicht eines Therapeuten* (22. Aufl.). Klett-Cotta.
Rogers, C. R. (2022). *Der neue Mensch* (13. Aufl.). Klett-Cotta.
Schlippe, A. v., & Schweitzer, J. (2014). *Lehrbuch der systemischen Therapie und Beratung II* (5. Aufl.). Vandenhoeck & Ruprecht.
Schlippe, A. v., & Schweitzer, J. (2007). *Lehrbuch der systemischen Therapie und Beratung* (10. Aufl.). Vandenhoeck & Ruprecht.
Schmidt, G. (2024a). *Einführung in die hypnosystemische Therapie und Beratung* (11. Aufl.). Carl-Auer.
Schmidt, G. (2024b). *Hypnosystemik - Das integrative Meta-Konzept der lösungsorientierten Ansätze und ihre Verbindung mit Hirn-, Gedächtnis-, Embodiment-, Kommunikations- und Priming-Forschung [Audio CD].* Auditorium-Verlag.
Schmidt, G. (2023). *Liebesaffären zwischen Problem und Lösung: Hypnosystemisches Arbeiten in schwierigen Kontexten* (10. Aufl.). Carl-Auer.
Scholz, H., & Vesper, R. (2022). *Facilitation. Dialog- und handlungsorientierte Organisationsentwicklung.* Vahlen.
Schrotta, S. (2016). *Mit kollektiver Intelligenz die besten Lösungen finden.* Danke Verlag.
Schwehm, J. (2017). *Systemisch unterrichten.* Carl-Auer.
Seliger, R. (2011). *Einführung in Großgruppen-Methoden* (2. Aufl.). Carl-Auer.
de Shazer, S., & Dolan, Y. (2013). *Mehr als ein Wunder. Lösungsfokussierte Kurztherapie heute* (3. Aufl.). Carl-Auer.
Simon, F. B. (2009). *Einführung in Systemtheorie und Konstruktivismus* (4. Aufl.). Carl-Auer.
Steinhöfer, D. (2021). *Liberating Structures. Entscheidungsfindung revolutionieren.* Vahlen.
Storch, M. & Riedener, A. (2006). *Ich packs! Selbstmanagement für Jugendliche: Ein Trainingsmanual für die Arbeit mit dem Zürcher Ressourcen Modell* (2. Aufl.). Verlag Hans Huber Hogrefe.
Storch, M., & Riedener Nussbaum, A. (2018). *Ich packs! Selbstmanagement für Jugendliche. Ein Trainingsmanual für die Arbeit mit dem Zürcher Ressourcen Modell* (4. Aufl.). Hogrefe.
Storch, M., Krause, F., & Weber, J. (2022). *Selbstmanagement – ressourcenorientiert. Grundlagen und Trainingsmanual für die Arbeit mit dem Zürcher Ressourcen Modell (ZRM®)* (7. überarb. Aufl.). Hogrefe.
Surowiecki, J. (2017). *Die Weisheit der Vielen. Warum Gruppen klüger sind als Einzelne und wie wir das kollektive Wissen für unser wirtschaftliches, soziales und politisches Handeln nutzen können.* Plassen Verlag.
Weckenmann, M. F. (Hrsg.). (2011). *Der Realitätenkellner. Hypnosystemische Konzepte in Beratung, Coaching und Supervision.* Carl-Auer.
Wolf, C. (2016). *Der Klassenrat. Konflikte demokratisch lösen.* Carl-Auer.

Stichwortverzeichnis

0-9, and Symbols

A

B

C

D

E

F

G

H

R

S

T

U

V

W

Z